JN081461

Minerva Shobo Librairie

独裁主義の国際比較

石井貫太郎［編著］

ミネルヴァ書房

まえがき

ある友人が勤務先の企業で地方の小さな営業所に転勤となった。表向きは栄転であるが明らかな左遷であった。彼は大学卒業後に立派な上場企業に入社以来ずっと本社で堅実な業績を上げて会社に貢献してきた優良な従業員だった。しかし最近直属の上司に業務改善の提案をしたがその意見が合わなかったとのこと。しばらくしてから辞令が出た。いわゆる「鶴の一声」でというわけである。

本人からこの話を聞いた時わたしは思った。そういえば北朝鮮や中国では独裁者や共産党エリートの抑圧体制下で国民の人権や自由が侵害されていて彼らのお気に入りの国民とそうでない国民とが明確な差別を受けているとのこと。ということは果たして日本は民主主義国のはずだがしかしある意味では似たり寄ったりなのではないだろうか。違いはたかだかその上司に文句を言っても警察には捕まらないだけマシという程度ではないのか。

また某研究会で他の学者メンバーたちと権威主義的開発独裁なるものについて議論する機会があった。そこでは独裁主義、権威主義、全体主義、専制主義などの用語や概念を厳密に定義するための活発な議論が行われていた。しかし聞いているうちに気分が悪くなり退席して2度とその研究会には参加しなかった。

確かに統治エリートの立場からはこうした諸概念を区別する必要があるのだろう。しかし被支配者たるわれわれ国民にとってはやられることはどれも同じである。要するに1人の独裁者もしくは少数の独裁的統治集団が勝手に決めたことに有無を言わさず隷従させられるという体制である。よって厳密な区別や定義など実は不要であってすべては独裁主義の一種なのではないだろうか。

本書の構想はこのような編者の人生経験から生まれた。この問題意識は長らく編者の悩みの種であった。しかしついにその解決に向けた一歩を踏み出すことができた。例によって極めて優秀な多くの執筆陣に支えられて書籍化が実現したのである。事程左様に本書は独裁主義とは何かという題材を理論的かつ実証的に研究した成果である。特に日本においては一般的に馴染みの薄いこの独裁主義という概念を理解するための一助になることが期待される。

なお、本書の刊行はミネルヴァ書房の杉田啓三社長と編集部・浅井久仁人氏のご厚意により実現した。この場を借りて御礼申し上げたい。また、本書への賛辞はすべて執筆者たちのものであるが、有り得べき誤謬はすべて編者1人に帰するものである。

かの孫子いわく、敵を知り己を知れば百戦して危うからず。本書が独裁主義と戦っている全世界のすべての人々の武器となることを願ってやまない。換言すれば、それは民主国家の国民にとって独裁主義という難病にかかることを予防する役割とともに、すでにかかってしまった人々を救うための治療薬という双方の役割でもある。

2023年12月　編者　石井貫太郎

独裁主義の国際比較　目次

序章　独裁政治とは何か

石井貫太郎

1　はじめに

実に全世界の4分の3以上の国々は独裁体制の国家であり、全世界の人口の80％以上の人々が独裁体制の国家の国民である。すなわち、世界の中でわれわれ民主主義諸国は圧倒的な少数派なのである。

なぜ独裁国家はなくならないのだろうか。むしろこれだけ長い間批判を浴びながら逆にその数を増加させている。それどころか、果たして民主主義は本当に独裁主義よりもすぐれた政治制度であるのだろうか。ナチズムやスターリニズムの研究をはじめ、数多くの碩学たちによって取り組まれてきたこの課題への回答は、今日に至るもなお未だに定説を得ていない(1)。そこで本書の役目は、それらの偉大な先行研究に敬意を払いつつも、改めて独裁主義を現代的課題として認識した上でその分析を試みるとともに、独裁主義を人々にとってのより身近で一般的な知識とするための契機を提供することにある。

われわれは、とかく難解であった独裁という議論の対象を分かりやすく再検討しつつ理解する過程で、果たしてこれまで常識とされてきた独裁主義の「誤解」とともに、その対極とされてきた民主主義の「神話」をも知ることになるであろう。その最たるものは、独裁政治とは独裁者が強制的に作り出すものではなく、実は国民が自ら望むことによって生み出される政治体制であるという現実であり、また、民主政治というものがその理念は正しいにもかかわらず、その本質に対するそもそものわれわれの理解と手法が実は間違っていたという事実に他ならない。

こうした趣旨による本書の構成は、まず総論として独裁主義の理論的な検討を経てその分析視角の提示をおこない、しかるのちに各論として現代世界のさまざまな独裁国家の比較考察をおこなうという章立てとなる。したがって、その結果、最終的には独裁主義と民主主義の比較考察を議論しなければならないだろう。

2　独裁政治の定義

ところで、現代の世界には、独裁国家、民主国家、そしてその中間で民主国家から独裁国家へ向かっている過程の国々がある。近年、残念ながら多くの開発途上国や新興国が現状の国際情勢に対応して集権化し、権威主義化しているからである。(2) ところが、こうした独裁主義や権威主義からの挑戦を受けているわれわれ民主主義諸国の国民、とりわけ日本国民の中で、独裁主義というものの本質をしっかりと理解している人々は残念ながら稀少である。要するに、独裁国家とはどのような国で、そこで暮らす国民がどのような生活をしているのか、それをしっかり理解している人々が少ないのである。

■非民主政治の様々な呼称

以下、敢えて体裁を整備するために紹介しておくが、一般に政治学では、民主主義に対する非民主的な政治体制の中で、世襲の王侯貴族やエリート階級による支配を「専制政治（autocracy）」と呼び、民衆と同じ階級から出てきた独裁者や統治者集団による統治の思想を「独裁主義（dictatorship）」と呼び、個人の権利や利益を抑圧して国家全体の利益を優先する体制を「全体主義（totalitarianism）」と呼び、それよりもある程度は反体制的な思想や活動の多元性に融通を効かせる体制を「権威主義（authoritarianism）」と呼ぶのだそうである(3)。

しかし、果たしてこのように厳密な体制の区分け、とりわけ用語や概念の詳細な定義がどれほど意味のある作業なのだろうか。なぜなら、被支配者たるわれわれ国民にとっては、1人の独裁者もしくは少数の人間たちの勝手な決定に有無を言わさず力づくで服従させられるという意味ではまったく同義だからである。要するに、専制だろうが全体だろうが、すべては独裁主義的な政治体制なのであって、むしろこれらの用語や概念の過剰とも言うべき厳密な区分けや定義が無用な多義性や難解さを生み出し、こうした体制の本質を理解するわれわれの思考を妨げる要因となってきたのではないだろうか。

つまり、これらの区分けは支配者側が国民に示すための自己の権力的地位の正統性の根拠や思想的またはイデオロギー的な正当性の根拠にすぎず、あくまでも支配者側の視点から見た都合の良い方便となっているのではないか。むしろわれわれが必要としている社会科学の知識とはこのようなものではなく、あくまでも被支配者の視点からの議論ではないだろうか。よって、こうした区分けや定義が厳密さや詳細さを深めるほど、その分だけわれわれの理解に弊害をもたらす要素となる可能性が高い。あるいはそうした被統治者の視点が欠落しているところに、他の社会科学の用語、たとえば経済成長や国民所得などの経済学の用語が広く一般的な理解を得て活用されているのに対して、政治学や国際関係論の用語が比較的一般化しない原因があるのかもしれない。

独裁主義の定義

そこで、本書ではまず下記のように明確かつ簡潔な定義をする。すなわち、1人の独裁者もしくは少数の独裁的な権力者集団によって政策決定がなされ、国民がそれに反対することが許されない政治体制を独裁政治（dictatorial politics）と呼ぶ。これに対して、多くの国民の包括的な意思として政策決定がなされ、基本的な秩序が保持される範囲内ではそれに反対することが認められている政治体制が民主政治である。そして、これら対極にある両者の中間に位置し、原則として独裁政治が行われているが、ある程度の自由かつ多元的な思考や活動が許容されている政治体制を権威主義体制と呼ぶ。その意味で、独裁政治と権威主義の境界は単なる程度の差であり、もっぱら曖昧であるがゆえに融通を効かせた理解をすることが可能な用語となる。要するに、権威主義は民主主義と独裁主義の中間形態であり、民主主義が独裁化していく過程の途上にある政治体制である。したがって、権威主義は独裁主義というコンセプトの中に含まれる政治体制であり、独裁主義の一種に過ぎないことになる。換言すれば、国民の思考や活動に可能な限り自由が保障されるべきであると考える民主主義と、あくまでも国家や社会の体制維持が優先される範囲内で非常に限定された自由しか与えるべきでないという独裁主義、独裁主義よりはもう少し自由を与えて国民のガス抜きをしつつ独裁体制の維持をはかろうといのが権威主義の考え方である。

なお、こうした独裁政治の定義により、派生語の定義もまた自動的に進む。まず政治の体制が独裁政治の状況になっている国の体制を独裁体制（dictatorial system）と呼び、そのような政治状況の国を独裁国家（dictatorial state）と呼ぶ。そして、民主政治よりも独裁政治を良いものとして評価し、それを政治的決定の作成過程の原則として、自身を独裁国家として確立しようと努力するにとどまらず、こうした考え方を他国にも伝播させようという思想を独裁主義（dictatorship）と呼ぶ。

3　本書の構成と各章の意義

以上のような独裁政治の定義に基づき、本書は以下のような章立ての構成をもってその本質の解明に挑戦する。まず第1章「独裁主義の分析視角」（石井貫太郎）は、総論として独裁者や独裁政治の基礎知識を整理した上で、独裁国家の成立とその運営、長所や短所、民主化への視座などを検討しつつ、独裁国家がどのようなものであるのかを読者が理解するための分析視角を提供する。

第2章「ナチス・ドイツの独裁政治」（堀内直哉）は、独裁国家の定番であるヒトラー時代のナチス・ドイツの政治体制を、主として政治家ヒトラーの成長過程の視点から論じている。

第3章「中国の独裁政治」（澁谷司）は、今や独裁国家陣営のリーダーとなった中国の政治体制を、毛沢東による中共の建国、中興の祖たる鄧小平、そして今日の習近平に至る歴史的視点から論じている。

第4章「北朝鮮の独裁政治」（宮本悟）は、キム・イルセンからジョンイル、ジョンウンと親子3代にわたる世襲の絶対権力者が統治する北朝鮮の政治体制を論じている。

第5章「チェコスロバキアの独裁政治」（細田尚志）は、今や民主国家としてＥＵやＮＡＴＯの一翼を担う存在となったチェコやスロバキアが、かつて経験した冷戦時代のミニ・ソ連型独裁体制を論じている。

第6章「シリアの独裁政治」（新井春美）は、中東を代表する独裁者であるアサド親子によって作り出されたシリアの政治体制を論じている。

第7章「イランの独裁政治」（野村明史）は、ホメイニー革命後に成立した宗教を基盤とする稀少な独裁国家の事例であるイランの政治体制を論じている。

第8章「ミャンマーの独裁政治」（佐々木研）は、建国の父アウンサンの後継者であったネウィンが作り上げた独裁国家が、民主化の洗礼を受けつつも再び軍事独裁国家へ回帰した経緯を論じている。

4　本書の課題

■事例研究の守備範囲

ところで、当然のごとく、本書では世間一般で独裁国家と言われている国のすべてを取り扱ってはいないため、いずれ別の機会にそれらの国々を取り上げた業績を刊行する必要があるだろう。これは本書の第1の課題である。上記の国の他にも取り上げるべきと思われる国々もある。しかし、まずロシアは今般のウクライナ紛争の影響で専門家たちもプーチン体制の評価が現時点では難しいというスタンスが多く、カストロ後のキューバやスハルト後のインドネシアも独裁者による支配というよりも官僚支配の傾向が強まっており、サウジアラビアも独裁体制でありながら親米かつ宗教国家としての個性的な色彩が強いため、これらの諸国はむしろ続編の権威主義諸国として取り上げた方が趣旨に合っていると判断した。また、最近の国政転換によるベネズエラ、インド、ブラジルなども同様である。さらに、ベラルーシは確かに典型的な独裁国家ではあるが、国際関係において相当な役割を担う国家とは言い難く、要するにあまり重要な研究対象とは言えない。以上のような理由で、これらの国々は今回の書籍では取り上げないこととした。

■リーダーシップ論からのアプローチ

これに加えて、リーダーシップ学から見た各国の独裁者個人の分析も必要である。政治的リーダーや政治的リーダーシップの研究は国際関係理論研究とともに編者自身のライフワークの双璧であるため、この研究テーマは独裁政治という研究分野だけでなく編者の個人的にも大きな宿題でもある。[4] 実のところ、民主国家のリーダー以上に独裁国家の独裁者の方がリーダーシップ論の分析対象として成果を期待できるのは自明である。なぜなら、独裁体制とは究極のところたった1人の独裁者の絶対的な権力による統治体制だからである。これが本書の第2の課題となる。

エコノミック・ステートクラフト

さらに、独裁国家に対する非軍事的な外交戦略、なかんずくエコノミック・ステートクラフト（Economic State-craft）と呼ばれる経済的手段を用いた戦略的外交政策、特に通商政策の意義を論ずる必要もある。これは歴史上のさまざまな紛争・戦争の諸段階において、経済制裁や経済封鎖というコンセプトで表される外交政策の一種であり、本書の第3の課題である。[5]

ただし、数々の歴史上の事例が示す通り、独裁国家に対してはエコノミック・ステートクラフトの効果は少なくとも短期的には限界があると言わねばならない。なぜなら、もともと閉鎖的な経済体制の国に国際的な経済制裁を施行しても限定的な影響しか与えることができないのは自明の理だからである。ただし、即効性がない分、中長期的には独裁国家の構造的な弱点に対して大きなダメージを与えることは期待できる。たとえば独裁国家のほとんどは途上国であるため、独裁国家からの輸入を制限するばかりでなく民主国家からの輸出を制限することで、先端技術商品を購入できなくなった独裁国家が自己の産業や社会システムの運営に甚大な支障をきたすという効果がある。なぜなら、過去の歴史において新しい技術革新はほとんどもっぱら民主国家から生まれ、独裁国家はそれを模倣することしかできない場合がほとんどだからである。人間の自由な発想を抑え込む独裁主義にイノベーションが生起しにくいこともまた自明の理である。

もちろん、この傾向は商品開発や技術革新だけでなく、学問、文化、芸術の分野の国際交流についても同様である。独裁国家から良質な研究成果や作品が生まれないのは、そこで生息する国民に自由がないからである。人間が創造力を発揮するためには自由な思考に基づく想像力が必要であり、独裁国家はその機会を一部の特権階級エリートにのみ与えている不平等社会なのである。

注

（1）独裁政治に関する代表的な文献としては、猪木正道『独裁の政治思想』（角川ソフィア文庫、2019年）、カール・シュミット（田中浩・原田武雄訳）『独裁――近代主権論の起源からプロレタリア階級闘争まで』（未来社、1991年）、ジグマンド・ノイマン（岩永健吉郎・岡義達・高木誠訳）『大衆国家と独裁――恒久の革命』（みすず書房、1998年）、バリントン・ムーア（宮崎隆次訳）『独裁と民主政治の社会的起源――近代世界形成における領主と農民（上・下）』（岩波文庫、2019年）、三宅正樹『ヒトラーと第二次世界大戦』（清水書院、1984年）、オレーク・V・フレヴニューク（石井規衛訳）『スターリン・独裁者の新たなる伝記』（白水社、2021年）などがある。

（2）民主主義が権威主義化して独裁国家へ近づく問題に関する文献としては、ラリー・ダイアモンド（市原麻衣子訳）『侵食される民主主義――内部からの崩壊と専制国家の攻撃（上・下）』（勁草書房、2022年）、アン・ハプルボーム（三浦元博訳）『権威主義の誘惑――民主政治の黄昏』（白水社、2021年）、エーリッヒ・フロム（日高六郎訳）『自由からの逃走』（東京創元社、1952年）、フリードリヒ・フォン・ハイエク（西山千明訳）『隷従への道・ハイエク全集（1）別巻』（春秋社、2008年）、ファン・リンス（横田正顕訳）『民主体制の崩壊――危機・崩壊・再均衡』（岩波文庫、2020年）などがある。

（3）権威主義に関する代表的な文献としては、ファン・リンス（高橋進・睦月規子・村上智章・黒川敬吾・木原滋哉訳）『全体主義体制と権威主義体制』（法律文化社、1995年）テオドール・アドルノ（田中義久・矢澤修次郎訳）『権威主義的パーソナリティー』（青木書店、1998年）、マックス・ホルクハイマー（清水多吉編訳）『権威主義的国家』（紀伊國屋書店、2003年)、エリック・フランツ(上谷直克・今井宏平訳)『権威主義――独裁政治の歴史と変貌』(白水社、2021年)、岡本浩一『権威主義の正体』(PHP研究所、2004年)、曽良中清司『権威主義的人間』(有斐閣選書、2004年)などがある。

(4) 政治的リーダーシップの理論および米ソ冷戦時代の両国の政治指導者たちの資質分析については、石井貫太郎『リーダーシップの政治学』(東信堂、2004年)を参照せよ。

(5) エコノミック・ステートクラフトの理論的検討は、石井貫太郎「外交資源の理論――軍事力と経済力の相互作用」同『21世紀の国際政治理論』(ミネルヴァ書房、2016年)第2章所収に詳しい。

第1章　独裁政治の分析視角
――〝独裁〟の成立・継承・瓦解――

石井貫太郎

1　政治権力の本質

権力の3類型

ところで、独裁政治を論ずる前提として、そもそも政治権力の本質とは何かを議論しておかねばならない。ここで政治権力の本質とは、権力的地位にいる者の意思が他者の意思や行動を支配する強制力であり、その手法は威嚇権力、報償権力、条件付け権力の3つである。(1)

威嚇（threat）とは、権力者の意思に従わない当該国民を処罰する脅迫行為である。報償（reward）とは、権力者の意思に従順な当該国民に得をさせる利益付与である。そして条件づけ（condition）とは、威嚇や報償のような直接的な強制ではなく、被支配者たる国民が自ら強制されていることを自覚することなく自然に権力者の意思に従う精神的かつ物理的な環境である。

権力の基盤

威嚇権力を裏付ける基盤としての要素は主として権力者の個人的資質であり、為政者に特別なイメージを与えるカリスマやヒーローはその一種である。報償権力を裏付ける要素は主として権力者の経済力であり、彼を支援する財政的な基盤となる企業や産業などの独占資本である。そして、条件づけ権力を裏付ける主たる要素は当該国の歴史などの伝統、法律などの制度、政党などの組織に加え、権力者の統治に正当性を与えるための思想やイデオロギーなどである。(2)

権力行使の手法

威嚇権力の主たる手法は、警察や軍隊などの物理的強制力を用いた国民の統制である。報償権力の主たる手法は、経済発展、インフラ整備、年金や叙勲などの福祉や社会保障の政策である。この両者はいわば古来から言われるアメとムチの手法に他ならない。また条件づけ権力の手法は、思想統制、イデオロギー教育、プロパガンダ、イベントなどを通じたマインドコントロールであり、国民に選民意識を醸成させる手段である。

なお、独裁政治であれ民主政治であれ、現代国家の支配者たる為政者はいずれもこれら3つの権力を組み合わせて被支配者たる国民を統治するが、特に現代国家では3番目の条件づけ権力が有効に機能しているかどうかが当該国の権力基盤の強靭性や脆弱性を測る指標となる。条件づけ権力に従う被支配者の意識は内面倫理の規範や他人志向型の行動原理であり、権力者は国民に政治的無関心や思考停止の状況を作り出し、より統治しやすい支配体制を創出することになる。(3)

▒ 天才、秀才、凡才

なお、ここで独裁的な為政者にとっては創造性を発揮する天才型の人間は自己およびその支援集団の人間以外には不要であるばかりか危険分子となる可能性が高いため排除や粛清の対象となり、独裁者に従順で手足となって働く再現性を重視する秀才型や他者との共感性を求める凡才型の国民を拡大再生産するための人材育成システムを確立しつつ政治体制の基盤を強化することになる。再現性は過去の栄光であり、共感性は共通の敵の設定である。前者はプロパガンダやイベントによって、後者は対外的な強硬外交によって作り出される[4]。

2 独裁国家の成立過程

(1) 第1段階・独裁国家を生み出す要因

▒ 独裁政治を望む国民の需要

ところで、独裁政治はどのようにして生まれるのだろうか。独裁政治を生み出すもの、つまりその最大の要因は、当該国の多数派の国民が独裁政治を求める気風である。すなわち、意外にも独裁政治は国民の需要によって生み出される体制に他ならない。

▒ 寡頭制支配の原則

実のところ、こういう指摘をすると多くの反論を招く可能性があるだろう。けだし、そんなことはない、独裁政治を望んでいる人間などいるはずがないというわけである。また、政治学にも一定以上の人数の社会集団では必ず1人もしくは少数の支配者が生起するという理論もある。たとえば、政治学的な考え方の一つに「少数による多数の支配の原則＝寡頭制の鉄則（iron law of oligarchy）」というものがあり、少人数の方が意思決定や行動が迅速で徹底されるから、大集団の中では必然的に特定の少人数の集団が統治者となり、それ以外の多数派の人々は意思決定や行動の迅速性や包括性が比較的緩慢であるため被支配者となってしまうというもので、古代ローマの事例やミヘルスの理論に代表される。[5] こうした考え方に立脚すれば、独裁政治は人々の要請ではなくこのような社会システムとしての集団自体が内包する構造的かつ機能的な要因によって生まれやすいということになる。

ただ、もちろん少人数による多数派の支配が集団の構造的かつ機能的な必然であるのは事実であろう。しかし、その少人数の決定に多数派が強制的に隷従させられるところに独裁政治の本質がある。したがって、それが生み出されるためにはこうした要因とともに集団の構成メンバーの人為的かつ心情的な欲求の要因、いわば需要の存在が決定的に必要となる。特に、近年における民主主義国の権威主義化や独裁化の背景には、それまで国是としてきた民主主義体制への疑念という要素を伴なう場合も多い。つまり、民主主義が良い体制としてそれを運営してきたが期待したほどの成果、たとえば生活水準の向上や国力の増進を実現することができず、同時に、良い思いをして儲かるのは資本家やその手先である為政者や官僚などのエリート階級ばかりであり、結局、自分たち国民が損な役回りばかり押し付けられてきた不平等構造を所詮は是正できないではないかという認識である。

独裁の本質

すなわち、独裁の本質とは1人の独裁者もしくは少数の支配者集団が有する一般に有能とおぼしきスキルにそれ以外の多数の人々が頼る意識から生まれる政治体制である。したがって、人々が社会的な「難問」や「危機」に直面した時、その対応をある特定の人々の技量だけに頼って解決しようとする場合に独裁政治が生まれるのである。これは一般的にはもう少し柔らかい言葉で「有能なリーダーによる強力なリーダーシップを求める気風」と言われる現象に他ならない。ここで、後者は迅速な政策決定と包括的なモノ、カネ、ヒト、情報の資源動員を意味し、前者はそれを実行できる能力を有する人物を意味している。

したがって、ここではまずその「難問」がどのようなものであるのかを整理する必要がある。しかる後に、その「難問」への対応を1人の独裁者もしくは少数の独裁的集団の人間のスキル、つまりは有能なリーダーの出現と強力なリーダーシップの発揮に期待し、それに頼りやすい要素を検討しなければならない。

【社会的な難問を生み出す諸要因】

▒国際関係の要因

まず第1に、ある国家にとって社会的な難問を生み出す要因として考えられるのは国際関係の構図という要素である。国際関係が固定的で安定している時には各国は国内の内政にエネルギーを傾注することができるが、国際関係が流動的で不安定な場合には、各国は内政と外交の双方にエネルギーを傾注しなければならず、より迅速な政策決定とより包括的な資源の動員や効率的な配分が可能となる独裁主義への依存度が高まると言える。

▒地政学的な要因

第2に、当該国家が置かれている地政学的な要因である。当該国家が隣接または近接する場所に大国や敵対国がいる場合には、その国はより迅速な政策決定とより包括的な資源動員が可能となる独裁主義への依存度が高くなるが、そうでない時には比較的慎重な政策決定と限定された資源動員をすれば良いことになる。要するに危機意識が高い状況であるかどうかがその分かれ目となる。

■社会的混乱の要因

第3に、社会変動や自然災害による混乱なども政治体制の変容にとって重要な要因となる。こうした事態の下ではやはり迅速な政策決定と包括的な資源動員が必要となり、独裁化を招きやすい状況となる。しかしこのような社会的な混乱が起こっていない場合には、比較的融通を効かせた緩慢な統治が許されるわけである。

【独裁者を生み出しやすい国家の特徴】

■歴史的な土壌

次に、こうした「難問」に直面した時に有能とおぼしき1人もしくは少数の集団のスキルに頼りやすい国家の特徴であるが、その第1は歴史的な土壌である。特に、その国の国民が市民革命を経験しているかどうか、市民革命なき近代化、たとえば社会主義革命や軍事クーデタなどによって近代化や建国が成されているかどうかは決定的な要因の一つである。社会主義革命や軍事クーデタは、共産党や軍部という前衛エリートによって上から先導された革命であり体制移管であるから、一般の庶民レベルの国民が自身の力で権力者から政治的権利を奪取する下からの市民革命の経験とは政治意識の進化過程において決定的に異なる経験だからである。

■社会的文化的な風土

第2に、社会的文化的な風土を指摘できる。自分に力がない場合には自分よりも上位の人間に逆らわずに隷従するのが当たり前だという風土は独裁政治を生みやすい。こうした風土が、一般に社会慣習と言われるものに始まり、さらにはそれを土台として社会的な価値観や倫理観が形成されてくると、そこに独裁主義を生み出す社会的な土壌が形成されることになる。いわゆる集権主義的な統治に合っているのか、あるいは分権的な統治に合っているのかが、こうした要素によって決定される。要するに、どちらが正しいか正しくないか、いずれが正義か不正義かの問題ではなく、合っているかどうかの合理性が問題なのである。合っている場合には、そこに独裁主義を受け入れやすい構造や状況が準備されてしまうのである。

国民の気質

第3に、そうした風土から生み出される国民の気質も重要な要因である。ここでもまた、社会問題の対策を少数の有能な人々のスキルに頼って解決してもらおうという気質は独裁者を生み出しやすい。ここでも上記と同様にして、一般に社会慣習と言われるものから、さらにはそれを土台に価値観や倫理観が形成されてくると、そこに独裁主義を生み出す社会的な土壌が出現することになる。これもまた、いわゆる集権主義と分権主義のいずれが合っているかを決定する重要な要素であり、前者に合っている国民の気質は独裁化の風潮を助長することになる。

経済体制

第4に、当該国の経済体制が資本主義か社会主義かという要素も独裁政治が生み出される可能性を決定する要因の一つである。たとえば当該国の経済状況が停滞した時に、計画経済を施行する社会主義経済ではそれはすべて国家＝政府の責任に帰することとなるが、資本主義経済では国家だけでなく、企業、産業、景気変動の波などの多様な要素にその責任を分散することができる。したがって社会主義経済では、政策の失敗が国家＝政府への不満となる傾向が強く、よって国家としての秩序を維持するために政府への反発を抑え込むシステムとしての独裁政治が強化される傾向がある。

▩民主主義の失敗

ところで、すでに指摘した自然災害や経済停滞など、社会的な難問が民主主義体制下において深刻化した場合には、それは公的および民間の様々な対処の努力の結果として残念ながら起こるべくして起こった失敗なのであり、本来ならばその責任を即座に民主主義という体制自体に着せることは論理的でないことを人々は自覚している。しかし、そこへ独裁主義の野心を有する個人や組織が介入し、プロパガンダによって国民を感情的に煽動すると、あるいは国民の理性が揺らぎ、その意識が本来の原因ではなく「民主主義ではダメだ」「民主主義だからダメだ」という世論の方向へ誘導されてしまう危険性がある。いわゆる「民主主義の失敗（democracy failure）」と言うべき状況である。さらに、こうした社会認識に人間のスキルに頼る国民気質の感情が作用すると、例によってそこに民主主義による執政よりも「有能なリーダーによる強いリーダーシップによってこの難局を乗り切ってもらいたい」などという他力本願的かつ安易な考え方に侵食されていく場合には、当該国家が選挙などの民主的かつ合法的かつ平和的な手法を通じた自然な流れとして独裁国家へと変貌する可能性がある。古くはナチスドイツから今日のラテンアメリカ諸国に至るまで、このような歴史的事例は数多く存在する。これこそが「国民が自ら望んで独裁国家となる」典型的な論理と言える。

なお、最終的にはここで指摘した諸要因が組み合わさり、当該国の多数派の国民がすでに指摘したような有能なリーダーや強力なリーダーシップを求める気風を持つことが独裁政治を生み出す直接的かつ決定的な契機となる。また、こうした要素は相互に連関しており、複数の要素が有機的に連動して独裁国家を誕生させる契機となる。よって、どれか一つが実施されればその影響でドミノ倒し的に独裁体制が生まれる危険性がある。

すなわち、どのような歴史的な経験を積んできた国であるのか、それによっていかなる社会的文化的な風土や国民の気質が形成されている国であるのか、こうした事情によってその国にどのような社会の慣習があるのか、さらにはその中で国民がいかなる価値観や倫理観で武装することになっているのか、これらの事情が重層的かつ階層的に複雑な連関構造を形成しており、分権主義よりも集権主義が合っている国では独裁政治が生み出されやすいと言える。なぜなら、そもそも価値観とは何が良くて何が悪いのかの善悪の判断を決める基準であるから、1人もしくは少数の有能な人々に任せた方が良いと考える人々には、みんなで決める民主的な決定方式を善しとする判定基準がもともと思考回路の中に存在しないからである。

(2) 第2段階・独裁的な権力基盤の確立

独裁国家の成立過程の第2段階は、独裁者および独裁者集団が自己の権力基盤を確立する時期である。

権力闘争

まず第1に、独裁者が権力的地位について最初にすることは、ライバルとの権力闘争であり、反対派の排除や粛正である。これはいわゆる威嚇権力の基盤の整備であると考えられる。また、独裁政治の大きな特徴の一つは情報統制であるが、それはいずれの国でもこのあたりの段階から強化される傾向がある。なぜなら、権力闘争は非人道的な手段を用いた虐殺や粛正を伴なうため、国民にそのような情報が伝わると独裁者にとってマイナスイメージとなるからである。そこで、支配者に都合の良い情報だけを国民に知らせ、都合の悪い情報は一切開示されないように国家が統制して言論を弾圧するのである。

経済政策

第2に、独裁者は自己の権力的地位に対する国民の支持を得るために経済発展の実績を上げることに専心する。

この場合、同時に自身の経済的支援の基盤となる独占資本の育成を行なう。これはいわゆる報償権力の基盤の整備であると考えられる。独裁国家は集権主義的な国家体制を確立するので、そのほとんどが社会主義経済体制を採用しているため、計画経済政策を通じた主として鉄道、港湾、空港、道路、学校、病院、電気、水道、ガスなどのインフラストラクチュア（社会資本）を整備し、失業率の軽減と国民の社会生活の充実を実現し、支持率の向上と権力の拡大を目指していくことになる。なお、こうしたインフラ整備の土台として、警察組織の拡充による犯罪防止や治安維持の強化がそれを支えるのであるが、そこでは国民生活の安全確保にとどまらず、反体制派への厳しい取り締まりが行なわれる。

▒総動員体制

第3に、国家による公共投資や財政出動を人的資本の側面から支えるために国民の総動員体制を確立する。プロパガンダやイベントを駆使して国民に思想統制やイデオロギー教育を徹底し、自己の支配の正当化をはかると同時に国力の源泉たる労働力としての国民の結束力と奉仕精神、すなわち権力者に絶対服従の国民意識を醸成する。これはいわゆる条件付け権力の基盤の整備である。

▒思想統制と言論弾圧

というのも、民主国家以上に独裁国家において独裁者をはじめとする為政者たちが最も重視することは、国民の絶対的な支持、服従を確保しておくことである。なぜなら、それこそが自己の権力基盤の源泉だからであり、これなくしてはライバルに対抗できないからである。そのため、独裁者は常にかつ反復的に支配者としての正統性や正当性を国民に徹底的に訴える。そこでは思想統制やイデオロギー教育制度の整備を通じて支援者集団を育成しつつ、反体制的な言論を弾圧すると同時に、自己の政策の成果を宣伝するプロパガンダやイベントを頻発する。そこには当然、独裁者に対する個人崇拝の要素も多分に盛り込まれる。もちろん、その内容が真実であるかは疑わしいどころか虚偽である場合がほとんどである。なお、これはまさしく条件づけ権力の基盤の整備であると言える。

プロパガンダ

ちなみに、プロパガンダを施行する際には特に「結果」だけではなく「原因」とセットにして吹聴すると人を信じ込ませやすいストーリー性が生まれる。よって独裁国家に限らず、民主国家でも為政者たちは皆この原理を利用して自己に都合の良いプロパガンダを実施する。たとえば、祖国が貧困であるのは先進国の帝国主義と国内の反政府分子の暗躍のせいであるなど、悪い結果には必ず犯人が誰であるのかを付言するのである。実はプロパガンダが成功するための決定的な要素は、多数派の当該国民が「そうあって欲しい」と願っている願望や期待予測と合致しているかどうかにあり、願望や期待の第1条件は理解しやすいことであり、具体的な犯人がいる方が知性レベルを問わずすべての国民にとって分かりやすい。したがって、単純で手っ取り早い対象を犯人に仕立て上げる傾向が強い⑹。

イベント

建国記念日や革命記念日など、歴史的な事件の行事、さらには独裁者の誕生日に至るまで、イベントは独裁国家が国民統合のために重視する政治活動の一種である。イベントの中で最も典型的なものは軍事パレードである。仰々しい軍事パレードが好きな国で本当に強い国というのをわれわれが見たことがないのはそれが理由である。つまり軍事パレードを頻発するのは独裁体制の権力基盤がまだ絶対的には固まっていないからである。そこでは対外的威圧や国威発揚が目的とされているが、逆にいえば、そのようなお祭り騒ぎのイベントをやらないと対外的な威圧や国威の発揚ができないからやるのである。もちろん、これは人間でも同様であり、本当に偉い人は威張らないし、本当の富裕層には派手な服装や言動の人はいない。よって、軍事パレードをやる国はその国の独裁体制が未完成または脆弱であることを示している。

(3) 第3段階・独裁国家の内政的特徴

独裁国家の成立過程の第3段階は、独裁者の内政が軌道に乗る時期である。

■警察国家と二重の選民意識

独裁国家の内政は、一言でいえば「警察国家(police state)」の体制であり、その目的は「二重の選民意識(double sense of being the chosen people)」の醸成と内部分裂の創出である。これは国民に他国の国民よりも自分たちが優越する存在であると錯覚させると同時に、国民の中に独裁者を支持する従順で優遇される階層を作り出し、それ以外の国民との明確な差別化をはかる手法である。いわば社会心理学のアイヒマン実験におけるミルグラム効果(milgram effect)を最大限に利用する政策であると言って良い(7)。すなわち、自分たちは選ばれた民であって他国の国民よりも偉いのだ、そしてその選ばれた民の中でもわれわれはさらに選ばれたエリート階級なのだという優越意識の階層構造である。優越意識はその裏返しとして他者を見下す偏見を常態化する。独裁国家の国民の態度がとかく尊大で、ろくな国力もないのに近隣へ勝手放題にミサイルを撃つなどの迷惑行為をしつつ虚勢を張るのはこの意識が原因である。

言うまでもなく、幼少時からの学校教育というものは家庭環境と同様に人間の人格や価値観の形成に恐ろしいまでの甚大な効果を与えるものであり、それが偏向教育の場合には善悪の存在を徹底的に教え込むがゆえに悲劇的な誤解と偏見を産む元凶ともなる。たとえば反日教育を受けて育った韓国人や中国人たちが日本人に対して異常なまでの尊大な態度を取るのはその典型である。そして、それは反日教育という一つの次元の要因だけでなく、その土台に彼らの国が独裁国家だという要因があり、そもそも自分たちの国が他国よりも偉大な存在であると教育されているからに他ならない。なお、当然、独裁国家においてはこの段階でも情報の開示を制限する統制を行ない、国民が国家が認可して提供する情報だけを信用するように洗脳するわけである。

武装組織

独裁政治を支える国内の集団として最も重要な機関は、物理的強制力を有する武装組織としての警察と軍隊であり、さらにはそれを絶対的に統括する司令本部としての政党である。本来、民主国家では警察は対内的秩序、すなわち国内の治安維持のための組織であり、軍隊は対外的秩序、すなわち外国の侵略から自国を防衛する役割を担う組織のはずである。しかし、独裁国家では政府による市民生活への介入はその度合いに応じて比較的軽武装の警察とともに重武装の軍隊も関与・出動する場合が多い。また、独裁体制下における警察には、通常の警察とともに、主として政治犯や思想犯への対策である秘密警察の2種類がある。後者は通常の警察よりも格上で、これには国家の正式な組織としての秘密警察と、独裁者の政治基盤である支配政党、たとえば共産党や社会党などの配下にある非政府組織としての秘密警察があり、この両者は活動面や人事面で相互に連携している。たとえば、ナチス・ドイツにゲシュタポと親衛隊がいたのはその典型例である。さらに、秘密警察は独裁者の私有軍隊としての役割も有する。形式的には自己の固有の軍隊を持たない文民＝政治家としての独裁者が、万が一表層組織である正規軍が反体制派となった場合に体制を守護する武装組織としての役割を果たすのである。また、秘密警察のメンバーは国家の様々な組織の中に本来の身分を隠蔽して潜入・潜伏しており、反体制派分子の情報を収集する国内インテリジェンスとしての活動も行なう。

また、軍隊は参謀本部や司令部など、上位の政府組織、すなわち究極的には支配政党や独裁者個人の強力な統制下にあり、状況に応じて現場の将兵がある程度の独自の判断で行動する融通性が許されている民主国家の軍隊とは異なり、すべては独裁者もしくは最上位組織たる政党幹部たちの意向に絶対服従する手足となることが求められ、それに沿わない行動をとることは一切許されない。もちろん、こうした組織のあり方の特徴は、独裁国家では軍隊だけでなく警察や他の公共機関においても同様であり、したがってそこに「小さい権力者」（後述）たちの階層構造が形成されるのである。そして、それらの組織が組織外の市民だけでなく、組織内の部下や同僚をも相互に監視・統制し、その情報を上位の権力者たち、やはり究極的には1人の独裁者が吸い上げることを通じて反体制分子の活動を未然に防止するのである。

▒買弁階級としての中間階級

実はこの段階になると最も活躍する主体は独裁者と国民の間に存在する中間層であり、独裁者は自ら手を下さずともむしろ彼ら自身が進んで意欲的に反対勢力や体制逸脱者を摘発して潰していく。ここで恐るべきは、これらの人々が必ずしも警察や党職員などではなく逆にほとんどが普通の民間人であるという事実である。いわゆる熱心な密告者やチクり屋などはその典型である。なお、独裁者は必ずしもこの種の人々の人口を増やそうとせず、およそ全国民人口の10～20％程度に止めおく傾向がある。なぜなら、彼らの二重の選民意識は、自分たちが少数派であるからこそプライドの源泉としての価値が高まるからで、独裁者はその意識を利用するからである。

ところで、周知のように、このような社会システムは過去の歴史上にも幾多の事例があり、特に帝国主義時代の植民地において買弁階級（comprador）が果たした役割はこれとほぼ同様である。このクラスの人々は宗主国の国民ではなく現地人でありながら、宗主国の人々、特に現地派遣の軍隊や官僚以上に自分と同じ現地人の独立運動家や体制逸脱者を旺盛な意欲を持って積極的に摘発かつ処罰したのである。裏切り者と言ってしまえば身も蓋もないが、世渡り上手というか、ズル賢い狡猾な人々であることは間違いない。

「小さい権力者」の論理

すでに指摘したように、こうした買弁階級には二重の選民意識が植え付けられている。対外的な他国の国民に対する優越意識と対内的な非支配層に対する優越意識である。たとえば民主国家の企業や学校などの社会組織においても、別に誰から頼まれているわけでもないのに勝手に組織の名誉を背負って異常に頑張っている自意識過剰な人々がいるが、このような「小さい権力者」とも言うべき種類の人種は決まって比較的下位の中間管理職に多い。また、多くはそれまでの人生で他者の上に立つ機会と力量に乏しかった人種であり、権力を持った嬉しさから自主的に旺盛な忠誠心を持ちつつ国民を監視して反体制分子を摘発する迷惑な人々となる。彼ら彼女らにとっては、より上位の権力者に点数稼ぎをすることが自らの存在理由となっているからである。なお、小さい権力者たちの下には「もっと小さい権力者」たちが、さらにその下には「もっともっと小さい権力者」たちがいて、それはあたかもロシアのマトリョーシカのように権力の重層構造を築いている。こうした体制下では、本当に有能で優秀な良識ある人々は、正論を申し立てて自分が損するのがバカバカしくなり、それを防止するために沈黙することになる。それが積み重なるといわゆる政治的無関心の状況となり、社会の発展が著しく阻害されることになる。

表層組織

ところで、この段階の政策決定は独裁政治の原則に則り1人の独裁者もしくは少人数の独裁者集団によって行われるのだが、それは事実上支配政党やその執行機関の幹部たちが担う場合がほとんどである。国民の選挙によって選出された議会や内閣は形式的には存在するが、それらはすべて独裁者の母体である特定の政党や軍隊などの意向に沿ってその体制を維持するために活動するお体裁の出先機関となる。簡単に言うと、民主政治で言う首相や大臣よりも党や軍の幹部の方が絶対的に優位な権力を有しているわけであり、むしろ双方の職位を兼任している場合も多い。

独裁者または独裁集団の表層組織である一党独裁下で決定された政策を実施するのは官僚組織であり、それは支配政党の管理下にある中堅および下部組織である。たとえば治安維持はその下部組織の一つである先述の警察や軍隊が行なう。また、これらの下部組織が先導して権力者の業績や対外的な緊張を国民に宣伝するプロパガンダやイベントを主催する広報活動の拡充も行なわれる。

イデオロギー統制と教育制度

なお、すでに幾度か指摘したように、独裁政治にとって最も重要な政策の一つに教育制度、特に思想やイデオロギーの統制を実施するための人材育成制度の確立がある。学校の義務教育システムはその最たる制度である。共産主義や社会主義を国是として標榜する国家がマルクス主義やレーニン主義の考え方を国家の体制が目指すべき指標として設定し、学校教育においてそれを国民に教育・指導するのはその典型である。このようにある一つの思想を唯一にして絶対にして最高の教養として設定する方法は、国民の自由な思考活動を妨げ、人間が本来的に有している自由で快活な才能の発揮を抑圧する結果を招くが、むしろそれこそが独裁者の望むところであり、権力者たちはそれが意図的に「支配しやすい国民」を育成するための効果的な手法であることを熟知しているのである。

　このように、現実のあらゆる事象を論ずる際にその思考の枠組みが最初から限定されていては、果たしてそこには国家の体制そのものを作り変えるという発想が生まれる余地は存在しなくなる。要するに、現状の独裁体制を変革しようとする活動はもとより、そもそもそうした変革を発想する思考すらなくなるのである。その意味では良いも悪いも「すべては神の成せる業（わざ）」と信者たちに教える宗教的思考に類似するものであり、独裁国家の国民はいわばこうした「宗教的パーソナリティー（religious personality）」と言うべき特徴を有する人々であると考えられる。

宗教的パーソナリティー

　ここで、独裁国家の国民に宗教的パーソナリティーの傾向がある点を少し詳細に解説しておく必要がある。一般に、民主国家の政治原則として政教分離主義という鉄則があるが、これは法学的には信教の自由を擁護するための規定であると解釈されている。しかし、この規定は政治学的には宗教という精神世界の感覚と政治という現実世界の感覚とを混同するのを防止するための原則であると考えられる。現実世界では不確実性や想定外の事象もあり、それを実際の問題として受け入れつつ生活を営む寛容性があるが、精神世界ではそのような不確実性の要素の存在は否定され、思考の要素から捨象され、結果として非寛容性が横行する。

　つまり、宗教的な思考ではその教義にそぐわないものは存在が認可されず、無理矢理にその教義の通りに作り変えられるか、消滅しなければならなくなる。オウム真理教が起こしたテロ事件は、まさしく宗教の教えに合わないものを否定し、自分たちを受け入れない世界を破滅させ、信者以外の人々を抹殺することで、宗教の教えの通りの世の中に作り変えるための活動であった。彼らの宗教の教義が現実と合わない部分、とりわけ自分たち信者以外の人間の存在は否定され、それ故に抹殺される必要があった。それは現実世界と精神世界を混同する意識が起こしたあまりにも大きな悲劇であり、よって政治という現実と宗教という理想は分離されなければならないのである。

すなわち、現代の独裁国家においては、社会主義や共産主義の教義がこの宗教における経典に相当するものとなり、宗教が「神の教えに背く者」を異教徒として排斥するのと同様にして、独裁国家では社会主義や共産主義の思想、そしてその代行者である独裁者など、いわゆる体制や国是に反する者は異端者、すなわち非国民として排除されるのである。そして、その粛清の担い手こそ、二重の選民意識で武装した独裁者の支援集団に他ならない。それはあたかも宗教における神の弟子や預言者に相当する。要するに宗教的パーソナリティーとは政教分離ならぬ政教融合主義の思考回路を有する性格であり、聖書やクアルーンといった経典に代わる社会主義や共産主義のテキストを「神の言葉」として、また独裁者たる為政者をその言葉を体現する「神の代理人」や「預言者」として認識し、彼もしくは彼女の意向に絶対服従することが正義であると信じて疑わない信者のような国民気質である。

なお、中国をはじめとする多くの独裁国家で宗教が禁じられているのは、国民に共産主義や独裁者以外の対象に信仰を持たれては統治しにくい体制になるからである。独裁国家の国民はあくまでも統治者に対してのみ忠誠心を持つ国家に従順な国民でなければならない。また、イランなどのいくつかの国では、宗教の権威と政治の権力を融合させ、統治者と同じかもしくは同じ系列の人物が宗教組織の高位高官にもなり、精神世界の権威と現実世界の権力の双方から国民を統治する宗教独裁の国家体制を敷いている。したがって、これらの国では自分たちと敵対する民主国家は「異端者」であり「神の敵」となるのである。

もちろん、人間にとって宗教における信仰は尊いものである。しかし、それはあくまでも頭と心の精神世界の活動にとどまる限りの限定であって、それが現実世界へと侵略することが幾多の悲劇を生み出したことは歴史が証明するところである。独裁国家は、国民の社会主義や共産主義の教義に対する信仰を育て、その疑似宗教的パーソナリティーの育成を利用して統治権力を強化するのである。独裁国家では、そもそも「神」たる独裁者がやることに間違いや失敗はあり得ず、下々の「信者」たる国民の目から見ると失敗や不条理であっても、それは「神の成せる業」として肯定的に受容されることになる。人間という動物は恐ろしいもので、近代以降、謎や不思議をそのままに受け入れ続けることなく必ずそれを解明したがる探究心を持っているが、究極的にはすべての未解明の謎や不思議を「神」という存在にすがって理解しようとする弱さも持っているのである。

権威主義的パーソナリティー

なお、かの有名な「権威主義的パーソナリティー（authoritarian personality）」という概念は、フロム（Erich S. Fromm）の社会的性格（social character）の議論を応用したアドルノ（Theodor L. Adorno）によって定式化されたものであり、強者や多数派に隷従する反面、弱者や少数派に攻撃的な国民の気質を特徴とするが、自我や個性を土台とした寛容性を特徴とする民主主義的パーソナリティー（democratic personality）に対比されるこのような政治意識を有する国民たちは、独裁国家の国民として明確な教養を与えられることで、スムーズに「宗教的パーソナリティー」を装備しやすい社会的性格を有していると考えられる。簡単に言うと、それは真面目で律儀ではあるが、そうであるがゆえに権威に弱く騙されやすい人々であり、ほとんどすべての人々にその素質、すなわち危険性があると指摘しなければならない。なぜなら、怠惰で不真面目な者は独裁国家の国民としてはその存在を否定されるからである。

しかし、そもそも真面目であるかどうかを判定する基準とは、上位の権力者が決めたルールや歴史的に積み重ねられてきた社会慣習、さらにはそれによって形成された一般的な価値観で良しとされることを踏襲しているかどうかに過ぎない。要するに、それが良い悪いに関わらず、少なくともその判定基準は他者の価値観や以前の時代経験が勝手に決めたものであり、本人たちが納得の上ですべての人間に了解された基準ではない。むしろ不真面目であるがゆえに通常とは異なる視点があり、ものごとの本質を見抜く場合もある。したがってこの種のはみ出し者たちが生きる場所と社会意識の寛容性がある民主国家は、独裁国家よりも国民生活の融通が効くがゆえに新しい発想が生まれるより大きな可能性を有していると言える。

■官僚的パーソナリティー

ところで、独裁国家において人々が生活や地位の安定性を求めて買弁階級へ入り込むためには官僚、すなわち役人になるのが最も手っ取り早い方法である。もともと独裁国家であると民主国家であるとを問わず官僚、すなわち役人は公金を具体的にどのように使用するかを決める行政権を担う地位にあるため、政治家とともに利権構造の渦中にある公務員である。また、官僚はすべての仕事を法と規則というルールに基づきつつ、いわば手足を縛られながら遂行するため、そこに私情や融通性が入り込む余地がなく、逆に言えば、自己の個人的な感情の葛藤、すなわち意思決定の際の矛盾との対決から逃げて業務に従事できる正当な根拠を有している。

すなわち、ここで指摘する意味は以下のとおりである。たとえば、国民から申請された年金や生活保護などの受給の成否を決定する場合に、心情的にはなんとかしてあげたいが、様々な法的な理由や社会的な事情によって手を施すことができない時、もし民間人であれば巨大な悩みに苛まれるのが常である。もちろん、いかなる国家といえどもすべての国民のすべての困窮を救うことはできない。ただその場合に、もし民間人であれば、救うことができない自己の力の限界に悩む感情的な葛藤があるが、官僚はその人間的な感情の葛藤から少なくとも論理的には誰からも文句を言われない正当な理由で逃げることができる。民間人は「なんとかしてやりたいができない」という自分の力の限界に悩むことになるが、官僚は「すべてはルールで決められているからどうしようもない」という絶対的な理由で自己も納得でき、そうした葛藤から逃避することが正当な行動であると心情的にも割り切ることができる。いわゆる「役人根性（bureaucratic attitude）」である。

もちろん、中には意欲を持って現状を改善しようとする人材が役人になる事例もごく少数ながら存在するだろう。しかし、まさにそうした役人根性の気質によって支配される集団の圧力によって、そのような人材は排除され、淘汰され、押しつぶされ、変質させられ、すべてはこうした官僚気質の人々によって占められていくことになり、いずれは独裁体制を支える柱の一本になってしまうのが必定である。

また、往々にして官僚を目指す人々にはもともとそのような改革の意欲を有する者は希少であり、ほとんどの人々は生活が安定している、仕事の範囲が決められていて無理な労働がない、世間から社会的な地位を認められている、国家の体制が存続する限りは満額の年金が保障されている、そして、ここで指摘したような精神的な葛藤から正当な理由で逃げながら業務に従事することができる、すなわち、自分で主体的に意思決定する必要がなく、すべては他者に任せて責任転嫁することができて楽であるなどの理由から役人を目指すのである。特に、自分の親族や友人知人などがそうした仕事をする姿を見て育つことで、自分もその中に入ることを志望するようになる。

実はこのような官僚気質、すなわち役人気質は宗教的パーソナリティーとよく似ている。「すべては神の成せる業」として理解し、納得することができる気質は、「すべてはルールや上司が決めたこと」として主体的な意思決定の精神的葛藤から逃避できるのと同様である。したがって、ここではこれを「官僚的パーソナリティー（bureaucratic personality）」と呼ぶ。宗教的パーソナリティーも官僚的パーソナリティーも、自ら意思決定する自由、なかんずく選択の自由を捨て去り、すべてを他者、すなわち神や権力者に委任し、その責任を転嫁することで自己の安寧をはかるという点で多分に共通の要素を有する気質であり、いわゆる「有能なリーダーの強いリーダーシップに頼る」という他力本願志向の典型であるがゆえに独裁主義を生み出し、それを体制として維持する温床となる危険性をはらんでいる。

また、これに加えて指摘すべきことは、そもそも政治家とはこうした官僚の通り一遍の形式的な業務の壁、すなわち、すでに決められていること以外は一切やらないという壁と戦い、既存の枠組みを超えて国民のために民意をより反映できる社会や国家を作り出していくという役割を担っている。つまり、それは官僚と戦うべき役割の職務であるはずなのだが、今や独裁国家に限らず民主国家においても官僚出身の政治家が圧倒的に多数である現状は明らかに危険な兆候を作り出していると言える。なぜなら、政治家の仕事と官僚の仕事は正反対であり、その両者が融合する権力構造は国民の利益とはならないからである。したがって、世間でよく選挙の際に「あの候補者は官僚経験者だから有能なはずだ、だから政治家にふさわしい」などと考えるのはまったくもって本末転倒な誤解であり、両者の人事的関連性が高い国は、残念ながら民主主義を守るための重要な要件の一つが揺らいでいると言わざるを得ない。

もちろん、行政府、すなわち官庁の仕事というものは公金を使った業務であるから、あらかじめ決められたルーティーン性の高い作業に従事する労働者として、むしろこのような役人根性の人材が適していることも事実である。行政の簡素化と効率化ならびにミスのない作業を遂行するためには、可能な限り感情的要素を排除した非人間的な機械労働が必要だからである。しかし、そうした気質からは、現状を改革する意思、能力、行動を必要とする政治的な気質の人間は生まれない。要するに、役人経験者の技能というものと政治家にふさわしい資質とはまったく異なる種類のスキルであることを、われわれは改めてしっかりと認識しなければならないのである。

■配給制度と移住政策

また、経済システムの面においても、基本的には生産・流通の手段は国有または社会的な所有、すなわち社会主義的な経済体制となるため、国民の食糧や生活物資の配給は最終的にはすべて国家権力によって統制される。さらに、国民の移住や配転も国家が意図的かつ強制的に行なう場合も多く、国民生活全般に国家権力が介入することが正当化され、国民は基本的にその政策に従わなかったり異議を申し立てることは許されない。

たとえば、自国の中で反乱分子が多い地域や新たに領土として組み入れた地域などでは、主として反体制的な思想を持つ人々を強制的に遠く離れた別の土地へ分散移住させ、さらに別の土地から体制に好意的な人々をそこへ移住させることで、その地域の沈静化をはかる場合も多い。人間は居住する土地における人脈や社会関係に依存して生活する動物であるから、その場所を移動させられて環境が変化すれば、同じスタンスの人々との横の連携が保てなくなり、結果として思想や活動も変化せざるを得ないからである。すでに指摘した「二重の選民意識」や「買弁階級」と同様に、こうした「移住政策による平準化」もまた、かつて帝国主義の時代に宗主国が植民地に対して行なった支配力強化のための統治政策と同様であり、実は独裁国家はこうした過去の植民統治の歴史的経験から学んでいるところが多い。そしてこれも過去の経験と同様にして、本当に良識ある有能で優秀な人々ほど沈黙することになる。

繰り返すが、このような抑圧的な体制下では、国民の多数派からの全面的な服従は独裁者の絶対的な生命線である。たとえそれが強制的であれ、無関心によるものであれ、あるいは処世術としての沈黙であれ、少なくとも反体制的な組織的活動が現出しないようにしなければならない。独裁者集団はもともと権力欲旺盛な人々の集団であるから、ある独裁者の国民からの支持が揺らげばいつ何時その地位をライバルに略奪されるか分からない。独裁者の生活は側から見ているほど楽なものではなく、常に不信感や猜疑心に悩まされ、精神的肉体的に消耗する。その不安を払拭するために、更なる恐怖政治や抑圧政治を重ね、反対派の摘発と弾圧を繰り返す。その担い手として秘密警察や軍隊、または支配政党に直属の武装組織、たとえば独裁者の親衛隊のような武力集団が暗躍するわけである。

■中央政府による地方人事

中央政府が地方政府に対して絶対的な権力、特に人事権を全面的に掌握しているのも独裁国家の特色と言える。もちろん民主国家においても「天下り」と呼ばれる慣例があるが、これは以下のような理由による制度である。すなわち、地方自治体の人事、特に役人や地域的な影響力の大きい関連団体の役員たちが、当該地域の要望にかなう人選ばかりになる、すなわち、現地出身者ばかりで固まることになると、そこに長い間定住する地縁や血縁の要素が絡み、先祖から子孫に至るまで人間関係の複雑な同郷人同士の利害関係が形成される。もちろん、それが現地の実情に精通する人々か職責を担うなどの良い要素になる場合もあるが、当該地域の抜本的な改革などの新しい政策を施行する場合にはそれが足枷となって政策効果を阻害する危険性も大きい。よって、当該地域に利害関係のない人物が中央から赴任することを通じてそうした危険を未然に防止するのみならず、当該人物が中央と地方とのパイプ役となる期待が持てる。もちろん、それを過剰に制度化することで弊害も多く、中央への反発や当該地域の事情に不慣れな統治が行われる危険性も存在する。すべからくものごとには良い面と悪い面があるが、この場合の良い面とは前者であり、悪い面が後者に該当する。

よって、こうした慣例や法的措置には按配が重要であり、どの程度そうした手法を制度化するかが結果の成否を決定することとなる。民主国家の場合には、政策の頃合いを確かめながら臨機応変に対応できる余地がある。それが行政に対する政治の役割であり、政策を頂点で仕切る自治体の長や予算を審議・認否する地方議会の議員を現地の住民が直接選挙で選出することができるのである。しかし、独裁国家の場合には有無を言わさず中央の絶対権力による統治が行なわれるため、自治体の長やその配下の役人集団に対する歯止めが効かない。また、行政だけでなく政治も事実上中央からの指名による人事で決められ、選挙も形式的にしか行なわれない。そこでは現地住民の意見や要望を汲み上げるシステムはほとんど存在せず、すべては中央政府、なかんずく1人の独裁者もしくは共産党や社会党に代表されるごく一握りの独裁権力者集団の意思決定に絶対服従となる統治が行なわれる。

内部分裂と分断国家

ところで、独裁者の最終的な目的は、国民に二重の選民意識を醸成し、意図的に内部分裂を創出することを通じて自己の権力基盤を守ることである。要するに、国民がまとまった勢力になって自分に反発してくるのを防止するわけである。このような混乱した国内社会を結束させて統治し、祖国を率いて恐ろしい国内の反乱分子や外敵と戦うことができるのは自分以外にはないと国民にアピールする状況を整備するわけである。

中間階級と変革者の不在

そもそも人間の歴史において、新しい時代を切り拓いたり、既存の体制を変革するような大きな役割を果たす人物は、ほとんどもっぱら中間階級から出現している。なぜなら、まず上層階級の人々は既存の秩序の中で地位や権威を獲得して満足しているので現状を変革する意欲を持つことはない。また、下層階級の人々は既存の秩序の中で生きるのが精一杯であり、なかなか自身の力によってそれを変革する意思と能力を持ち得ない。しかし、中間階級の人々は、上層階級に頭を押さえつけられるがゆえに既存の体制の中ではある程度以上の地位や利益を獲得することはできず、またかといって下層階級の人々から見れば彼らもまた嫉妬と羨望の対象であり、共通の意識を持つことはできない。そうした状況の中にあって、中間階級の人々だけが、上からも下からもすべての社会状況を見渡すことが可能な立場となり、また国家や社会の問題点を考える意思と能力、特に現状の社会システムに対する不満を持てることになる。過去の歴史における革命家や改革者は、こうして往々にして中間階級から生まれたのである。

ところで、民主国家においてはこの中間階級の人口が最も多く、上層階級や下層階級の人口を凌駕している。政治的民主主義と経済的資本主義の発展がそのような体制を生み出す成果をあげることになる。というのは、後者によって生み出された成果が前者の過程を経て可能な限り全国民に行き渡るように再配分される努力が成され、それを何十年も繰り返すうちに自然に中間階級の人口が膨れてくるからである。もちろん、その中で一部の才覚と幸運に恵まれた人々は上層階級へステップアップしたり、恵まれなかった人々は下層階級へ転落するが、人口構成全体としての比率が大きく変化することは、よほどの偶発的かつ突発的な要因が現出しない限りは可能性が低い。このような人口比率における母集団の大きさこそは決定的に重要な要因である。また、政治的民主主義と経済的資本主義の社会における自由な気風の存在が、より客観的な状況の把握と問題点の抽出ならびにその変革への意思と能力を育成する土壌となっている。

しかし、独裁国家には独裁者もしくは独裁的権力を有するごく少数の権力者集団およびその家族や親族などによって構成される上層階級と、その支配下でほとんどの人口比率を構成する下層階級がいるだけである。また、その下層階級の中の一部は買弁階級として体制側の人間になってしまう。すでに指摘したように、要するに独裁国家における中間階級の多くは買弁階級化してしまっており、体制の変革者としての意思や能力を持つどころか、逆に現状を維持して自己の地位や利益を保全しようとする体制側の人間になってしまっているわけである。このような社会状況の中では、変革者の登場はほとんど期待できない。そして、実はそれこそが独裁者が自己の権力基盤を守るために意図的に作り出しているシステムの論理なのである。

モノマネ文化

独裁国家の国民は、民主国家の国民よりもモノマネのスキルに長けている。と言うよりも、もともと独裁体制とは、そのようなスキルに長けた人材を育成するシステムとしての要素を多分に有している。モノマネのスキルとは、先人の発明品や行動や思想を再現する能力であり、他者と同じことをする能力である。これがいわゆる秀才型や凡才型のタイプの人間であることはすでに指摘した。独裁国家では、こうしたタイプのスキルを超えてまったく新しい独創的な発想をする天才型の人間は、反体制分子となる可能性を秘めた危険な注意人物と見なされてしまう。なぜなら、独裁政治の統治下では新しい発想や発明が一般社会の中から生まれるのは異常事態だからである。というのは、そこでは権力者がごく少数の体制エリート以外には、新しい独創的な発想を生み出す才能を持つ国民が育たないように意図的にしておくことで、彼らの権力的地位を盤石なものにしているからである。要するに、独裁者にとって新しい発想は現状変革の思想や行動へとつながる危険な要素であり、そのような国民が多数輩出してしまう状況は彼らの足元を揺るがす可能性を持ち、独裁者が最も恐れる危機的な状況となり得るのである。

ちなみに、こうした傾向は軍事であると民生であるとを問わず、言うまでもなく技術開発の分野で端的に現れる。たとえば、独裁国家の兵器は民主国家の兵器を模倣したものがほとんどであり、彼らが独自に開発したものは稀少である。もちろん、そうした傾向が良い結果をもたらすこともある。たとえば、独裁国家の軍隊が使用している兵器は民主国家が開発した兵器のモノマネであるがゆえに、なかなか同等レベルのものは作れずに性能が劣る場合がある反面、むしろ構造が単純で故障しにくく扱いやすい兵器となり、汎用性が高く有用な兵器となる場合もある。他にも、自分たちが作曲するのは不得手でも、先人が遺したクラシック音楽の演奏の分野では世界的な名手を輩出したり、ハリウッドの映画やドラマをマネた俳優の演技や映像技術を使ってそこそこの優良な作品を生み出すこともある。このように、独裁国家には他者が生み出したものを再現したり、それを改良したりする作業には相当なレベルのスキルを有する人材がいるが、そもそもの最初の発明品を生み出す独創的な才能を持った人材は育ちにくい。それは民主国家が作り出す自由でおおらかな気風の中で試行錯誤の末にのみ生み出されるのである。

なお、よく知られている標準的な事例の一つに、軍用小銃のＡＫ47、いわゆるカラシニコフの事例がある。これはギネスブックで「最も使われた銃」と認定されるほど世界中の軍隊や武装勢力に使用されてきた名器であるが、それは単純な構造で操作性にすぐれており、面倒な知識や訓練をせずともゲリラ新兵がすぐに使いこなせるからと言われている。また、その昔米ソ冷戦時代に日本へ亡命してきたソ連のミグ25戦闘機が、当時すでに時代遅れになりつつあった真空管を極限にまで活用したエンジンで世界最高レベルの運動性能を発揮していたことはあまりにも有名である。しかし、これらのいずれも、すなわち、小銃や真空管を最初に発明したのは彼らではない。

実のところ、人間の生活や人生のほとんどはモノマネ文化の中にある。そもそも新しいものを生み出す独創的な才能はごく限られたほんの少数の人間が有するスキルである。ただ、それが権力者によって育てられるか、社会そのものが有している風土の中から自然発生するかの違いは、その才能が後にどれほどの価値を生み出すかに格段の差が出るのである。また、物品の研究開発途上における組織活動においても、それに従事する人々が上からの命令でノルマを課せられて遂行するのと、自らの興味に基づいて旺盛なる未知への探究心と夢を抱いて取り組むのとでは、やはりその結果に大きな隔たりがあると考えられる。

もちろん、ごく稀少ではあるが、独裁国家が民主国家を凌駕する独創的な発明を生み出すこともある。たとえば、かつてのソ連の宇宙ロケット開発は当初はアメリカの遥か先を進んでいた。しかし、研究を主導していたコロリョフ（Sergei Pavlovich Korolev）亡き以後、その研究の進展速度は急速に停滞し、最後にはアメリカに追い抜かれてしまう。これは独裁国家の技術開発が、政治と同じ独裁主義、すなわち1人の有能な人物の才能に極度に依存しており、当該人物無き状況ではすべてが破産し、研究が止まってしまうことを端的に物語る事例である。研究成果が組織的に共有され、次の世代へ受け継がれるシステムは民主国家の場合と同様のはずである。しかし、その継承者が意図的な政策として育成される独裁国家と、自然発生的に出現する民主国家とでは、その後の研究の発展に大きな差異が生ずるわけである。ビル・ゲイツ（William Henry Bill Gates）やスティーブ・ジョブズ（Steven Paul Jobs）

をはじめ、21世紀のＩＴ社会を作り出し、人類の新しい時代を切り拓いたのはいずれもアメリカという民主的で自由な風土の社会から輩出した人々であって、国家が育成したエリートではない。

（4）第4段階・独裁国家の外交的特徴

最後に、独裁政治の成立過程の第4段階であるが、これは独裁者が自己の支配する国家体制を基盤として対外政策を展開する時期であり、この段階をもって当該国家の政治体制としての独裁主義がほぼ体裁を完成することになる。そして、ここでもやはりその目的は二重の選民意識の醸成と内部分裂の創出である。また、すでに第2段階と第3段階でも強化した情報統制を一層強化し、国民の思考停止、政治的無関心、さらには国家の諸政策への動員を徹底するのである。

対外強硬路線

まず独裁国家の外交方針は、対外強硬主義という言葉で表すことができる。その担い手は言うまでもなく軍隊である。独裁者の外交は常に強硬路線である。なぜなら、自己の権力的地位を維持するために国内のライバルや反対派の暗躍を防止する必要があり、国民の支持を維持するためにうまくいかないことをすべて外国のせいにし、対外的な緊張を保持することが必須だからである。外国という共通の敵を設定することで国民の関心と不満を外に向けさせ、自己の統治下における国民統制と自己への絶対服従を堅持するのである。

好戦主義と軍備拡張

数多くの歴史的な事例では、独裁者はそうした外交政策の根拠としてレーベンスラウム（生活圏）やレゾンデートル（生存権）と呼ばれるスローガンを掲げ、当該国家が生き残るためには自衛戦争＝侵略戦争を遂行できる独裁体制が必要であることを国民に宣伝する経験が示されている。また、その裏付け政策として軍備拡張を遂行する。

▒インテリジェンス

同時に、諸外国に大規模なインテリジェンス組織を展開し、それらの諜報活動から諸外国の情報を収集して国民の危機感を煽ることに役立つ要素を探索する。その活動は国際法上の合法非合法を問わず遂行されるため、しばしば諸外国との摩擦を引き起こす。また、こうした諜報活動は国外にとどまらず、むしろ国内においても活発に行なわれる。この内部インテリジェンスは主として秘密警察の役割となり、反体制派の摘発やその予備軍の監視を行なうのである。ここでも国民を相互に監視させる二重の選民意識、買弁階級、小さい権力者たちなどが陰に陽に活躍するわけである。これによって体制に疑問を抱いている不特定多数の国民も、その多くが沈黙することになる。

ところで、プロパガンダや戦略的スローガンの啓示を通じて国民の支持を獲得し続けるのが独裁者の死活的な使命となるが、その効果が限界に達した場合には、上記のレーベンスラウムを求めて実際に近隣に対する戦争を行なう場合もある。戦争は国力を浪費して国民に負担を強いる活動であるため、一見すると国民の支持を減退させてしまう政策であるように思われる。国民生活に必要な食糧や物資が戦争遂行に優先され、国民の不満が蓄積する可能性があるからである。

▒意図的な窮乏化政策

しかし、食糧や物資の不足による国民の不満の高まりが即座に革命や反乱やクーデタにつながるなどという考え方はあまりにも非現実的かつ期待予測的な迷信である。なぜなら生活が困窮し始めた国民がまず最初にすることは権力者への服従＝物資受給資格の確保だからである。いわば「飢餓支配」または「貧困統治」とでも呼ぶべき非人道的ではあるが効果は大きい政策である。残念ながら人間はそれほどたいそうな動物ではない。したがって独裁者にとっては国民が豊かに生活しているよりもむしろ困窮している方が統治しやすい場合が多い。開発途上国の独裁体制が長寿である理由がそこにある。そして、最も迅速かつ確実に国民生活を困窮させるには戦争をするのが一番手っ取り早いのである。よって独裁国家は戦争をしたがることになる。

ところで、この段階でも同様にして最も活躍する主体は独裁者と国民の間に存在する中間の買弁階級であり、官僚だけでなく普通の民間人である人々自身が買弁階級として自ら進んで反対勢力や体制逸脱者を摘発して潰す点数稼ぎの活動に勤しむ。外交においても内政と同様に独裁者の最終的な目的は国民に二重の選民意識を醸成し、意図的に内部分裂を創出して自己の権力基盤を守ることにある。混乱した国際関係の中で危機的状況にある祖国を率いて生き残ることができる統治者は自分以外にはないと国民にアピールするのである。なお、独裁国家に限らず、そもそも外交とは90％以上が内政の事情に依存しているのであって、その意味では外交もまた内政の独裁的基盤を強化する手段として利用されるわけである。

なお、ここで第2段階、第3段階、第4段階でそれぞれ指摘した特徴は、第1段階の独裁国家を生み出す土壌の要素と同様にして相互に連関しており、複数の要素が有機的に連動して独裁国家の構造的基盤を形成している。よって、これもまた、どれか一つが実施されればその影響でドミノ倒し的に他の事項も実施され、結果として独裁体制が強化される危険性がある。

3　独裁政治の継続と終焉の決定要因

（1）独裁政治の継続を可能にする要因

【社会の風土、国民の気質、世論の動向】

独裁政治はなぜ維持されるのだろうか、またなぜ崩壊するのだろうか。まず、一旦成立した独裁体制が持続するか否かは、それが民主的な体制よりもどのような優越性を持っているか、すなわち独裁政治である方が民主政治であるよりも良いことがあると当該国民が感じているかどうかに依存している。

有能なリーダーの強力なリーダーシップ

独裁政治を生み出す最大の要因であり直接的な契機となるのが有能なリーダーや強いリーダーシップを求める国民の気風であることはすでに指摘した。それでは、そもそも国民は有能なリーダーや強いリーダーシップというものをどのようなものとして認識しているのだろうか。それは迅速な政策決定とその実施において包括的に国民を動員できるスキルのことである。要するに、国民が考えている有能なリーダーや強力なリーダーシップとは、スピーディーな意思決定とその広範な実行力のことなのである。

つまり、思想の統制によってイデオロギー的な統一性と支配の正統性を持ち、計画経済政策によるインフラの整備と社会政策の実施による国民生活の安定化という成果を宣伝するプロパガンダやイベントが国民から信用されているうちは独裁政治が維持される。要するに、独裁体制によって経済発展が持続的に成功していれば体制が継続されるのである。また、自分に力がない場合に自分よりも上位者の意向に逆らわずに隷従するのが当然だと考える文化的社会的な風土や、有能な人々のスキルに頼って問題解決をしたがる国民気質が多数派である国はそもそもが国の体質として独裁政治に合っていると考えられる。

こうした検討からわれわれが学ぶべき重要事項の一つは、民主政治の国においても社会の難問解決のために有能なリーダーや強力なリーダーシップの必要性を訴える論者が存在するが、そのような論者の考え方に迎合する風潮は非常に危険だという事実である。それは独裁政治を生み出す巨大な温床となり得るという事実をしっかりと認識すべきであろう。

【国際関係における代替覇権国の有無】

国際社会に存在する国々のほとんどは、グローバル覇権国であるアメリカや、地域覇権国である中国やロシアなど、いずれかの大きな国力や威信を有する国を盟主とする陣営に自国を位置付けることによって生存している。特に、独裁的な政治体制を採用している国のほとんどは開発途上国であるから、自己の国力だけで国家運営をまかなっていくことは不可能だからである。その場合に、これらの国々はどちらかと言えばアメリカ陣営よりも中国やロシアの陣営に属することが多い。それは以下の理由によるものである。(8)

市場開放

第1に、市場開放の問題がある。アメリカの傘下に入ったからと言って、アメリカが自身の市場を無条件で開放してくれるわけではない。アメリカは自国の市場開放に消極的であり、これをあてにした期待は裏切られる場合がほとんどである。その点、中国はさまざまな問題を有するも、少なくともアメリカよりも柔らかい形で一帯一路などを通じたある程度の市場開放をしており、それならアメリカと大差はないか、まだマシという評価になる。途上国にとっては、これは中国側につきやすい要因の一つか、または少なくともどちらについても大差はないと考える要因となる。

■安全保障

第2に、近年のアメリカはさまざまな軍事介入の地域から撤退しており、同盟国や準同盟国およびその候補国にとっての不安材料となっている。すなわち、アメリカは果たして同盟国として集団安全保障の盟主の役割を果たしてくれるのかどうか疑念を抱き始めているのである。たしかに物量面における援助はしてくれるが、しかしそれに続く新たな軍事介入は短中期的にはあり得ない時代となっている。途上国としては、それなら中国と大差はなく、特にアメリカ陣営に参加する要因とはなり得ないことになる。

■内政介入

第3に、最も決定的な要因として、内政介入の問題がある。アメリカの傘下に入った国は、自己の政治体制を民主化することが求められる。こうした要請に従わない場合には、アメリカからの支援にさまざまな制約が設けられるのである。その点、中国やロシアの陣営に参加する場合には、もともと同じ独裁体制の国家であるからこうしたうるさい要請もなく、内政に関する口出しもほとんどない。無理に民主化すれば政権が転覆して国民統合が崩壊し、国家が分離する可能性を持つような途上国が多い状況にとっては、中国側についた方が自己の国家体制や政権維持のためには安心である国々が多く、したがっておおよそこれが決定的な要因となる。

こうした事情から、途上国はアメリカよりも中国やロシアを支持しやすい傾向にあり、自身の独裁国家としての体制を維持しやすい国際関係や外交環境を整備することになる。もし国際関係にアメリカ以外にこれに対抗する大国がいなければ、すべての国々は生存のために民主化の方向へ舵取りをしなければならないが、アメリカに反発する勢力としての中国やロシアがいるため、その選択肢を選んで独裁体制を維持することができてしまうところに悲劇がある。

(2) 独裁政治を終焉させる要因

【社会の風土、国民の気質、世論の動向】

こうした継続要素に対して、逆に独裁政治が終焉する要因は何であろうか。それは独裁政治が民主政治に対する優越性を喪失するかどうか、すなわち、独裁政治よりも民主政治の方が良いことがある政治体制だと国民に認識されるかどうかに依存していると言える。

▒失　策

たとえば、自然災害や戦争などにともなう大きな社会変動が当該国家の課題として直面した場合に、その対策が成功すれば良いのだが、もしも失敗した場合にその理由を外国や国内の反乱分子に求めることに限界があったり、独裁者が遂行する経済政策、いわゆる世間で言う開発独裁が行き詰まったりした場合に、国民が独裁者のスキルに不信感や疑念を持ち始めるのがその兆候となる。

▒経済発展

また、経済成長の実現による民度の向上や外国からの民主主義的な思想の流入などを通じて国民の気質が変化したり、国際関係の構造的な変動や国際格差の露呈など、やはり外国からの情報漏洩によって国民が世の中の真実に触れるとその体制が揺らぐことになるが、今日のネット社会のようなこれだけＩＴ技術が発達した時代においても、こうした要素が独裁体制を大きく変革させることは困難であることは多くの事例が示している。いわゆる民主化の失敗である。また、経済発展の成果のそもそもが独裁体制によって生み出されたものである以上は、国民としてはその体制が維持された方が経済発展が持続するというイメージを抱く可能性が高い。特に、ほとんどの独裁国家が集権主義的な社会主義経済体制を採用しているため、それが変革されるためには経済政策の失敗、国民生活の破綻、戦争など、何らかの大きな契機が必要となる。

国家の体質

また、自分に力がない場合にも上位者の意向に異論や反論ができる自由があるべきだと考える文化的社会的風土への成長や、有能な人々のスキルばかりに頼らずみんなで背負って問題解決をするべきだと考える国民気質が醸成されれば、そもそもが独裁政治に合わない体質の国へと成長するわけで、独裁政治を生み出しにくい国へと進化していくことになる。しかし、これもまた総じて言うならば、独裁国家の国民はそもそもが独裁国家の教育システムによって頭と心を育成された人々であるから、このような独裁政治の終焉要素を獲得することもまた残念ながら困難であると言わねばならない。とりわけ、歴史的に独裁政治に馴染みの深い経験を積んできた国にとっては、こうした進歩はなかなか期待できない。

たとえば、社会主義や共産主義の体制下で生活することに慣れてしまうのはその一例である。そこではすべてを国家が統制するために国民の自由は奪われるが、その服従の見返りとして人々は生活の保障を期待できる。それが為政者にとって自身の生命線だからである。したがって、そこには国民が国家を頼る、有能なリーダーの力量に頼る、独裁者を生み出しその権威と権力を強化させるという構図が生み出されてしまう。なお、ここで指摘しておきたいのは、このような「甘えの構造」は民主国家や資本主義の体制下においても過度の社会保障や社会福祉が常態化すると出現するという事実である。高福祉は必ずしも良いことではないばかりか、そこに民主主義を骨抜きにする危険な要素を有していると肝に銘じておくべきであろう。

【国際関係における代替覇権国の有無】

さて、すでに指摘したように、ほとんどすべての独裁国家は途上国であるため、自己の体制を維持するために反アメリカ、親中国、親ロシアの外交路線を採用しやすい傾向にある。したがって、もしアメリカ以外に国際関係の動向を左右することができるような国力を持つ国が皆無であれば、また、そのような国が存在している場合にもそれが民主国家である場合には、途上国のほとんどはそれらの勢力の傘下で生きるために自国の民主化努力を遂行することになる。しかし、実際にはそのような国際関係の状況になる可能性はきわめて低く、残念ながら独裁国家が民主化する契機と可能性は稀少であると言わねばならない。

4　独裁国家への対策

ところで、こうした独裁体制の国家を外交相手とするわれわれ民主主義諸国は、どのようなスタンスや方針で外交政策を実施すべきであるのか。すなわち、いかにして彼らと付き合っていくべきであるのかを考察しなければならない。

経済効果の限界と共存路線の選択

実はこの30年間ほど、民主国家は経済の力に頼りすぎてきた。すなわち、われわれは独裁国家も経済発展して豊かになれば民主化へ向かうと期待していたのである。その方法論に沿って、民主国家は独裁国家とグローバルな経済交流を行なってきた。しかし実際には、独裁国家の為政者たちはそうした活動によって獲得した利益を自己の独裁主義を強化するために利用してしまったのである。したがって、残念ながら経済発展は独裁国家を民主化させることはできなかったのである。

ここに至ってわれわれは、長期的にはともかく、少なくとも短中期的なスパンではこの地上から独裁国家をなくすことは不可能であることを確認した。すなわち、われわれ民主国家陣営には、独裁主義のまま存続している非民主国家という価値観の異なる国民が形成する諸国家の陣営とこの世界で共存することが義務付けられているのである。ましてや、経済力こそ優越性を保ってはいるが、国家の数からすればわれわれの陣営は圧倒的に少数派なのである。

非妥協的スタンスの原則

第1に、独裁国家を生み出すような価値観の異なる相手との外交には非妥協的な姿勢が重要であり、譲歩や妥協は弱味と解釈されることを肝に銘じる必要がある。最も重要な前提は、独裁国家の政府や国民はそもそもの価値観が民主国家の国民であるわれわれとは異なる人々であることを大前提とし、彼らに対しては決して弱みを見せない毅然とした言動や行動を心がける意識を持つことである。そこでは、常に「目には目を」の原則を貫徹し、交渉においてはあくまでも非妥協的な姿勢を堅持する徹底した対応が原則である。

というのも、われわれの民主的な社会では、真の実力を有する者がそれを誇示しないのは謙虚や謙遜として世間から尊敬、賞賛されるべき態度となるが、中国やロシアや北朝鮮のような独裁国家においては、そのような態度は美徳ではなく弱みと認識されてしまい、むしろこちらに力があることをしっかりと明確に示さない限り舐められてしまうのである。それは、大して偉くもないのに威張っている者にこちらがへりくだると彼もしくは彼女を増長させてしまうのと同様である。よって、まずは彼らとわれわれとでは根本的な価値観が異なり、その価値観を変化させることは不可能ではないが到底容易ではないのだという現実をしっかりと認識することが重要である。

封じ込め政策の原則

第2に、いわゆる封じ込め政策によって独裁国家との交流、特にその盟主たるロシアや中国との交流を可能な限り制限するとともに、彼らの勢力拡大を防止することが必要である。要するに、独裁国家のような根源的な価値観が相違する国々との合理的かつ効率的な外交政策は「封じ込め政策」以外にはない。すでに指摘しているように、これらの国々とわれわれの国々では社会の規範から生活の習慣に至るまで、そもそもの「ものの考え方」や「ものごとの判定基準」自体が異なるからである。

もちろん、特に経済的分野を中心とする現代のグローバル化した国際社会において完全な封じ込め政策の実現は難問ではある。しかし、たとえば先端技術の漏洩や人材のヘッドハンティングなどの問題はかねてより厳しく対応しなければならなかった民主国家の課題でもある。相手が年収1億円で引き抜こうとする人材を思いとどまらせるには、こちらも1億円を提示して対抗する以外にはないのである。また、資源エネルギーの確保を過度に独裁国家からの輸入に依存していた経済体質がさまざまな外交的劣勢を招いた弊害はウクライナ戦争で露呈したばかりである。

特に、限定的であれ独裁国家と経済的な交流をする場合に、こうした資源・エネルギーや基幹産業の分野における過度の依存は当該国家の命取りになる可能性が高い。いつ敵対関係になってもおかしくない相手にこうした関係を作ることは、危機的な状況と裏表一体だからであり、いわゆるエコノミック・ステートクラフト、経済戦略手法は、独裁国家には限定的な影響しか与えることはできないからである。独裁国家のほとんどは社会主義経済の体制を採用しており、もともとこうした閉鎖的な経済システムの国に経済制裁で直接的かつ迅速に打撃を与えることは困難だからである。

ただ、たしかに閉鎖経済システムを採用している独裁国家に対するエコノミック・ステートクラフトの効果は少なくとも短期的には限定されていることは事実であるが、同時に、中長期的にはこうした経済制裁が彼らに大きな損害を与えて締め上げることができるのも事実である。したがってわれわれが、これまで放置されてきた一つ一つの課題への対応から出発して中長期的な視野から封じ込めの枠組みを作ることは可能であろう。いずれにしろ、現代世界のほとんどを占める開発途上国は、常に風見鶏的な戦略を採用しており、争点や問題領域によっては民主国家の陣営についた方が得だとなればこちらへ抱き込むことがいつでも可能である。われわれは彼らにとって独裁国家よりも民主国家に味方した方が利益があるような状況を常に作り続けることが必要である。

いずれにしろ、一時期のグローバライゼーション賛美の風潮によって、すでに今日の国際経済社会は相互依存が浸透した貿易・通商システムとして作り上げられている度合いが大きい。したがって、特に経済的な分野において封じ込め政策を管理することは容易ではない。したがって、ここでは政治や軍事の分野における外交と、経済の分野における外交とのバランスをよくよく考慮するという今後の難題が残されることになる。重要なことは、経済を中心とする平和的な手段だけではまともな付き合いができかねる相手なのであり、そこでは必ず政治や軍事の手段を用意しておかねばならないと言う認識とスタンスを堅持することが必要である。

戦略と戦術

ところで、残念ながら独裁国家が自国へ侵略してきて実際に戦争になってしまった場合には、どのような戦略・戦術が必要なのだろうか。まず戦略的には、民主国家の陣営と協力しながらその政治的支援と経済的援助を持続的に引っ張り出し、あくまでも敵に対して非妥協性を堅持する外交的スタンスが大前提となる。その上で、戦術的には、こちらが先進国の場合には高レベルの兵器を駆使しつつ圧倒的な武力をもって一気に殲滅すること、またこちらが途上国の場合には民間と軍隊が協力していわゆるゲリラ戦術を展開し、ズルズルと継続的な長期戦に持ち込むことが重要である。独裁国家が戦争する場合には、その戦果こそが独裁者の生命線であり、もし敗戦したり戦果が上がらないままズルズルと戦争を長引かせることは、その権力基盤を揺るがす国内の動揺を引き起こし、ライバルが暗躍し始めて戦争が遂行できなくなるからである。

もちろん、戦争せずに済むに越したことはない。そのためには、独裁国家に侵略行為をさせないように、戦争になればそれが彼らにとって自殺行為になることをしっかりと認識させて侵略を未然に防止することが重要である。価値観の異なる相手といくら交流をしても、分かり合えることなどあまりにも困難である。そこでは、われわれ自身も倫理や道徳の仮面を剝ぎ取り、むしろもっと現実的に、利益不利益の観点からアプローチすることが必要である。つまり、平素から民主国家陣営が結束して政治的フロントを確立しておきながら、独裁国家の動向に関する情報を相互に共有し、技術協力を展開して常に軍備の近代化に務め、もし石を1個投げてきたら10個投げ返す国力を見せつけて脅威を与え続けるのが肝要である。最も重要なことは、決して兵器の技術で彼らに遅れを取ってはならないという点である。教員たちがしっかりと団結していてこそ、学校で生徒や学生をしっかり教育できるのである。そして、その先生たちの教育力の源泉となる威厳や権威の本質は、人柄や人間性以上に所詮は学問的知識の実力である。いずれにしろ独裁国家には、こちらに手出しをしてくれば恐ろしく痛い目に遭うことを徹底して分らせておくことが必要である。

■独裁主義の学習

以上のような政策の具体的なスタンスや手法にも増して重要なことは、われわれ民主国家の国民自身が、独裁主義とは何かを今とこれまでよりもしっかりと学習し、彼らがどのような考え方をする人々であるのか、われわれをどのように見ているのか、なぜ今このような行動をしているのか、そしてこれからわれわれに何をしてくるのか、要するに彼らの価値観を適格に知ることである。そうした知識なくしては、われわれは独裁主義からの挑戦を退け、民主主義を守ることはできない。従来、さまざまな理由によってこうした学習に蓋をしてきたことは、残念ながら多くの弊害をもたらしてきた。その最たるものは、少なくともわれわれの知識の範疇では理解し難い敵をわれわれ自身の中に作り出してしまったことであった。従来のわれわれは、独裁主義の考え方や独裁国家の行動が理解不能であり、当然、それに適切な対応をすることが困難であった。したがって、その知識を得ることを通じて、彼らに対する適切な対応を生み出す知的源泉を持つことができるのである。

もちろん、特に、第二次世界大戦後の左翼主義の風潮が世界に蔓延していた時代においては、こうした題材に関する学習が、国民をしてあたかも宗教の教義にマインドコントロールされるがごとき危険性をはらんでいたことも事実である。要するに、信者の増加、すなわち独裁主義の信奉者が増えるのではないかという危惧である。その顚末の事例の一つが、日本でも暴力的な学生運動や日本赤軍のテロを生み出したことは周知である。しかし、今や民主国家としての地位をしっかりと確立しつつあるわが国において、敵国の体制たる独裁主義の知識を持つことは自分たちの民主主義を守るためにこそ必要不可欠な責務となったと言える。同時に、われわれには、その学習を通じて自分たちの民主主義の問題点を把握し、さらにより良い民主主義を作り出していくための糧にする義務が課せられている。その意味で、独裁主義は民主主義の反面教師であり、これら双方をしっかりと学習することが良識を生み、より望ましく強靭な民主主義を生み出すことが期待できる。

2つの正義による2つの世界

民主国家で生きるわれわれにとって、独裁国家は悪であり、民主化しなければならない対象である。われわれは独裁国家に生きる国民は不幸な境遇にあり、救済されるべき人々であると考える。しかし、独裁国家に生きる彼らにとっては、少数派たる例外を除いて、多数の国民がわれわれ民主国家を悪と考えている。彼らにとっては民主国家の国民こそが救済の対象となるのである。現代世界はこのような2つの正義による2つの世界が存在する世界である。2人の神々と2つの宇宙があると換言しても良い。どの考え方が正義であるかを選択する作業は、どの神が信仰に値するかを選択する作業と同様に価値判断で行われる精神世界の作業だからである。われわれにとっての悪は彼らにとっての正義であり、彼らにとっての悪はわれわれにとっての正義であり、いずれが間違っているかではなく、両方とも正しいのである。

このようなアンビバレント、二律背反な価値観を有する者同士が共存するためには、双方がリアリズムのスタンスを堅持して対応する前提が必要である。お互いに利益があるイッシューでは協調・協力し、お互いに損失がある場合には対立・非協力の状況になることを受け入れつつ、それが対立や摩擦を越えて戦争へとエスカレートしないように管理する。最も重要なことは、戦争という国家の物理的強制力の行使を防止することがお互いの利益であること、戦争をすれば双方の損だということを広く深く相互に認識することである。この認識をいかなる時にも双方が持ち続けることが、今後の世界で両者が共存できる絶対的な必要条件である。

1人の神は、世の中にいろいろな種類の人間や事物があるのが良いと考えている。しかし、もう1人の神は、世の中が同じような統一的かつ均質的な人間や事物で成り立っているのが良いと考えている。言うまでもなく、前者が民主国家であり、自由主義や資本主義の考え方の本質であり、その実現のために分権主義を採用する世界である。そして、後者は独裁国家であり、共産主義や社会主義の考え方の本質であり、その実現のために集権主義を採用する世界である。グローバライゼーションの動向は多くの人々に世界が一つになれるとの妄想を抱かせた。しかし、それは少なくとも短中期的には不可能であるばかりか、それを無理強いすることが世界に巨大な弊害をもたらすという事実が露呈した。そう考えると、実は2人の神々がいる2つの世界は、決して悪い状況ではなく、それを無理に1つにしようとすることの方が問題であり、そもそも無理な話だったのである。異なる立場や意見、そして異なる価値観を持つ世界の住人が、お互いにその存在を前提として認め合うことからすべての人類の平和で豊かな共存が実現する。交流を深めれば価値観を共有できるなどという迷信に惑わされることなく、異なる価値観の人々同士でも協力してお互いに儲ける方法や場所を探索する方法論が重要であり、同時に、お互いに交流せずに距離を置くこともまた必要であることを理解すべきである。

5 国民生活のシミュレーション

最後に、ここで指摘した特徴を有する独裁国家における実際の国民生活がどのようなものであるのかを具体的にシミュレーションしてイメージを摑んでもらう必要がある。

(1) 学校生活

独裁国家に生まれた国民は、その最初の教育、すなわち学校教育において、国家の体制や独裁者に対して服従する国民を生産するためのあらゆる手段を用いた徹底的な思想・イデオロギー教育を施される。まず、家庭環境が問題となる。一方で、親が公務員や共産党員の家庭では、その親の地位を継承させるために、子どもが生まれた時から独裁体制の歯車として活躍できる人材に育てるための厳格な教育方針が貫かれる。他方で、親が公務員や共産党員でない家庭に生まれた子どもは、将来的に買弁階級へ出世させることを目標に厳しい躾をするか、あるいは最初からあきらめて権力者の言いなりに生きる楽な道を歩ませる躾をするか、いずれかの教育が行なわれる。

次に、学校生活における生徒や学生には、まだ幼少期から徹底して経済的な社会主義や政治的な共産主義のすばらしさが植え込まれ、逆に資本主義や民主主義は悪いものだと教え込まれる。そこには、独裁者に対する個人崇拝の要素も旺盛に取り入れられる。こうして、厳格な教師たちによる威圧的な学校教育を通じて独裁者や国家に服従する強制的な忠誠心を持つ国民が生産され、そこではごく限られた選民エリート階級を例外として、反体制的な活動どころか、国家の枠組みを改革するという発想すら出てこない非理性的かつ非知性的な国民が育成される。その中で優秀な者、すなわち学業に秀でるだけでなく、独裁者への揺るぎない忠誠心を持つ生徒や学生が高学歴・高学校歴のお墨付きを付与されることになる。

（2）公務員と民間人

独裁国家の国民は、学校を出て社会人となる場合に、民主国家の国民と同様に公務員と民間人のいずれかの道を歩む。まず選民エリートの子女や優秀とみなされた卒業生のほとんどすべてが公務員となるが、実はほとんどの独裁国家が採用している社会主義という経済体制では純粋な民間企業というものは存在せず、半官半民の企業形態が取られている。これは法律によって決められていることで、外資系も同様である。したがって、人々は完全な公務員か半分公務員かのいずれかの地位を得て生活することになる。また、半官半民の職場においては、いわゆる監視役として公務員、特に秘密警察や党員（後述）が送り込まれており、人事から経営にいたるまですべての局面において強い発言権を持っている。そのような環境の中で、人々は業務に従事する賃金労働者となるのである。

(3) 党員と非党員

独裁国家の国民には、独裁者の支援集団としての政党の党員と非党員がおり、それはほとんどの場合に共産党もしくは社会党という名称の政党である。前者、すなわち党員は、後者、すなわち非党員を監視対象としてその生活を見張り、またイベントなどの場合には率先して後者の参加や協力を駆り立てる。また、上記の公務員はほとんどすべてが党員であり、逆に言えば党員でなければ公務員としての権力的地位に就くことは困難である。よって、人々の多くは党員になることを望むが、主としてすでに党員になっている人間からの推薦に加え、さまざまな視点からの厳しい審査、特に思想審査が課せられているために稀少な狭き門となっている。

(4) 出生条件

このように、学校で教師たちに忠実な生徒となり、良い成績をおさめて高学歴・高学校歴となり、公務員となり、党員となった者は、いわゆる選民エリートとしての生活を送ることになるが、当然、その子孫たちも同様の道を歩む。逆に言えば、こうしたエリート家庭に生まれ育つことが、独裁国家で保障された生活を確保する条件となる。いわゆる「エリートの世襲制」である。特に、党員の子女はほとんどの場合に親の推薦だけで党員資格を得ることができ、公務員としての職を得ることができる。

(5) 徴兵制度

独裁国家のほとんどは、いまだに徴兵制度を採用している場合が多い。したがって、男女を問わず成人の国民は、だいたい18歳からの1年半程度、軍事教練や軍務の経験を積むことになる。これは、上位下達の指令系統が徹底されていて、上官の命令に絶対服従の組織である軍隊での経験と教育を通じて、実社会でも上司に服従する人間、すなわち独裁者に反抗しない気質の国民を育てることが最大の目的である。だからこそ、実際に戦争をしない国でも軍隊の徴兵制度が残存しているのであり、いわば軍隊を教育組織として活用しているのである。なお、この規定には国によって千差万別あるが、選民エリート階級への道を歩む者にはこの兵役に免除や猶予が与えられるのは共通の認識である。

(6) 政治活動・経済活動・処罰

こうして公務員なり民間人なり、また党員なり非党員として、人々は労働し、その対価としての賃金を得て経済生活を送る。ただ、民主国家のように資本主義的な経済社会は存在しないため、すべては独裁者と国家が決めたフレームワークの中で生きることになる。たとえば、所得、住居、居住地なども国家に指定されるのが通常であり、本人の希望は制限された範囲内で認可される。店頭で販売される商品の選択やその価格なども国によって決められているいわゆる統制経済である。

また、独裁国家では国民の自由な政治活動は事実上禁止されており、あくまでも国家やその統治者たる独裁者が認可したり指示したりする活動のみが行なわれる。典型的なのは、プロパガンダによって塗り固められたイベントへの参加である。こうした生活から逸脱した行動をとれば、即座に拘束されて処罰を受けるが、例えば犯罪行為に対する司法、すなわち裁判制度は事実上存在せず、担当官の恣意的な判断により処罰が決められてしまう。それは民主国家における一般的な罰金、禁固、懲役、死刑などに加えて、独裁国家特有の強制労働、強制移住、拷問、銃殺、その他、非人道的な手段も含まれている。したがって、すでに何度も指摘したように、そうした被害を防止するために、本当に良識ある有能で優秀な人々ほど沈黙し、体制への無言の服従を自ら選択することになる。

(7) 自由と平等

さて、ここまで独裁国家の国民生活をシミュレーションしてきたが、それがわれわれ民主国家の国民生活とは随分と異なる生活であると実感できたことであろう。総じて言えば、独裁国家には一つの共通の思想・イデオロギーに規定された価値観や倫理観があり、それを踏襲した生活をしている限りにおいては、個人であると公人であるとを問わず、ある程度の安全で健康で文化的な生活が保障される。

しかし、それを一歩踏み外すと、そこでは国家権力によって自由権や社会権を簡単に剝奪される非人道的かつ非文化的な生活を強いられることになる。最も危険なのは、反政府、反体制、反独裁者の発言や活動をした場合であり、その場合には現実に迫り来る直接的な生命の危機に直面することになる。その点、われわれ民主国家の国民は、法律の範囲内であればそうした反体制の発言や活動も認可され、また、たとえ極刑に相当する犯罪者であろうとも、その処罰に至るまでの過程においては他者と同様に人権が擁護されるが、独裁国家では統治行為の秩序を乱す犯罪行為を犯すような反体制的な人間に対してはそうした人権が守られることはない。なお、ここで示した社会生活のあらゆる時空において、すべての国民が秘密警察をはじめとする官憲の監視を受けていることは言うまでもない。要するに、常に誰かに見張られている生活を生涯にわたって送るのである。

以上、われわれ民主国家の国民から見ると、独裁国家における国民の非常に窮屈で常に恐怖心を感じる不幸な生活をシミュレーションしてきたが、時間が経過し、時代が推移し、世代が積み重ねられていくと、こうした生活に人々の意識が慣れてしまい、それが当たり前のようになってしまうのである。われわれ民主国家の国民は、開かれた社会で自由な生き方ができることを良しとし、それによって生み出される社会の動揺や危険性はある程度許容するという道を選ぶ。しかし独裁国家の国民は、社会が統一的かつ統制的に運営される秩序を最も重要な要素とし、そのために社会の開放性や国民の自由な生活が犠牲になっても仕方がないと容認するという道を選ぶ。どちらが正しいか正しくないかの善悪の問題ではなく、それはそれぞれの国民にとっていずれも正しい正義であり、選択の問題であり、合っているか合っていないかの問題なのである。

6　結　語

さて、以上、独裁主義の定義、独裁政治が生み出される要因、独裁体制の特徴、独裁国家への対策、独裁国家における国民生活のシミュレーションについて検討してきた。ここで提示されたフレームワークを独裁主義の分析視角として活用し、独裁国家の特徴と論理をよく理解した上で、それに対して上手な外交手腕を発揮しつつ、わが国をはじめとする民主国家が自己の国益を確保するとともに、これ以上の独裁主義の感染を防止できることを願うものである。

残念ながら、中国、ロシア、北朝鮮、イランなど、代表的な国々に限らず、日本やアメリカなどのごく少数の例外を除いて、独裁国家が世界中にあふれる時代がやってきた。われわれは好むと好まざるとにかかわらず、この世界で彼らのようなわれわれとは根本的に価値観の異なる非民主的国家群と共存しなければならない。そのための指針として、われわれは独裁主義の特徴を可能な限り一般化し、その分析視角をさらに整理することが必要である。敵を知り己をよく知ることのみが、われわれ自身が生き残る唯一にして絶対にして最高の良策に他ならないからである。その意味で、本書が民主国家の国民にとって独裁主義というウイルスの感染を予防するワクチンとしての機能を果たすことを期待する。

7 総 括

最後に、以上に展開した議論の内容をここにまとめておくので、もう一度、独裁主義のイメージを整理してもらいたい。

(1) 独裁政治の定義

独裁政治とは、1人の独裁者もしくは少数の独裁的な権力者集団による政策決定に国民が強制的に従わされ、それに反対することが許されない政治体制を意味する。また、そのような政治体制の国を独裁国家と呼び、こうした政治手法を自国において正義として確立するとともに、他国に対しても同様の政治体制を伝播しようとする思想を独裁主義と呼ぶ。さらに、民主主義から独裁主義へ移行する過程の中間形態を権威主義と呼ぶ。

(2) 独裁国家を生み出す要因

■客観的要因

- 国際社会が流動的な状況にあるかどうか（国際関係の要素）。
- 近隣に野心のある大国や敵対国が存在する危機感があるかどうか（地政学的な要素）。
- 社会変動や自然災害による国民の不安感が社会的混乱を引き起こしているかどうか（社会的混乱の要素）。

■主観的要因

- 当該国家に市民革命の経験があるかいなか（歴史的土壌の要素）。
- 社会生活において上からの命令に従順であることが慣習として尊ばれているかいなか（社会的文化的風土の要素）。
- 社会問題への対応において1人もしくは少数の集団のスキルに頼る傾向が強いかいなか（国民気質の要素）。
- 社会主義的な計画経済政策を多方面で取り入れているかいなか（経済体制の要素）。
- 民主国家における社会的な難問への対処が解決へ向けて成果を上げているかいなか（民主主義の失敗）。

これらの項目の中で該当する数が多いほど当該国家が独裁化させる可能性が高い。

(3) 独裁国家の特徴

■権力基盤の特徴

- 為政者たちの間で常に権力の座をめぐる激しい闘争が行われており、その敗者は厳しい粛正の対象となっている（権力闘争）。
- 社会主義的な計画経済方式の政策が強制的かつ統制的に行われている（経済政策）。
- 国家的プロジェクトとして国民を頻繁に総動員している（総動員体制）。
- 国民に対する統一的なイデオロギー教育が強制的に行われている（思想統制と言論弾圧）。
- 国家の威信や名誉を表すスローガンを掲げて為政者の支配の正当性や政策の成果を宣伝するとともに、自国が敵対国からの脅威にさらされており、常に危機的な状況にあると頻繁に国民を脅している（プロパガンダ）。

- 国威発揚と国民統合のための行事を習慣的に国家的規模で行なっている（イベント）。

内政的特徴

- 政権や体制への不満分子を厳しく取り締まるとともに、平常においても治安維持の名目で警察や軍隊などの物理的強制力を用いた検閲や捜査が行われている（警察国家）。
- 当該国の国民が他国の国民よりも優越意識を持つとともに、体制派の国民が反体制派の国民を見下す傾向が強くもっている（二重の選民意識）。
- 体制派の国民が反体制派の国民の動向を監視したり密告したりする状況が常態化している（買弁階級）。
- 統治行為の政治情報、特に政策決定の過程やその結果に関連する正確な情報は公開されず、公開される場合には為政者の恣意的な数値の操作や事情の隠蔽が行なわれている（情報操作と言論弾圧）。
- 国内の反乱分子や新たに編入した領土などで反体制的な動向を察知した場合には、その住民を別の地域へ強制的に移住させ、そこに体制に従順な国民を移入させて不穏な活動を抑え込む（移住政策）。
- 国家全体として、国民を豊かにするよりもある程度の貧困状況を維持する方が国民を服従させるのに都合が良い。なぜなら生活のために国家からの支援物資に頼る国民の意識を利用して支配力を高めることができるからである（窮乏化と配給制度）。
- 独裁国家の国民は、あたかも宗教の信者が信仰心を抱くのと同様であるかのように、自国の国是たる社会主義や共産主義の教義を妄信し、為政者たる独裁者に隷従する社会的性格、いわば「宗教的パーソナリティー」の特徴を有する（宗教的パーソナリティー）

- 独裁体制下では、本当に良識のある有能で優秀な国民ほど正論を唱えて損するのがバカバカしいために沈黙し、無言の服従を自らの意思で選択する社会状況を作り出す（政治的無関心）

外交的特徴

- 内政に対する不満を外敵に向けさせて発散し、国民の思考停止や政治的無関心を維持するために、常に強硬な外交を行なって国際的な緊張感を作り出している（対外強硬路線）。
- 国家と国民が生きるための生存権を確保し、そのための生活圏を確保するために独裁国家が必要であると自国民および諸外国に訴える（生存権スローガン）。
- 国民の政府に対する依存度を高めるとともに体制への不満を抑圧するために、戦争を起こす現実的な可能性を頻繁にほのめかして内外に危機感を煽る（好戦主義）。
- 国民の危機意識を利用して継続的な軍備拡張をおこない、徴兵制度の下で命令に絶対服従の国民を育成する教育機関として軍隊を活用する（軍備拡張と国民教育）。
- 積極的かつ大規模な国際諜報活動を行ない、自国統治に利用できるような情報収集のために諸外国の動向を探るとともに、これらの諜報機関は国内の反乱分子の探索や監視のためにも暗躍する（インテリジェンス）。

こうした項目の中で該当する数が多いほど当該国家の独裁化が深刻であると言える。

（4）独裁国家への対策

■「非妥協的スタンス」の原則

価値観の異なる国民によって作られている独裁国家には常に現実主義的な非妥協的スタンスを堅持して舐められないように対応することが必須である。

■「封じ込め政策」の原則

独裁国家とは可能な限り交流を避けてその勢力拡大を防止するための封じ込め政策が必要である。

■独裁主義の学習

独裁国家から挑戦を受ける民主国家が彼らに適切な対応をするためには、独裁主義の考え方や行動原理をわれわれがしっかりと学習し、その知識を生かしてより効果的かつ適切な対策を講ずる必要がある。また、われわれには、そうした学習を通じてわれわれ自身の民主主義の問題点を把握し、より良い民主主義を作り出していくために活用する責務が課せられている。

■「2人の神々と2つの世界」という認識

独裁国家を短中期的なスパンでは外圧によって民主化することが不可能である以上は、われわれ民主国家は彼らとこの世界で共存しなければならない。現代世界は独裁主義と民主主義という2人の神々が支配する2つの世界によって成り立っている現実をしっかりと直視し、リアリズムに根差した対応を心がけることが肝要である。

注

（1）支配者の権力に関する幾多の業績の中で、ジョン・ケネス・ガルブレイス（山本七平訳）『権力の解剖・条件づけ権力』（日本経済新聞出版部、1984年）に示された三つの種類は最も明瞭で端的な概念である。

（2）マックス・ヴェーバー（濱嶋朗訳）『権力と支配』（講談社、2012年）の支配の諸類型（合法、伝統、カリスマ）は、権力の正当性の根拠としてあまりにも有名である。

（3）集団の構成員である人々の行動規範が古代の伝統的志向型から中世の内面的志向型を経て現代の他人志向型へと変遷してきた過程を指摘したのはデイヴィッド・リースマン（加藤秀俊訳）『孤独な群衆』（みすず書房、1964年）であった。

（4）現代日本における過度の平等主義的思潮が生んだ差別狩り風潮の中にあって、北野唯我『天才を殺す凡人』（日本経済新聞出版部、2019年）はこうした論理を明快に説く勇気ある業績と言える。

（5）政治学のエリート理論の定番業績であるロベルト・ミヘルス（森博・樋口晟子訳）『現代民主主義における政党の社会学――集団活動の寡頭制的傾向についての研究』（木鐸社、1990年）に示された論理である。

（6）為政者が遂行するプロパガンダの理論については、石井貫太郎「パンデミックとプロパガンダ社会」川上高司・石井貫太郎編『パンデミック対応の国際比較』（東信堂、2022年）総論2所収で論じている。

（7）ナチズムの議論で必ず引用されるスタンレー・ミルグラム（山形浩生訳）『服従の心理』（河出書房新社、2008年）には、人間は閉鎖的な状況の中では権威者の命令に無意識に従ってしまう傾向を持つという実験結果が示されている。

（8）同様の指摘は経済関係の在外ジャーナリストからもされている。アレン琴子「新興国・途上国が米国ではなく中国を支持する3つの理由」『livedoor news』（2022年6月26日）。

第2章　ヒトラーの独裁体制の確立と終焉
――ナチス・ドイツの独裁政治――

堀内直哉

1　青年時代のヒトラー

1889年4月20日、ミュンヘンから東へ約110キロ、ザルツブルクから北へ約50キロに位置し、独墺間の国境線上を流れるイン川沿いのオーストリアの町ブラウナウで、51歳の税関職員の父アロイス・ヒトラー（Alois Hitler）と28歳の母クララ（Klara Hitler）との間に、のちにドイツの「総統兼首相」になる独裁者アドルフ・ヒトラー（Adolf Hitler）は生まれた。85年1月7日にヒトラー家の家政婦として住み込みで働いていたクララと結婚した父のアロイスは、リンツの税関に勤務していた94年頃には、軍隊組織の大尉に相当するような上級税官吏の地位に正式に昇進し、翌95年6月25日に40年の役人生活を終えたのち、当時の小学校の校長の俸給を少し上回る年金を得ながら58歳で恩給生活に入り、1903年1月3日に65歳で亡くなっている。夫のアロイスが死んだあと母のクララは、夫が養蜂を趣味とし家庭では子育てにあまり関心がなくユーモアにも欠け、職務には忠実な典型的な役人であったのに対し、「素朴で控えめで親切な女性」であり、家庭では子供達を愛し、家事を好んで実子（アドルフと妹のパウラ）も継嗣（夫と前妻の間の子アンゲラ）も分け隔てなく熱心に育てていたが、胸部がん治療の闘病生活が続いたあと１９０７年12月21日に47歳で亡くなった。母親をとても愛していた当時18歳の息子アドルフは意気消沈し、悲しみに打ちひしがれていたと伝えられている。

官吏になることを勧めていた気難しい父親が亡くなり、１９０５年秋には学業からも離れて将来の確たる見通しもなかった16歳のヒトラーは、07年12月に母のクララが死去するまでの2年余りの間は、リンツ市内のフンボルト通りにある居心地の良いアパートで、家族の中で甘やかされながら、すねかじりの怠惰な生活を送っていたという。その頃の彼の生活状況は、「偉大な芸術家になることを夢見つつ、昼のうちは絵を描いたり、本を読んだり、『詩』を書いたりして過ごし、夜になれば劇場やオペラ」に足繁く通い、夜更かしをして翌朝は朝寝坊をしていることもしばしばであったようである。このような彼の「怠惰な生活スタイル、壮大な夢、規律に欠け、計画的にものごとを進められない性向」の一端は、リンツでの2年間にすでに表れていたのかも知れない。

このリンツでの青年期にヒトラーは、オーストリアの政治家シェーネラー（Georg Ritter von Schönerer）の政治運動を通じて、ドイツ民族至上主義と人種的反ユダヤ主義の思想に触れていた。多民族国家オーストリアにおいてドイツ民族至上主義運動を後押ししていた背景には、１８８０年のチェコ語の公用化の動きとチェコ民族主義の台頭によるドイツ民族の相対的地位の低下や、資本主義経済の発展につれてドイツ人の手工業者・小商人・中小農民などの旧来の中産階層の困窮化が横たわっていた。このような状況のもと、多民族国家の国内政治改革を唱える諸勢力は82年9月1日に「リンツ綱領」を発表し、とりわけドイツ民族主義と民主的改革との結合や、大資本と大地主の支配下に置かれた中・下層階級の保護を要求した。ちょうどその頃ヨーロッパでは、81年3月1日のロシア皇帝アレクサンドル2世（Aleksandr II）の暗殺後に生じたロシア国内でのユダヤ人に対する迫害、すなわち「ポグロム」の先鋭化によりユダヤ人難民が中部ヨーロッパに押し寄せて来ていた。宗教的のみならず人種的な観点からも反ユダヤ主義に染まっていたシェーネラーは、オーストリア国内の自由派がユダヤ人難民に同情的であったのに対して、「ユダヤ人が増加すれば国家のキリスト教的性格がそこなわれるし、職人や小商人にとっては危険な競争相手がふえる。また労働市場もすでにいっぱいなのだ」と述べて、ユダヤ人難民の流入に断固として反対した。さらには特異な人種論の視点から彼は、「たとえユダヤ人がドイツ語を語り、ドイツ民族主義者になろうとも、彼らをドイツ人として迎え入れることは決してできない」とまで主張していたのであった。こうして、すでにオーストリア国内で反ユダヤ主義を代表する立場にいたシェーネラーは、85年5月1日に一方的に「リンツ綱領」を変更する動きに出て、「綱領による国内改革を実現するためには、公共生活の全分野におけるユダヤ人勢力を除去することが必要である」との項目を付け加えたのである。

リンツでシェーネラーが唱えるドイツ民族至上主義や人種的反ユダヤ主義に感化されていたヒトラーは17歳のときに、オーストリアの首都ウィーンの宮廷美術館の絵画や文化遺産に実際に触れたいという強い気持ちから、母に相談してお金を融通してもらい、1906年5月7日から生まれて初めてウィーンを2週間以上にわたって訪れた。この滞在中に彼は、歴史的建造物や劇場、オペラ、壮麗な景観を目の当たりにし、画家への道を目指してウィーンで勉学したいとの思いをいっそう募らせたのであった。病状が悪化している母の看護をしながらもヒトラーは、翌07年10月に年1回行われるウィーン造形美術アカデミー絵画科を受験するため、1カ月前の9月初旬にウィーンに向けて自宅をあとにしたのである。同学科の第一次選考は、受験生が提出した絵画作品の審査であったが、113名の受験生のうち80名が合格するなか、ヒトラーも審査に通り次の本試験に進むことになった。10月初旬にヒトラーは、二日間にわたる本試験で特定のテーマについて両日とも3時間で絵を描くという過酷な課題に臨んだが、しかし、全体でわずかに28名しか合格しなかったという難関の試験を前に、彼自身も不合格となったのである。この結果を受けて、試験に落ちることなど考えもしていなかった自信過剰の当時18歳のヒトラーは、いたく自信を喪失し、自尊心を傷つけられたばかりか、その2カ月後の12月に愛情とぬくもりを誰よりも感じることができた母の死去により、孤独感と喪失感のどん底に追いやられたのである。

その後ヒトラーは、ウィーン市内に借りていた下宿の部屋に1908年2月に戻ったあと、10月の造形美術アカデミー絵画科を再受験しようと考えていたが、受験勉強にさほど熱心に取り組むこともなくオペラやコンサートに通い続けていた。母の遺産や孤児年金、叔母からの借金で暮らしていたヒトラーは、リンツ時代からの友人でウィーン音楽院に入学することになるクビツェク（August Kubizek）と一緒に、彼が夏休みで帰省する7月までこの部屋で共同生活を送ることになった。このような不安定な生活を送っていた頃のヒトラーを振り返ってクビツェクは、のちにドイツの独裁者となる人物の性格の特徴をおよそ言い当てるかのように、①病的なまでの情熱とエネルギーを傾けて夢想にふけり、②何事にも知識は半可通で、独学の徒であるにもかかわらず自説を曲げず、③現実的でバランスのとれた思考に欠け、④自己中心的かつひねくれて不寛容で、突然に逆上し、⑤自己の栄達の妨げとなる人や物の見方を罵倒する、といった印象を持つようになっていたという。08年10月の造形美術アカデミーの再受験にも不合格となったヒトラーは、夏休みが終わって11月に下宿に帰ってきたクビツェクと会うこともなく別の住居に引っ越してしまい、自己を取り巻く状況や社会に対して怒りや鬱憤を次第に募らせながらも、13年5月に至るまで定職に就くことなくウィーン時代を過ごすことになるのである。なお、ヒトラーの性格や人間像の形成に関し、精神的・心理的側面における成長過程のなかでは、ウィーン時代初期の頃が決定的であったとして、ドイツの歴史家ブラッハー（Karl Dietrich Bracher）はこう述べている。「17から18歳の時期に、後の政治的熱狂家にしてデマゴーグを特徴づけるあの一連の特性があらわになり始めていた。……つまり、ヒステリー性の自己憐憫にまでにいたる完全な自己中心主義、邪魔されることなく思うがままに喋りたいという欲求、辛抱を必要とする仕事や職業にはつねに不快を感じ、無能力を露呈するというのに、それとは著しい対照をなして、『壮大』にして抑制を知らない計画づくりに熱中するという性格が、この段階ですでに現れていたのである」(1)。

このオーストリアの首都ウィーンを1906年5月に最初に訪れたときのことを回顧してヒトラーは、「そこで社会問題というものをはじめて見聞し、人種問題というものを学び、またマルクス主義運動の破壊的作用をも知った。そして私は徹底的に反ユダヤ主義、全マルクス主義世界観の不倶戴天の敵となってこの都を去った」とのちに語っている。その頃ウィーンにおいて、汎ゲルマン主義やドイツ民族至上主義、人種的反ユダヤ主義、反カトリシズムを主唱していたシェーネラーは、時代の躍進を担うのは皇帝に忠実なエリートであると信じ、台頭する大衆政党の存在価値をあまり評価しなかったため、一般大衆の支持を急速に失いつつあった。これに関してヒトラーは、汎ゲルマン主義やドイツ民族至上主義、人種的反ユダヤ主義には強く賛同していたが、しかしシェーネラーが、大衆や大衆政党の存在価値を軽視したこと、信者の支持を喪失しかねないほどにカトリック教会に敵対的であったこと、不毛な議論を繰り返す議会主義に肯定的であったことには極めて批判的な姿勢をとっていた。その一方でヒトラーは、当時キリスト教社会党を率いていたウィーン市長ルエーガー（Karl Lueger）から、大衆の存在価値に注目して彼らに直接訴えかけて支持を取り付けることを重視し、手工業者・小商人・中小農民などの「生存を脅かされた階級を味方」につけて党勢の拡大に成功していた彼の政治手法を学んだのであった。演説集会の席でルエーガーは、大衆扇動的なレトリックを駆使し巧みな弁舌でもって人々を酔わせながら、国際資本主義の影響力の拡大や過激な社会民主主義の台頭、スラブ系民族のナショナリズムの高揚などに大きな脅威を感じていたドイツ系下層中産階級の経済的利害に訴えることにより、ウィーン市民の間で次第に人気を博すようになって支持を拡大していた。そのさいルエーガーが用いた手法は、シェーネラーと同様、反ユダヤ主義を声高に唱えることであった。しかし、ルエーガーの場合には実際には、人種イデオロギー的というよりは多分に選挙戦術を意識して、ウィーン市の経済に大きな影響力を有していたロスチャイルド家を中心とするユダヤ系資本に対する市民の反感や差別意識を巧みに煽って、生活に困窮する人々のやり場のない怒りを、捌け口の対象としてユダヤ人に向けて逸らせていた側面が強かったとされる。こうしてヒトラーは、シェーネラーからは人種イデオロギー的に凝り固まった反ユダヤ主義の影響を受け、ルエーガーからは政治手法として、①人口の大半を占める一般大衆を重視し、巧みに操作・統制すること、②政治目的を達成するために大衆運動と政党活動を積極的に展開すること、③大衆の「心理的本能」を操るためにプロパガンダを十二分に活用することを学んだのであった。(2)

2　第一次世界大戦におけるドイツの敗戦と「短刀伝説」の流布

1913年5月24日にヒトラーは24歳のときに、嫌っていたオーストリア多民族国家の兵役に就きたくないという思いもあって「人種のるつぼ」と言われたウィーンを離れ、憧れていたバイエルン王国の首都ミュンヘンに向けて出発した。その後、リンツの警察署から兵役忌避者の嫌疑を掛けられたヒトラーは、翌14年2月5日にザルツブルクで徴兵検査を受けたが、虚弱体質のため戦闘任務に就くことは困難との理由から兵役不適格者となり、ミュンヘンに帰ることを許されたのであった。同年6月4日にオーストリア＝ハンガリー帝国の皇位継承者であるフェルディナンド（Franz Ferdinand）皇太子と妻ゾフィー（Sophie Chotek）がセルビア人の民族主義者プリンツィプ（Gavrilo Princip）に暗殺されたサラエボ事件をきっかけにして、ヨーロッパ社会は一気に不穏な空気に包まれ、やがて7月28日にオーストリアがセルビアに宣戦布告したことにより、第一次世界大戦の勃発を迎えることになった。一方でドイツ、オーストリア＝ハンガリー帝国、トルコ、ブルガリアの四カ国で構成される同盟国側と、他方で英仏露三国協商国を中心に日本（1914年8月4日に参戦）やイタリア（1915年5月23日に参戦）、アメリカ（1917年4月6日に参戦）などを含めた連合国側との間で、初めて世界規模で「総力戦」が戦われることになるのであった。大戦勃発直後の8月3日にヒトラーは、オーストリア国籍（1932年2月25日にドイツ国籍取得）であったとはいえ義勇兵としてバイエルンの連隊へ入隊を希望する請願書を提出した結果、早くも翌日に許可が下りて念願のドイツ軍兵士となったのである。

戦争開始翌年の1915年5月7日、リバプールからニューヨークに向けて航行していたイギリス船籍の豪華客船ルシタニア号が、無制限潜水艦作戦を遂行中のドイツの潜水艦から無警告で攻撃を受けて沈没し、1198名の犠牲者のうち128名のアメリカ人が亡くなるという出来事が起こった。この悲惨な出来事の記憶とともにアメリカは戦争3年目に入って、戦時中にこれまで英仏両国に貸していた多額の債権が連合国の敗戦により返済されなくなることをも危惧して、国際世論の非難にさらされて一旦は停止されていたドイツの無制限・無警告潜水艦作戦が、悪化した戦況を打開するために17年2月1日に再び遂行されるに及んで、同年4月6日に第一次世界大戦に直接参戦するに至った。その頃ドイツ国内では、戦争開始直後こそ社会民主党を含めた諸政党は、政府との対立を回避して戦争遂行に協力するために14年8月4日に軍事予算法案（戦時公債発行）に賛成票を投じて「城内平和」を成立させていたとはいえ、しかし、戦争の長期化や国民生活の窮乏化、戦況の悪化、アメリカの参戦に直面して議会多数派は、17年7月19日に連合国と講和締結に向けて話し合い、早期に戦争を終結させるよう政府に迫る講和決議を行ったのである。このような議会多数派による早期講和締結への動きに反発して、9月2日にはケーニヒスベルクで右翼政治家カップ（Wolfgang Kapp）と元海相ティルピッツ（Alfred von Tirpitz）は、政府・軍部・議会内保守派の協力のもとに国内の愛国的保守勢力、国粋主義団体、経済界、重工業界、農業界等を幅広く結集し、挙国一致体制の維持・強化とドイツの最終的勝利を唱えて超党派的な「祖国党」（1918年12月10日に解党）を創設した。主として戦意高揚と「総力戦」遂行のためのプロパガンダを展開し、120万人以上の党員を擁するまでになっていた「祖国党」は、西部戦線においてフランスやベルギーに対して防御的立場をとることを主張する一方、東部戦線においては、ベルリン＝ビザンティウム＝バグダードを結ぶ鉄道を敷設して影響力の浸透を目指すドイツ皇帝ヴィルヘルム2世（Wilhelm II）主導下の「3B政策」に見られるように、東方への勢力拡大を目論む対外的膨張政策を唱えていたのである。

しかし、翌1918年夏頃になるとドイツを中心とする同盟国側は、アメリカ軍の参戦に伴って戦争物資・兵員数で優る連合軍を前に圧倒され、軍事的敗北の瀬戸際に立たされていた。敗戦間際の11月4日に北ドイツの軍港キールにおいて、イギリス艦隊との一大決戦に向けた出撃命令に反旗を翻した水兵たちと、これに呼応した労働者たちが一緒になって武装蜂起し、「労兵協議会」を結成してキール市の全権力を掌握するという「ドイツ11月革命」が起こった。この革命の波は瞬く間に他の諸都市に波及し、5日にはリューベック、6日にはハンブルクとブレーメンを含めて13カ所に、そして10日には全国67カ所に「労兵協議会」が結成されて、それぞれの都市の全権を掌握するまでになっていた。このような状況のもと、首都のベルリンで革命が生じたのは9日であった。労働者たちは「平和・自由・パン」と記したプラカードを掲げて市内を練り歩き、拳銃や鉄砲、手榴弾まで手にした人々が街の中心部に集まって来るにつれて、警官や兵士たちはこれに合流するか、もしくは中立を宣言して決して武力で鎮圧しようとはしなかったという。翌日の10日の夜、ベルリンの首相官邸では臨時首相の社会民主党党首エーベルト（Friedrich Ebert）は、かつての同党左派のカール・リープクネヒト（Karl Liebknecht）とローザ・ルクセンブルク（Rosa Luxemburg）を指導者とするマルクス主義的急進派の「スパルタクス団」（のちの共産党）によって主導されたベルリン市内における革命運動の熱狂と急進化に直面して、確たる対抗手段もなく半ば途方に暮れていたところ、ルーデンドルフ（Erich Ludendorff）の後を継いだばかりの参謀次長グレーナー（Wilhelm Groener）から突然の電話を受け取ったのだった。この電話会談においてエーベルト臨時首相は、共産主義革命からドイツを救うために全力を尽くし、各地で「労兵協議会」が主要都市の全権を掌握しているという国内の異常事態を収拾して、早期に国民議会を招集することを約束したのに対し、これに応えてグレーナー参謀次長は、この約束を政府と社会民主党指導部が実行に移すために必要としている武装兵力を提供することを確約したのである。このような状況のもと、翌11日にドイツを中心とする同盟国側の敗北をもって、フランスのコンピエーニュの森に置かれた「休戦の客車」のなかでドイツと連合国との間で休戦条約が締結されることになったが、4年3カ月以上にわたって世界で初めて「総力戦」として戦われた第一次世界大戦では、2000万人を超える戦傷者を数えただけでなく、1000万人近い戦死者というこれまでとは次元を異にする人命が奪われたのである。

「エーベルト・グレーナー秘密協定」により、敗戦と革命の打撃によって瓦解したも同然の軍部と軍の指導者たちは、革命を阻止するための新たな武装兵力の編成作業に着手する機会を与えられただけでなく、敗戦後も権力を再び蘇らせ生き残ることができる大きな好機を提供されることになった。ここで見落としてならないのは、キール軍港での水兵たちの反乱を契機とする「ドイツ11月革命」の衝撃から目覚めて、戦後に力を回復させることになるのは軍の将官たちだけではなく、「エーベルト・グレーナー秘密協定」と同様の取り引きが、過激な革命家に権力を奪われるのを恐れる労働組合の指導者たちと、戦争に協力した責任を問われかねない重工業界の経営者たちとの間でも行われ、後者の勢力を温存させてしまったのである。こうして社会民主党の指導部は革命の決定的な瞬間に、これまで国内の民主的な動きを抑圧し戦争を主導して敗戦をもたらしていた軍部や、ユンカー（土地貴族）、右翼政治家、官僚、重工業界などの伝統的かつ封建的な旧支配層に「民主主義のメス」を徹底的に入れずに、ワイマール共和制下で彼らを生き残らせ、復活への道を用意することになった一方、この旧支配勢力はワイマール共和国を打倒して再び権力を握ることを虎視眈々と狙うことになるのであった。戦後の社会民主党主導下のワイマール共和国は、一方で、生き残った旧支配勢力と「祖国党」を支持していた人々を始めとする右派勢力から脅かされ、他方では、1919年1月のベルリンでの共産党の武装蜂起にさいして、政府側に協力した反革命義勇軍によって指導者のカール・リープクネヒトとローザ・ルクセンブルクを殺害されて社会民主党と共産党の関係が決定的に悪化していたこともあって、共産党を中心とする左派勢力からも政治的に攻撃されることになるのである。

こうして「ドイツ11革命」の結果、オランダに亡命して「皇帝は去ったが、将軍たちは残った」の標語通り、生き残った反動的な旧支配層と「祖国党」を支持していた右派勢力からの隠然たる政治圧力にさらされると同時に、社会民主党と距離を置く共産党を中心とする左派急進勢力からの政治的脅威をも受けて、当時最も民主的な憲法を擁していたと言われるワイマール共和制は、左右両勢力に挟まれながら極めて脆弱な基盤の上に成り立っていたのである(3)。ちなみに、戦後のワイマール共和国の打倒を訴えていた反動的なかつての参謀次長ルーデンドルフは、「ドイツ11月革命」勃発のときには身の危険を感じてスウェーデンに亡命したが、翌年の2月にはドイツに舞い戻って来て、社会民主党指導者の大統領エーベルトと首相シャイデマン（Philipp Scheidemann）について、妻に宛てて次のような手紙を書き記していたという。「われわれ全部を生かしておくとは、革命家たちもなんという馬鹿げたことをするのだろう。なぜなら、もしわたしがもう一度権力を握ることがあったら、決して彼らを容赦はしないからだ。その時には、わたしは、全然良心の痛みなどは感ぜずに、エーベルト、シャイデマン並びにその他の輩を絞首刑にして、彼らがぶらぶらとぶら下っているのを見物してやるつもりだ(4)」。

さらには、大衆心理の側面においても社会民主党主導下のワイマール共和制は、右派勢力からの「短刀伝説」の流布を通じて動揺させられるのである。ドイツは軍事的に敗北したのが紛れもない事実であるにもかかわらず、戦争継続の足を引っ張る国内の社会民主党勢力や革命家たちによって背後から一突きされて負けてしまったのだという事実に反する「短刀伝説」が、かつて「祖国党」とその周辺にいた人々によって政府への攻撃手段としてまことしやかに国民の間に喧伝されるにつれて、ワイマール憲法に基づく大衆社会の民主的発展にとって心理的な阻害要因となって立ちはだかっていた。つまりドイツの戦後社会は、強固な民主的政治基盤を構築するのが困難な状況のもとに置かれていたのである。このことに関して、第二次世界大戦後に設立されたベルリン自由大学の初代総長を務めたドイツの歴史家マイネッケ（Friedrich Meinecke）は、彼の著書『ドイツの悲劇』のなかでこう述べている。「かれら（『祖国党』とその周辺にいた人々）は、以前に併合主義をとり内政改革を脇へ押しやったことによって、革命を防ぐかわりにむしろ革命に通ずるあやまった道を歩んだということを、認めようとはしなかった。彼らは軍軍事的失敗と革命とを、原因と結果を逆にした一つの因果関係のなかにおいた。……祖国党と短刀伝説とはともに、ドイツ市民階級の発展における運命的な転回点を示すものである。決定的なことは、この市民階級の重大な部分が、今後なおいっそう民主主義的理念にたいして目をつむったということ……祖国党にくみする市民階級の一派にとっては、1919年のヴァイマル憲法によってつくられたこの民主主義的形態は、短刀伝説の恥ずべき光をあびて、国民的不誠実の、また勇ましからぬ精神の所産であるようにみえ、裏切り〔革命〕によって引きおこされた敗北が大衆の権力欲に利用されたものであると思われた。以後ヴァイマル憲法にたいして、1917年から18年にかけて祖国党のなかに集合していた諸要素の、公然たるまた隠然たる闘争が行われた。…戦後の公生活全体のなかへ、苦しんでいるドイツを暴力や独裁によらずに平和的な社会の協調によってふたたび復興させようとする試みのなかへ、はげしい毒の一滴がはいってきたのである(5)」。

3　ワイマール・デモクラシーの崩壊

ドイツの敗戦末期にベルギーのイープル戦線にいたヒトラーは、1918年10月13日から14日未明にかけてのイギリス軍の毒ガス攻撃を受けて両目を負傷し、10月21日から11月19日まで搬送先のポンメルンのパーゼヴァルク陸軍病院で視力の低下や失明の恐怖にさらされながら入院生活を送っていた。まさに彼の陸軍病院入院中にドイツ国内において、11月4日にキール軍港で革命が勃発し瞬く間に主要な都市を席巻して、首都のベルリンでは9日午後

2時に社会民主党のシャイデマンが、国会議事堂の窓から眼下の熱狂した群衆に向かってドイツ「共和国」を宣言したのだった。翌10日の朝5時にはドイツ皇帝ヴィルヘルム2世が、ヒンデンブルク（Paul von Hindenburg）参謀総長とグレーナー参謀次長からホーエンツォレルン家存続に対する絶望的な状況説明ならびに早期退位の進言を受けたあと、早々に、特別御用列車に乗り込んでオランダへ亡命した。皇帝のオランダ亡命と同じ日に入院中のヒトラーは、病院にやって来た一人の年老いた牧師の小講堂での談話を通じて、初めて疑いようもなく「すべてを知った」という。談話のなかで牧師は、「ホーエンツォレルン王朝がもはやドイツ皇帝の冠を戴くことができなくなったこと、祖国が『共和国』になったこと」をふるえた様子ではっきりと口にしていたのだった。続けて彼はかすかにすすり泣きながら、「われわれがいまやこの長い戦争をやめねばならないこと…わが祖国はいまや敗戦のうき目を見、われわれを勝者の仁慈にゆだねるのだから、将来重い圧政にさらされるだろうこと、休戦はいままでの敵の広量を信じて受諾されるようになったこと」を告げたのであった。この言葉に接したヒトラーは、「もはや辛抱しきれなく」なり、「目の前がふたたび真暗になったので、よろめきながら寝室へもどり、自分のベッドに身を投げ出して、燃えるような頭をふとんと枕に埋め」て、むせび泣いたとされる。彼が涙を流したのは、11年前に母のクララが亡くなったとき以来のことであったという。１９１８年の「ドイツ11月革命」とドイツの敗戦に直面してヒトラーは、「かくしてすべてはムダであった。あらゆる犠牲も、あらゆる労苦もムダだった」と断じる一方、当時すでに社会主義的な革命運動を背後で操っているのは国際的に暗躍するユダヤ人たちであるとの思いを強め、シェーネラー流のドイツ民族至上主義や人種的反ユダヤ主義にこれまで以上に染まりながら、ユダヤ人と「マルクシズムの指導者たち」が主導した革命と戦争の敗北からドイツを救い出し、ドイツ民族とドイツ国家の強大化を再び手にするために、「政治家になろうと決意した」ものと思われる。こうして30歳になっていたヒトラーは１９１９年9月19日、アントン・ドレクスラー（Anton Drexler）を党首とするミュンヘンの右翼政党の一つであったドイツ労働者党（20年2月24日に国民社会主義ドイツ労働者党＝ナチ党に改称されたのち、21年7月29日にヒトラーが党首に就任）に正式に入党し、政治家への第一歩を踏み出したのである。

戦後のワイマール共和国は、対内的には左右両勢力から政治的に攻撃され、対外的には、領土の13％の他国への割譲や人口の10％の在外ドイツ人化、全植民地の放棄、厳しい軍備制限、徴兵制導入の禁止、巨額の戦争賠償金などの過酷な条件を受け入れて、１９１９年6月28日に調印されたヴェルサイユ条約の重圧下に置かれることになった。もはや敗戦国ドイツをヨーロッパ社会のなかで大国と見なしていないかのような同条約の桎梏は、国民の不満を高める大きな要因となっていた。ヒトラーも入党からわずか2カ月足らずのちの11月13日にミュンヘンの党集会で演説を行ったとき、何よりもヴェルサイユ条約の不当性を取り上げて、「地球が存在する限り、いかなる民族もこのような屈辱的な条約の調印に断じて同意してはならない」と主張し、敗戦後の「ドイツの悲惨な境遇はドイツ人の鉄の意志により打ち砕かれねばならない、この時は必ずくる」として、戦争に訴えてでもこれを実現させようとする姿勢を窺わせていた(6)。

ドイツに対する戦争賠償金に関しては、１９２１年5月5日にロンドン会議で最終的に「天文学的数字」とも称される１３２０億金マルクと決定された。その2年後の23年1月11日にフランスは、現物賠償としての石炭の引き渡しが遅れたことを理由にして、ベルギーと共にドイツの石炭と鉄鋼の最大の産出地であるルール地方を保障占領した。これに対してドイツ政府は、ルール地方の労働者や公務員、住民に「消極的抵抗」を呼び掛け、占領軍への不服従や炭鉱・工場・鉄道でのストライキを要請するとともに、これに応えた人々の賃金を保証した。こうした賃金の保証や税収入の減少によって政府は、財政的に逼迫した状況に直面したばかりか、経済の心臓部であるルール工業地帯での生産が激減した状況において大量の紙幣を発行せざるを得なくなった結果、ドイツ経済はすさまじいハイパーインフレーションに見舞われ、通貨価値は11月には1ドル＝４兆２０００億マルクの対ドル交換比率にまで下がって、もはやマルク紙幣は紙くず同然となってしまったのである。11月15日にマルクの1兆分の1のデノミネーションに相当する価値で新通貨レンテンマルクが発行されるに及んで、ようやく国内のインフレは収束の方向に向かっていくのであった。

このようなハイパーインフレーション下での経済的・社会的混乱と国民の窮乏化を前にしてヒトラーは、ワイマール共和制の打倒と右翼独裁政権の樹立を目指して、1923年11月8日から9日にかけてミュンヘンでクーデター未遂事件を起こした。この「ミュンヘン一揆」失敗後にヒトラーは逮捕されて裁判にかけられ、24年4月1日に国家反逆罪の罪で禁固5年の判決を受けたが、執行6カ月後において残りの刑期を保護観察期間に切り換えことができるという破格に軽い有罪判決を下されたのであった。ミュンヘン西方のランツベルク刑務所に収監されたヒトラーは12月20日に仮出所し、そのあとは保護観察下に置かれることになったが、収監中に自らの対外構想を表した『わが闘争』（上巻、25年6月出版）を口述筆記の形で執筆した。この『わが闘争』のなかにこそ、「ヒトラーの戦争目的」がはっきりと述べられていたのだ、と1959年秋に開催された国際現代史学会の講演でイギリスの歴史家トレバー＝ローパー（Hugh Trevor=Roper）はセンセーショナルに語っている。このときの講演において彼は、『わが闘争』のなかで使われている嫌悪感を催させる粗野な言葉や、そのヒステリーさ、恥じることのないプロパガンダにもっぱら目がいって、私たちは、この本に表れている、確かに洗練されてはいないが、疑いなく存在する知能を無視してよいはずはないであろう」と述べたあと、ヒトラーの戦争目的に関しては「一つの政治哲学」が見て取れる、と注目すべき言葉を口にしたのだった。すなわち、トレバー＝ローパーによれば、ヒトラーが首尾一貫して求めていた戦争目的は、『わが闘争』において、ドイツ国内で年間90万人の人口増加を扶養する困難さを前提にしながら、「過剰人口を移民させるために新しい土地の領土を求めることは、現在をでなく、特に将来を注視するならば、無限に多くの利益」があり、「人々がヨーロッパで土地と領土を欲するならば、そのさいは大体においてロシアの犠牲でのみ行われえた」と主張していた通り、ソ連とその周辺諸国を含む東方での「生存圏」の獲得であったというのである。(7)

他方で、このようなドイツとヨーロッパ社会の政治的にも経済的にも混乱した不安定な状況を目の当たりにして、第一次世界大戦後に世界最大の債権国かつ経済大国になっていたアメリカは、現物賠償の石炭の引き渡しの遅延を理由にフランスとベルギーがルール工業地帯を軍事占領していたことから、何よりもドイツに課された戦争賠償金の支払い問題を解決することが重要であるとして、のちに共和党の副大統領になる著名な銀行家ドーズ（Charles G. Dawes）をヨーロッパへ派遣した。1924年8月16日にロンドン会議で採択されたドーズ案に基づいて、8億金マルクが主としてアメリカからドイツに融資されるとともに、さしあたり今後のドイツの年次支払い賠償額について、最初の4年間はドイツ側の負担を考慮しながら、第1年度（24年9月―25年8月）に10億金マルク、第2年度に12億2000万金マルク、第3年度に15億金マルク、第4年度に17億5000万金マルクへと段階的に引き上げられ、第5年度（28年9月―29年8月）以降は今後の標準支払い額とされる25億金マルクと定められた。このドーズ案の成立が呼び水となって、ドイツの戦争賠償金支払い問題の解決を始め、同国の工業力や労働力、比較的高い利子率などに期待して、新たな投資先としてアメリカを中心とする外国資本がドイツに流れ込み、短期資本69億金マルクと長期資本51億金マルクを合わせて総額で120億金マルクに上った。

このアメリカを中心とする外国資本の流入により、ドイツは経済的に回復・安定していくと同時に、英仏伊を始めとする連合諸国に戦争賠償金を支払うことができるようになり、その後フランスとベルギーもルール工業地帯から軍隊を引き上げるに至った。ちなみに、ドイツから連合諸国への賠償金の分配率は、フランス＝52％、イギリス＝22％、イタリア＝10％、ベルギー＝8％、その他＝8％であった。そして連合諸国が受け取った賠償金に関しては、そのほとんどが実際には、これらの国が第一次世界大戦中にアメリカから借りていた対米戦債の返済に充てられたのである。こうしてドーズ案の成立後、関係諸国間の資金の流れについては、①アメリカ資本のドイツへの流入、②英仏伊を中心とする連合諸国へのドイツ側の戦争賠償金の支払い、③これら連合諸国の戦時対米戦債のアメリカへの返済、という三角形の資金循環が成立していた。このような経済的な安定がもたらされる一方でヨーロッパ社会は、国際的には１９２５年12月１日にロンドンで正式に調印された独・仏・英・伊・ベルギー・チェコスロヴァキア・ポーランドの７カ国間のロカルノ条約のなかで、①ドイツ西部国境の現状維持と不可侵、②ラインラントの非武装化、③国際紛争の仲裁裁判による平和的解決などに見られるように、翌26年９月10日のドイツの国際連盟への加盟とも相まって、つかの間の「相対的安定期」を迎えることになるのである。

しかし、１９２９年10月24日にニューヨーク・ウォール街での株の大暴落に端を発してアメリカが大恐慌に見舞われた結果、アメリカ資本のドイツへの流入が止まるばかりか短期資本を中心にドイツからアメリカ資本が次々と引き上げられて、ヨーロッパ社会の「相対的安定期」における三角形の資金循環が瞬く間に崩れ去ると同時に、ドイツは未曾有の大不況に陥ることになった。この世界恐慌のまっただ中にあってドイツ国内では、28年５月20日の国会選挙において、社会民主党＝１５３議席、国家人民党＝73議席、中央党＝62議席、共産党＝54議席、人民党＝45議席、民主党＝25議席、ナチ党＝12議席という各党の議席獲得数の結果、中央党・民主党・人民党と一緒に社会民主党出身の首相ミュラー（Hermann Müller）が率いていた大連立内閣は、日々増大する失業者への失業保険の支払い問題に直面していた。早くも30年１月には失業者数は２５０万人にも達し、およそ１２０万人の失業者を前提として作られていた失業保険制度はたちまち資金難に陥り、国家財政に大きな赤字を計上することになった。この赤字を補塡するために考えられる方法は、「失業保険給付金を減額するか」あるいは「失業保険料率を引き上げるか」の二者択一しかなかった。そのさい大連立内閣のなかでは、労働者階級の利益を代弁する社会民主党は労働者側に不利益をもたらす前者の方法に反対したのに対して、資本家階級の利益を代弁する人民党は資本家側に負担増をもたらす後者の方法に異議を申し立てたのである。両者の間を取りなすために中央党の若き44歳の政治家ブリューニング（Heinrich Brüning）は妥協案を作成し、失業保険に対する政府の財政負担は1億5000万マルクを上限とし、この額を超えた場合には失業保険給付金を減額するとともに、失業保険料率を0・25％引き上げて3・75％とすることを提案した。ブリューニングの妥協案に対して人民党は賛成したが、他方で社会民主党は、首相ミュラーと内相ゼフェリング（Carl W. Severing）が賛成したものの、ドイツ労働組合総同盟の利益を代表していた労相ヴィッセル（Rudolf Wissel）の反対意見が3月27日の代議士会で多数を占めたため、この妥協案を最終的に受け入れない決定を下し、同日ミュラー内閣は総辞職したのであった。このときのドイツ国内におけるミュラー大連立内閣の総辞職は、失業保険問題をめぐる連立政権内の社会民主党と人民党の対立から生じていたとはいえ、単なる政変とは性質を大きく異にする出来事であった。ミュラー内閣の崩壊を最後に、その後ドイツでは、議会の多数派に依拠する議院内閣制のもとでの政府は事実上存在しなくなるのである。世界恐慌の重圧とそれに起因する失業保険問題は、ワイマール憲法ならびに議会制民主主義を核心とする第一次世界大戦後のドイツの民主主義体制、すなわちワイマール・デモクラシーの崩壊への第一歩を切り開いてしまったのである。

その背後の動きとして注目されるのは、世界恐慌下にあって財政が逼迫するなか、1930年度の防衛予算編成に関して軍事費の増額を要求し、社会民主党との間で対立を深めていた国防軍首脳部の暗躍である。29年末頃より国防軍首脳部は、大統領と保守派の政党に影響力を行使して、ミュラー内閣後の次期政権工作に乗り出し始め、とりわけ政治的陰謀にたけ、グレーナー国防相の信任を受けながら次第に政治的影響力を増していた将軍シュライヒャー（Kurt von Schleicher）は、ミュラー内閣を打倒して中央党のブリューニングを担ぎ出すための裏面工作を行っていたとされる。こうした状況のもと、失業保険問題で総辞職するに至ったミュラー内閣の後任としてヒンデンブルク大統領は、グレーナー国防相やシュライヒャー将軍、息子のオスカール（Oskar von Hindenburg）の強い進言を受け入れて、ブリューニングを後継首相に任命したのである。本来、議会制民主主義国家においてはシビリアン・コントロール（軍隊に対する文民統制）の観点から、軍部大臣は文民政治家が就くのが原則であるが、しかし、第一次世界戦後のドイツではこれまで文民政治家が就いていた国防大臣の職に、28年1月20日に軍人のグレーナー参謀次長が就任することによって、すでに軍部の政治の表舞台への登場、すなわち軍部の政治への介入が始まっていたのである。

4　大統領責任内閣の成立

ブリューニング内閣は、もはや議会の多数派を基盤とする政権ではなく、民主的なワイマール憲法が抱えていた重大な欠点とも言うべき第48条の大統領緊急令と、大統領首相任免権に基づく大統領責任内閣であった。この第48条の大統領緊急令は、「ドイツ国内において公共の安寧、秩序に重大な障害を生じ、または障害を生ずる惧れあるときは、共和国大統領は、公共の安寧秩序を回復するに必要な措置をなし、必要な場合には武力を用いることができる」と規定したうえ、緊急の場合には、身体の自由、住居の不可侵、信書・郵便・電信・電話内容の秘密保持、言論の自由、集会の自由、結社の自由、所有権の不可侵といった民主主義国家の基本的人権に制限を加えることができたのである。ブリューニングの大統領責任内閣は引き続き恐慌対策に取り組み、大統領緊急令に依拠しながら緊縮財政とデフレ政策を実行に移し、失業保険料率の6・5％への引き上げや公務員給与の減額、独身者所得付加税の新設、輸入関税の引き上げなどを行った。これに対して議会内の最大政党である社会民主党は、ブリューニングの大統領責任内閣は、ヒトラーのナチズムよりはまだましであるという「より小さな悪」の理論を唱えることによって、同政権を容認・支持するという消極的な政策を採用していたのだった。しかし、他ならぬ大統領緊急令こそは、それが連発されて議会制民主主義を掘り崩していくとともに、ナチス・ドイツの独裁政治を生み出す中心的な法的手段になっていくのである。

恐慌を克服するためとはいえ国民生活の窮乏化につながる一連の政策は、国民の間でブリューニング政権への支持を低下させ、ブリューニングは「飢餓首相」とまで呼ばれるようになっていたという。しかし、恐慌の嵐は収束することなくドイツ経済に降りかかり、1930年9月には失業者数は300万人、31年3月には475万人に達し、さらには2カ月後の5月にオーストリアのクレジット・アンシュタルト銀行が破産すると、ドイツでもダナート銀行やドレスデン銀行といった大銀行が次々と取り付け騒ぎを起こすことになった。こうしてブリューニング首相は、恐慌克服のためにこれ以上の時間的猶予を与えられることなく、32年5月30日に大統領ヒンデンブルクから罷免を言い渡されたのである。

他方で、この世界恐慌下のブリューニング政権時代に行われた1930年9月14日の国会選挙において、前回の28年5月20日の国会選挙では12議席にとどまっていたナチ党が、143議席を占める第1党の社会民主党に次いで、107議席を獲得して第2党に躍進していた。かつてのミュンヘン一揆の失敗を教訓として、合法的に議会で多数派を形成することを通じて権力の奪取を目指す政治路線に変更していたナチ党は、24年5月4日の国政選挙に初めて挑戦して32議席を獲得したものの、同年12月7日の選挙では14議席へと議席を減らして低迷していた。このような状況のもと党首ヒトラーは、26年頃より党組織の再編成と党員数の増大に向けて動き始め、選挙対策の観点より34の国政選挙区におおむね当てはまるように大管区を設置し、それぞれの指導者にはヒトラー自らが直接任命して、彼だけに責任を負う大管区指導者を置いた。大管区の下には管区、管区の下には党の基本的構成単位である地区がピラミッドのように階層的に設置され、都市部では地区の下にはさらに細分化されて細胞と呼ばれる党員集団が設けられ、いずれの組織単位も、ナチ党独自の「指導者原理」に基づいて統治されていた。それは、各単位の指導者や幹部は構成員の選挙によってではなく、上位の者からの任命を通じて選ばれたばかりか、上位の者は下位の者に対して権威と絶対的命令権を有し、下位の者は上位の者に対して絶対的服従と全責任を負うという、およそ民主主義の理念とは相容れない権威主義的な上意下達の統治システムであり、そのピラミッドの頂点に「指導者ヒトラー」が存在していたのである。こうした党組織の再編成と党の全国的な活動の広がりにより、ナチ党は徐々に党員数を増やし、25年末の２万７１１７人から、26年の４万９５２３人、27年の７万２５９０人、28年の10万８７１７人、29年の17万６４２６人へと党勢を拡大していった。

ナチ党の勢力が全国的に拡大していくなか、１９３０年９月14日の国会選挙を前にしてヒトラーは、一部の右派的な大資本の代表者との提携を深めて彼らから潤沢な選挙資金の支援を手にし、選挙運動期間中にはこの資金を使って、党の武装組織である突撃隊による街頭での示威行進や政敵への威圧的な攻撃を行わせると同時に、自らは飛行機を利用して全国を飛び回りながら各地の大衆集会における演説で、ルエーガーから学んでいた大衆心理の掌握と大衆操作の術を巧みに駆使して、国民の支持を集めるのに成功していた。とくにヒトラーは、従来通りドイツ民族とドイツ国家の強大化は言うまでもなく、反ユダヤ主義を声高に唱えながら、ユダヤ資本のデパートに反感を抱いている都市の中小商店主や、同じくユダヤ資本の土地投機会社を快く思っていなかった中小農民などの旧中間層への浸透を図り、他方では主に都市部で教職や公務員職、専門職、事務職などに従事している新中間層にも支持を訴え掛けていた。こうして彼は、恐慌の克服に対処できないブリューニング政権、ひいてはワイマール民主主義それ自体に不信感を募らせていた中間諸階層の間はもとより、労働組合運動が停滞してさまよっていた一部の労働者たちの間においても、これまで見られなかったようなナチ党への大きな得票数を獲得することに成功していたのである(8)。

その後、１９３２年６月１日に成立したパーペン（Franz von Papen）政権のもとで実施された同年７月31日の国会選挙で、ナチ党は２３０議席を獲得し、第2党に陥落した１３３議席の社会民主党をはるかに超えて初めて第１党の地位に就いた。同年11月6日の新たな国会選挙では34議席減らして１９６議席になっていたが、ナチ党は依然として議会のなかで最大勢力を誇っていた。パーペン首相は、たとえ大統領に任命された大統領責任内閣であったとしても、議会において第1党のナチ党（１９６議席）、第2党の社会民主党（１２１議席）、第3党の共産党（１００議席）からの強い不支持表明と、政権内の実力者で陰謀家のシュライヒャー国防相からの辞任要求に直面して、やむなく11月17日に辞職した。後任としてヒンデンブルク大統領によって任命されたシュライヒャー首相は、前任者と同様に議会内多数派の支持を得られないまま軍部独裁政権の樹立を画策していたが、大統領の反対に出会って成功することなく33年1月28日に総辞職した。第一次世界大戦初期のタンネンベルクの戦いでロシア軍に大勝利を収め、「タンネンベルクの英雄」としてドイツの国民的英雄となり、のちに元帥の地位にまで上り詰めていたヒンデンブルク大統領は、ヒトラーをしばしば「ボヘミアの上等兵」と蔑称して見下し、32年春の大統領選での対立候補でもあった彼を首相に任命することを拒否していたが、パーペン元首相や息子のオスカーなどからの説得を受け入れて33年1月30日に、このとき43歳のナチ党党首ヒトラーを首相に任命したのである。

ヒトラー政権は11名の閣僚で構成されていたが、ナチ党員は首相ヒトラー、内相フリック（Wilhelm Frick）、航空全権委員・プロイセン内相兼任の無任所相ゲーリング（Hermann Göring）の三人のみで、それ以外は、新政権に不安を抱くヒンデンブルク大統領の強い要望で実現した外相ノイラート（Konstantin von Neurath）と国防相ブロンベルク（Werner von Blomberg）を含め、副首相パーペンが推薦した保守派や右派、貴族出身の閣僚で占められていた。その背後には、政権を担当した経験のないナチ党の新首相ヒトラーや内相フリック、無任所相ゲーリングを囲い込んで、間接的にコントロールできると見ていた副首相パーペンとその他の閣僚たちの全く計算違いの不首尾に終わる政治的思惑が横たわっていたとされる。

その一方でヒトラー政権発足当日、ドイツに向けられた諸外国の不安感や不信感を払拭するために外務次官ビューロー（Bernhard W. Bülow）は各国在勤のドイツ大使等に至急電を送り、以下のことを指摘して各当該国を安心させるように務める旨要請した。すなわち、①ヒトラー内閣がヒンデンブルク大統領の任命によって憲法に基づいて合法的に成立した事実、②ノイラート外相が従来通りの外交路線を継続していること、③シュヴェリーン・クロージック蔵相が財政・金融政策を引き続き担当していること、④ジュネーヴ軍縮会議でドイツ側軍縮代表委員として名を知られているブロンベルク将軍が国防相に就任していることであった。その翌日に新首相ヒトラーは「2月1日付政府声明」を発して、これまで繰り返し口にしていた内外情勢に関する自己の挑発的かつ威嚇的な演説はもちろん、ナチ党の武装集団である突撃隊を使っての政敵や反対勢力への容赦のない武力弾圧をまるで忘れ去ったかのように、「平和の維持と確立」「軍備の制限」といった言葉を用いて、他国との協調姿勢を前面に押し出していたのである。この政府声明の内容がヒトラーの本意でないことは、早くも2日後の2月3日のハマーシュタイン陸軍司令長官宅で催されたノイラート外相の60歳の誕生祝いの席で明らかになるのであった。国防軍の最高幹部たちを前にしたこの日の演説のなかでヒトラーは、こう本心を吐露していた。

(1)「現在の国内政治情勢を完全に方向転換させ……目標の妨げになっているような物の考え方（平和主義！）の実現を決して許さない」

(2)「マルクス主義の根絶」

(3)「あらゆる手段を用いて若者たちを鍛え、そして国防意識を強化する」

(4)「国家と民族に対する裏切り行為には死刑」

(5)「最も厳格な権威主義的国家指導」

(6)「民主主義という諸悪の根源の除去」

(7)「ヴェルサイユ体制に対する闘争」

これらに加えてヒトラーは、この演説のなかで紛れもなくあの戦争目的を明示する核心的な一節、すなわち独裁者として彼が対外政治的に終始一貫して追求することになる「東方での新たな生存圏の征服とその容赦のないゲルマン化」という言葉を口にしていたのである。(9)

5 独裁権力の確立

1933年2月27日の夕刻、ドイツの首都ベルリンにある国会議事堂が放火され炎上するという一大事件が発生し、現場に駆けつけたプロイセン内相兼務のゲーリング国会議長は、燃え上がる国会議事堂を仰ぎながら「新政府にたいする共産主義者の犯罪だ」として、「これは共産主義革命のはじまりだ！　一刻の猶予もならない。情け容赦は不要だ。共産党員の役人は、見つけしだいひとり残らず射殺しろ。共産党員の代議士は、今夜のうちにつるし首だ」と叫んだという。実際には、国会に100議席を持つ共産党を壊滅させるためにゲーリングが仕組んだ陰謀とされているが、早くも翌28日にヒトラーは、ヒンデンブルク大統領に要請して署名を得たうえで、「国会〔議事堂〕炎上令」とも称される「国民と国家を防衛するための大統領緊急令」を発した。その第1条により、ワイマール憲法で基本的人権として保障されていた①身体の自由、②表現の自由、③報道の自由、④集会・結社の権利、⑤信書・郵便・電信・電話内容の秘密保持に制限が加えられたばかりか、⑥家宅捜索や証拠品の押収、財産の制限が、関連法規に関わりなく認められることになったのである。また、この「国会炎上令」の第2条は、連邦各州における治安の維持・回復のために必要な場合には中央政府が全権を行使できることを認めていたので、これを恣意的に利用してヒトラー政権は各州の政府に対して政治介入できる法的根拠を手にしたのであった。こうして合法的にヒトラー政権は、数日のうちに国会議員を含む４０００人以上の共産党員を次々と逮捕・拘留したうえ、共産党の政治集会と出版物の発行を禁止すると同時に、社会民主党の機関誌の発行をも停止して、政敵や反対勢力への弾圧を一段と強めていった。その1週間足らずのちの3月5日にヒトラー政権成立後の初の国会選挙が行われた結果、ナチ党は６４７の総議席数のうち２８８議席を獲得し、前回の１９６議席からは飛躍的に議席数を伸ばしていたが、しかし、連立与党の国家人民党の52議席を加えたうえ、さらに3月9日に共産党国会議員の資格を剝奪して81議席を取り消しても、ヒトラー内閣に立法権を与える「全権委任法」の成立に必要な3分の2以上の議席数には届かなかった。

このような状況のもと、3月21日にヒトラーやナチ党の抜け目なく計算された演出を通じて、ドイツ帝国の過去の栄光と偉大さの記憶を呼び起こすプロイセン主義の一大霊廟であり、フリードリヒ大王の墓所でもあるポツダムの衛戍教会で、ヒンデンブルク大統領臨席のもと新政権発足後の国会開会の式典が厳かに開催された。祭壇の前でヒンデンブルク大統領がヒトラー新内閣を祝福する祝辞を述べたあと、ヒトラーは答辞を読み上げて、「過去数週間の比類なき激動により、国家の名誉は回復されました。陸軍元帥閣下、大統領閣下のご理解のおかげで、古い偉大さと新しい力の象徴が結び合わされました。閣下に心からなる敬意を捧げるものであります。神慮の守護により、閣下は国の新しい諸権力を統べられることになったのであります」と深い恭順の意を表した。もちろん、これがヒトラーの本意でないことは、注意深く意識的に洞察力を働かせれば見抜けたはずであったが、式典に列席していた駐独フランス大使フランソワ＝ポンセ（André François-Poncet）は、「ヒトラーの目もくらむような誓約のあとでは…彼の党の行き過ぎや越権行為を見て不安を感じはじめていたひとびと――ヒンデンブルクとその取巻き、ユンカーと君主制支持の貴族たち、フーゲンベルクとドイツ国家人民党員たち、ドイツ国防軍の将校たち――も、懸念を捨てないではいられなかっただろう。彼の要求するがまま権力のすべてを委譲し、全信頼をあずけないではいられなかっただろう」とのちに書き記している。

2日後の3月23日に臨時の国会議事堂となったベルリンのクロル・オペラハウスにおいて「全権委任法」に関する審議が行われ、法案の趣旨説明を行ったさいにヒトラーは心のなかでは思ってもいないことを臆面もなく、「政府はこれらの権限を、真に必要な措置を講じるために肝要である場合にかぎって行使するであろう。上下両院は、その存在が脅かされることはない。大統領の地位、権限も不変である。…連邦諸州の独立性も廃止されることはない。教会の諸権利が縮小されることはなく、国家との関係も改変されない。このような法に頼る内的必然性のあることは、きわめて限られた場合になるであろう」と口にしていたのであった。81名の共産党議員が逮捕・逃亡中で議場に出席できないなかで強行された同法案採決の結果、社会民主党議員が投じた94票の反対票に対して441票の賛成票をもって、憲法にも拘束されずに諸法律を制定できる立法権を政府に与える「全権委任法」が可決され、その後間もなく参議院においても全会一致で可決されて、翌24日に発効することになった。その結果、大統領緊急令を基に発せられた「国会炎上令」と、議会で表面上は合法的に可決された「全権委任法」の成立により、ワイマール憲法に基づく戦後ドイツの議会制民主主義は完全に崩壊し、ナチス・ドイツの独裁政治への道が開かれることになったのである。しかし、その前に唯一大きく立ちはだかっていたのは、先の戦争で敗北したとはいえ軍事クーデターでヒトラー政権を転覆させる実力を持つ国内最強の武装集団であると同時に、武力による東方での生存圏の獲得を目指すヒトラーにとって最も重要な手段であるドイツ国防軍の存在であった。言い換えると、この段階でヒトラーは国内の全ての国家機関をコントロール下に置いていたのではなく、1938年2月4日に国防軍を掌握するに至るまでには5年に近い年月を要することになるのである。

1933年4月7日にヒトラーは「全権委任法」を適用して新たな法律を公布し、ゲーリングが支配権を確立していたプロイセン以外の全ての州に国家地方長官を任命し、全員ナチ党員である彼らに地方を治めるための様々な権限を与えて、「首相の定める全般的政策」を実行に移すよう求めた。これにより各州は、個別に有していた権限を事実上剝奪されて、ヒトラーを頂点とする中央政府の権威に従属させられることになり、１８７１年のドイツ統一以降に連綿として続いてきた連邦的性格を否定され、中央集権的に統治されることになったのである。翌34年１月30日には「国家再建法」が制定され、各州の議会の廃止と州の統治権の国家への移行が実施されたうえ、州政府は中央政府と国家地方長官に従属し、内務大臣の管轄下に置かれることになった。当時の内務大臣フリック（Wilhelm Frick）は、「これよりのち州政府は、単なる国家の行政機関になる」と説明していたという。

他方で国内の政党に関しては、１９３３年3月31日に共産党が結社禁止となったのを始め、それ以外の政党も、機関誌の発行停止処分やナチ党からの圧力、街頭での突撃隊による弾圧などで活動を制約されていくなか、同年６月22日の社会民主党の活動禁止、27日の国家人民党の解散、7月４日の人民党とバイエルン人民党の解党、５日の中央党の解党に見られるように、ヒトラー政権成立後わずか半年足らずの間に次々と排除されていった。最終的には7月14日の「政党新設禁止法」の公布によって、「国家社会主義ドイツ労働者党は、ドイツにおけるただひとつの政党である」とされ、「その他の政党の組織機構を維持、あるいは新政党の結成を企てる者は……三年以下の懲役、もしくは六カ月以上三年以下の拘禁に処せられる」ことになり、ヒトラーを最高指導者とするナチ党の一党独裁支配体制が打ち立てられたのである。(10)

このように国内政治に関してヒトラーは、政権掌握後に早々と権力基盤を固めることに着手していたが、しかし、不安要素として彼の脳裏に浮かんでいたのは、国防軍を支配下に置いて乗っ取ろうと計画していた突撃隊の幕僚長レーム（Ernst Röhm）の動きであった。この動きに断固として反対していた国防軍首脳部が場合によっては軍事クーデターを起こすことも辞さないのではないかと恐れる一方、武力による東方での生存圏獲得のための手段として国防軍の再建と軍備拡大を最重要視していたヒトラーは、ナチ党の武装集団である突撃隊はもっぱら国内の反対勢力を封じ込めるための政治闘争を担うだけで、国の安全保障を担う国防軍と突撃隊の結合といったことは全く考えていなかったとされる。やがて1934年6月30日から7月2日にかけての「長いナイフの夜」と称される突撃隊幹部への粛清事件において、幕僚長レームを始め多くの幹部が正式裁判を受けることなく銃殺刑に処せられ、ヒトラーと国防軍首脳部の突撃隊への懸念は払拭されたのである。その1カ月後の8月2日に老齢のヒンデンブルク大統領が86歳で亡くなったあと、ヒトラーは大統領職そのものを廃止して自ら「総統兼首相」の地位に就任し、御しにくい存在であった旧知の盟友レームとヒンデンブルク大統領の不在のもと、さらに国内で権力基盤を強化することになるのであった。

国内において早急に権力基盤を固めることと並んで、ヒトラーにとって重要だったのは、大衆の忠誠心を結集して支配権をこれまで以上に強化することであった。その役割を担っていたのは、1933年7月14日に制定された「国民投票法」に基づいてヒトラー政権下で5回にわたって行われた国民投票での圧倒的多数による政府への支持・賛成票であった。

(1)第1回目は、ドイツの国際連盟からの脱退の是非を問う1933年11月12日に実施された国民投票で、有効投票数の95・1%が脱退に賛成。
(2)第2回目は、ヒンデンブルク大統領の死後、ヒトラーの「総統兼首相」への就任の可否をめぐる34年8月19日の国民投票で、有効投票数の89・9%が就任に賛成。
(3)第3回目は、国際管理のもとで行われたザール地方の帰属をめぐる35年1月13日の住民投票で、有効投票数の90・73%がドイツへの帰属に賛成。
(4)第4回目は、ラインラント非武装地帯へのドイツ軍の進駐をめぐる36年3月29日の国民投票で、有効投票数の98・8%が進駐に賛成。

(5)第5回目は、オーストリア併合の是非をめぐる38年4月10日の国民投票で、有効投票数の99・01％が併合に賛成。

国家や政府に対する大衆の忠誠心を醸成し、支配権を維持・強化するために国民投票を利用するヒトラーの政治手法は、民主的な国会選挙の実施もなくナチ党による独裁的な支配体制を確立していた政府にとっては重要な役割を果たしていたのである。また対外的には、これらの国民投票での政府への圧倒的多数の支持率は、周辺諸国に対して国内におけるヒトラーの政治家としての名声の高さを証明するためにも、さらには「民族としての一体性と同質性」や総統に従う国民の「明白な服従の意志」を後ろ盾にヒトラーの外交政策に正当性を与えるためにも、その都度巧みに宣伝利用されたのである。(11)

6　独裁政治の終焉

国内で着々と政権基盤を固めていたヒトラーは、1937年11月5日に総統官邸において、国防相ブロンベルク、陸軍総司令官フリッチュ（Werner von Fritsch）、海軍総司令官レーダー（Erich Raeder）、空軍総司令官ゲーリング、外相ノイラートを集めて秘密の最高首脳会議を開いた。この秘密会議の模様は、速記者が呼ばれないなかで唯一同席を許されたヒトラー付副官ホスバッハ（Friedlich Hoßbach）大佐がメモした覚書を通して窺い知ることができる。会議の冒頭でヒトラーは、「我々の外交状況の発展の可能性と必然性について自らの基本的な考えを説明したいと思うが……私の詳述を、自分が死んだ場合に備え、遺言として言い残したものと見なしていただきたい」と前置きした。この前置きの直後に彼は、「ドイツの政治目標は、民族共同体の安全と維持およびその拡大である。したがって、空間の問題が重要なのである」として、武力を用いてでも東方で「生活空間」すなわち「生存圏」を手に入れることを明言したのであった。そのさいヒトラーは、「ドイツの政策は、イギリスとフランスという二つの憎むべき敵を覚悟しておかねばならない」と述べることにより、1922年12月末に駐ブルガリア・ドイツ総領事シャーラー（Eduard Schaller）との会談で明らかにされ、『わが闘争』の中でもはっきりと述べられていた外交政策上の「親英伊・反仏ソ」路線を転換して、初めてイギリスを敵に回してでも、東方で「生存圏」を獲得する意志を示したのである。引き続いて彼は、この目的のために「武力行使が決断されるべき三つのケース」について言及し、ドイツ軍の武力行使は「1943年から1945年にかけての時期」に行われねばならないと強調した。なぜなら、ヒトラーの判断によれば、「この時期を過ぎ」てしまうと、装備や兵器の旧式化、特殊兵器の秘密保持の限界、予備兵力の獲得困難、周辺諸国の軍備増強との比較におけるドイツ側の軍事力の相対的低下、食料備蓄の減少、外貨不足、ドイツの攻撃を予想した周辺諸国の軍事的対抗措置の強化、国防軍やナチ党の指導者たちの老齢化などの点で、「我々の不利に転じることしか待ち受けていない」からであった。しかも彼は、1943年以前であっても国際情勢の展開次第では武力行使に出ることを想定し、第2のケースとして「フランスの社会的緊張が内政上の危機にまで先鋭化し、フランス軍がこの危機に忙殺されて対独戦に投入できなくなってしまったならば、チェコスロヴァキアに対して軍事行動を起こす時機が到来したということになる」と考えていたのである。さらに第3のケースとして彼は、地中海の権益をめぐって「フランスが他の国〔イタリア〕との戦争に釘付けにされていて、その結果ドイツに対して『攻撃』を開始できなくなっているような場合」には、早くも1938年においてさえチェコスロヴァキアもしくはオーストリアに対して軍事行動を起こすことを決意していたようである。

このようなヒトラーの戦争への決意を耳にしたブロンベルク国防相とフリッチュ陸軍総司令官は、チェコスロヴァキアもしくはオーストリアへの軍事行動にさいしては、「イギリスとフランスが我々の敵として立ち現れてはならないことがぜひとも必要なのだということを繰り返し指摘」するとともに、フランス軍を過小評価すべきではないという視点から、「イタリアとの戦争によってフランス軍は、自らが優位な形で我々の西部国境に出現できないほど手足を縛られてしまうようなことはないのだと断言」したという。この見解に対してヒトラーは、「自分はイギリスの不介入を確信しているので、ドイツに対する軍事行動というものを信じていない」と反論し、イギリスが軍事介入しなければフランスもそれに追随すると考えていたようである。またノイラート外相が、地中海における「イタリアと英仏との紛争は、総統が考えているようにはすぐには起こらない」として異議申し立てを行ったときには、これに反発して即座にヒトラーは、「可能だと思われる時期として1938年の夏を挙げた」のであった。

このような批判的な見解を述べた三人に対してヒトラーは、自らの戦争計画に立ちはだかる抵抗勢力として疑いの目を向け始めた。それから3カ月後の1938年2月4日にヒトラーは、自らの意に添わない態度をとり続けたノイラート外相を罷免し、戦争計画推進派と目されていた側近の前駐英大使リッベントロップ（Joachim von Ribbentrop）を後任に据え、対外政策の主務官庁である外務省をコントロール下に置いた。また、この同じ日にブロンベルク国防相は、再婚相手の素性が元売春婦であることを、国防相の地位を狙っていたゲーリングの暗躍によって暴露され、伝統あるプロイセン将校の名誉や結婚に立ち会ったヒトラーの対面を汚したかどで解任された。これに伴いヒトラーは、国防省を廃止して新たに国防軍最高司令部を設置し、彼に忠誠を誓っていたカイテル（Wilhelm Keitel）をその長官に指名した。さらには、フリッチュ陸軍総司令官も、警察長官ヒムラー（Heinrich Himmler）の仕組んだ陰謀により、事実と異なる同性愛の罪をでっち上げられて失脚を余儀なくされ、後任にはヒトラーの戦争計画に反対していなかった軍拡推進派のブラウヒッチ（Walther von Brauchitsch）が任命された。ヒトラーが戦争計画を実行に移すための手段として最も重要な国防軍を掌握し、最終的に国内で独裁権力を確立するのに成功した出来事として、1938年2月4日という日は、「ナチ時代の歴史の転換点」と称されている。この独裁権力を背景にしてヒトラーは、早くも3月13日にオーストリアを併合し、9月末にはミュンヘン会談においてチョコスロヴァキア内のドイツ人多数居住地域であるズデーテン地方を獲得したあと、翌39年3月に「残りのチェコ」をも手に入れて同国を支配下に置いた。続いて同年8月23日にリッベントロップ外相の主導のもとに一時的に独ソ不可侵条約を締結することによって東方からのソ連の脅威を取り除いたあと、9月1日にヒトラーは第二次世界大戦の勃発を告げるポーランドへの軍事侵攻を命じた。その二日後の9月3日にイギリス政府は、英仏両国の軍事的不介入ないしは中立的立場の保持を心のどこかで願っていたヒトラーの期待とは裏腹に、フランス政府と共にドイツに対して宣戦布告を行ったのである。(12)

ポーランド国内へ電撃的に侵攻していたドイツ軍は、1939年9月27日に首都のワルシャワを陥落させ、独ソ不可侵条約秘密付属議定書に基づきポーランドの東半分はソ連の勢力範囲とする一方、同国の西半分を軍事占領した。その後、40年5月10日に開始されたフランスへの侵攻作戦で軍事的に圧倒的優位に立ったドイツ軍がパリを包囲するなか、ヒトラーは先の大戦で敗戦国として休戦条約を結んだコンピエーヌの森において、博物館から引っ張り出してきた当時と同じ「休戦の客車」のなかで、6月22日に独仏休戦条約を締結してフランスを事実上占領下に置いた。その次の目標としてヒトラーは、「あしか作戦」と称してイギリス本土上陸作戦を計画していたが、準備段階においてドイツ空軍は制空権の確保を目指してイギリス空軍と激しい戦闘を展開していた。しかし、チェンバレン（Neville Chamberlain）に代わって5月10日に首相になっていたチャーチル（Winston Churchill）がドイツに対して徹底抗戦を唱えて国民を鼓舞し続ける状況下にあって、ドイツ側は航空機の激しい損耗で当初の目標を達成できずに終わり、9月には上陸作戦を断念せざるを得ない事態に陥っていた。

イギリスとの戦いが硬直化した状況下においてヒトラーは、本来の基本的な外交構想の一つである反ソ路線に立ち返り、41年6月22日に独ソ不可侵条約を反故にして、「バルバロッサ作戦」と名付けられた対ソ戦を敢行した。ドイツ軍はソ連領内に侵攻して9月中にはウクライナの大部分を軍事占領したが、しかし、首都攻略を目指して10

月2日から翌42年1月7日まで続いたモスクワ近郊での攻防戦で冬将軍に見舞われて前進が阻まれ、兵士の防寒装備や弾薬の補充、食料・物資の補給、医療品などが不足していくなか、航空戦力に支援されたソ連軍の粘り強い反撃に出会ってモスクワ攻略を断念せざるを得なくなった。その半年足らずのちの6月28日から翌43年2月2日にかけて戦われたスターリングラード攻防戦において、両軍の間で凄惨な戦闘が続けられた末にドイツ側は10万人近くの捕虜を出して敗北し、これをターニングポイントとしてそれ以降は軍事的にも心理的にも守勢に立たされていくことになるのである。その後、44年6月6日に米英を主力とする連合国軍がノルマンディー上陸作戦を成功させてドイツ占領下のヨーロッパ北西部を奪還していく一方、ソ連軍はドイツの首都陥落を目指して一進一退を繰り返しながらも反転攻勢を強め、ついに45年4月16日にベルリンに攻撃を仕掛けた。ベルリン陥落が目前に迫るなか総統地下壕にいた56歳になったばかりの独裁者ヒトラーは、4月30日に服毒した直後にピストル自殺を図って絶命した。

1933年7月14日の「政党新設禁止法」の公布によってナチ党の一党独裁支配体制を確立し、38年2月4日に国防軍を掌握して、名実ともに独裁権力を手にしたあとヒトラーは、念願の東方での「生存圏」の獲得を目論んで39年9月1日にポーランドへの軍事侵攻を命じることにより、かつてオランダの国際法学者グロティウス（Hugo Grotius）が『戦争と平和の法』のなかで「不当な戦争」としていた「侵略戦争」を敢行した。その結果ドイツは、米英ソを中心とする連合国側の包囲・反撃によって軍事的に打倒されるに至った。こうして独裁者ヒトラーの死と5月7日のドイツの無条件降伏の受諾とともに、1933年1月30日の彼の首相就任から12年3カ月余りにわたって続いたナチス・ドイツの独裁政治は、「歴史の審判」を受けて終焉を迎えることになるのであった。

注

（1）カール・ディートリヒ・ブラッハー／山口定・高橋進訳『ドイツの独裁Ⅰ』（岩波書店、2009年）、99—100頁。

(2) イアン・カーショー(川喜多敦子訳)『ヒトラー(上)1889—1936』(白水社、2015年)、38—40頁、44—47頁、49—52頁、62—63頁、74—77頁。村瀬興雄『アドルフ・ヒトラー』中央公論社、1977年、39—44頁、125—126頁、同書の「まえがき」の冒頭において著者の強い思いが次のように綴られてている。「私はヒトラーがきらいである。彼を正確に理解しようと努力しているのは、このような人物に二度とお目にかかりたくないからである。しかし、ただヒトラー個人の悪口をいってみてもナチズムは傷つかない。ましてやナチズムを育てあげたドイツ支配勢力は傷つかない。ドイツ史と近代ヨーロッパ史そのものがナチスを生み、そしてヒトラーを生んでいること、ヒトラーはナチスの代表者ではあるが、ナチス諸グループ、そしてドイツ支配勢力を代表する指導者の一人にすぎないこと、第三帝国の歴史もナチスの歴史も、それをヒトラー個人の思想や伝記に矮小化してはならないこと、以上の点を注意しながら私は本書を書いた。もっとも、以上の点を証明するために本書を書いたのではない。史実そのものの興味深さにこそ私はひかれたのであり、それにヴェールをかぶせてはならないと思いながら、本書を書きすすめた。ヒトラーの強烈な個性を無視してよいはずは、もとよりない」。ヒトラーを論じるにあたっては言うまでもなく、表裏一体となって切っても切り離せないコインの表と裏のように、当時ヨーロッパに約1100万人在住していたユダヤ人のうち600万人もの人々の命を奪ったナチス政権下のユダヤ人に対する大量殺戮、すなわち「ホロコースト」の事実を忘れ去って語ることは決してできないのである。

(3) 山口定『ヒトラーの抬頭——ワイマール・デモクラシーの悲劇』(朝日新聞社、1991年)、31—33頁、39—50頁。

(4) J・ウィラー=ベネット『国防軍とヒトラーI』(みすず書房、1961年)、42頁。

(5) マイネッケ(矢田俊隆訳)『ドイツの悲劇』(中央公論社、1974年)、57—59頁。

(6) アドルフ・ヒトラー(平野一郎・将積茂訳)『わが闘争(上)』(角川書店、1973年)、287—289頁、291—293頁、509頁。エバーハルト・イエッケル(滝田毅訳)『ヒトラーの世界観』(南窓社、1991年)、28—29頁。

(7) Hugh Redford Trevor-Roper, Hitler's Kriegsziele. In: Vierteljahreshefte für Zeitgeschichte, 2 Hefte (1960), S. 121-133. 拙稿「トレヴァー・ローパーに見るヒトラーの戦争目的」(『目白大学人文学研究』第9号、目白大学、2013年、27—47頁)、参照。ヒトラー、前掲『わが闘争(上)』203—206頁。

(8) 上山春平・三宅正樹『第二次世界大戦』(河出書房新社、1990年)、206—219頁。塚本健『ナチス経済』(東京大学出版会)、1964年、27頁、31—32頁。山口、前掲『ヒトラーの抬頭』174—176頁、240—243頁、

２５１―２６５頁。

（９）Thilo Vogelsang, "Neue Dokumente zur Geschichte der Reichswehr 1930-1933". In: Vierteljahrshefte für Zeitgeschichte, 2 (1954), S. 434f. 拙稿「ヒトラー政権成立直後におけるドイツ外務省の外交構想」（三宅正樹編『ベルリン・ウィーン・東京』（論創社）、１９９９年、２５２―２６２頁）。

（10）ウィリアム・シャイラー（松浦伶訳）『第三帝国の興亡１――アドルフ・ヒトラーの台頭』（東京創元社、２００８年）、３８２―４０２頁。

（11）Bernd-Jürgen Wendt. Großdeutschland. Außenpolitik und Kriegsvorbereitung des Hitler-Regimes. 1987 München. S. 85, S. 95. 拙稿「ヒトラー内閣成立前後におけるドイツの軍備政策」（『目白大学人文学研究』第５号、目白大学、２００９年、63―64頁）。

（12）Akten zur Deutschen Auswärtigen Politik (ADAP), 1918 bis 1945, Serie D, 1937-1941, Bd. I. Baden-Baden 1950, Nr. 19. 拙稿「１９３７年11月５日の『総統官邸』における秘密会議」（『目白大学人文学研究』第３号、目白大学、２００６年、52―62頁）。拙稿「第二次世界大戦への道」（斎藤哲・八林秀一・鎗田英三編『20世紀ドイツの光と影』（芦書房、２００５年）、２１７―２２０頁）。

第3章　習近平〝一強〟体制と民族性
――中国の独裁政治――

澁谷　司

1　はじめに

本章では、まず、「近代化」論に触れ、その後、〝中国がなぜ「民主化」できないか〟について考える。次に、現代中国の政治制度、並びに現状について多角的に分析する。そして、最後に、中国と台湾・ロシアとのごく簡単な比較を試みる。

中国の悲劇とは、大部分の（漢民族主体の）中国人が民主主義を知らない事に起因するのではないか。なぜなら、歴史上、中国ではほとんど民主主義の経験がないからである。

だが、一方、中国国内に住むごく一部の知識人や海外にいる多くの華人達は、民主主義をよく知っている。彼らは民主主義体制（なお「民主制とは…（中略）…住民の各階級の間に形式的に政治的権利の不公正が存在しない」という意味[(1)]）が独裁制よりも優れた制度だとわかっているに違いない。そのため、彼らは、一日も早い中国の「民主化」を望んでいる。

けれども、中国大陸に住む多くの人民は民主主義が現在の中国共産党体制より、はるかに優れた政治システムだと理解するのは難しいのではないか。なぜなら、同党政権下、今の共産主義体制こそが〝ベスト〟だと教えられているからである。したがって、現時点で、我々が中国という国家に対し「民主化」を望むのは〝木に縁りて魚を求む〟類いなのかもしれない。

2 「近代化」論について

中国はなぜ「近代化」しなかったのだろうか。これは難問である。まず、その前提として、「近代化」の中に「民主化」（議会制民主主義）も含まれると仮定しよう。

この設問に対して、本章では〝上滑り〟の議論しかできないが、ほんの少しだけ触れておきたい。

ロバート・ベラーによれば、世界史的に見て、内発的「近代化」を遂げたのは、ヨーロッパと日本だけである。[2]「近代化の必要とする文化的同質性と平等性はすでに徳川時代の日本に用意されていた」[3]という。とりわけ、「真宗は西欧のプロテスタンティズムに対する日本における最も類似性をもつ形態であり、かつ、その倫理はまた、プロテスタントの倫理に最もよく似ている」と鋭く指摘した。[4]

一方、非自発的「近代化」は、日本を含む西洋列強による植民地支配によって、〝偶然〟一部の国々に植え付けられたと考えられないだろうか。

西欧・日本と違って「近代化」を経験していない国々においては、「第二次大戦以後の大部分の非共産主義近代化途上国には、強力な政党も強力な政党制も欠けていた」[5]のである。建国初期や（クーデター等による）新政権誕生の初めの段階では、多党制よりも強力な一党が半ば独裁的に政権を担当した方が国内は安定する。逆に言うと、多党制では、国内が不安定に陥りやすく、政権運営が困難である。その場合、軍が政権を掌握することがあるかもしれない。

例えば、戦後、韓国[6]や台湾[7]で見られた、いわゆる「開発独裁[8]」的手法が有効な場合もある。そして、ある程度、国民が豊かを享受するようになると、中間層が出現する。その後、中間層が「民主化」を求め、多党制になれば、おそらく（欧米・日本のような）平和的政権交代可能な「近代化」した国家へと変貌するだろう。

以下の叙述は、極めて単純化した「仮説」である。

かつて、アジアニーズ（ＮＩＥＳ　新興工業経済地域 Newly Industrializing Economies）は、１９６０年代以降急速な工業化と高い経済成長率を達成し、70年代~80年代にかけて、もてはやされた。韓国、台湾、香港、シンガポールは、「アジア4小龍」と称され、当時、世界から注目を浴びている。

言うまでもなく、韓国・台湾は日本の植民地、香港・シンガポールは、イギリスの植民地だった。「アジア4小龍」は、日英の植民地ゆえに「近代化」されたと言えよう。ただ、香港・シンガポールは、ほとんど農村地帯を持たない都市国家である。両都市国家の方が、韓国・台湾より、いち早く「近代化」しやすかったかもしれない。

香港は、第二次大戦後も、一貫して英国植民地だったが、イギリスのよって「近代化」された。だが、１９９７年7月、中国の「1国2制度」下に入っている[9]（２０２０年6月末、香港に「国家安全維持法」が導入され、香港は事実上「1国1制度」下に置かれた）。

シンガポールは、１９６5年、マレーシアからやむを得ず、分離・独立した。しかし、初代首相のリー・クワンユー（李光耀）は人民行動党（ＰＡＰ）を強力な党を作り上げた[10]。シンガポールの選挙区制選挙は「勝者総取り方式」で争われ、野党議員が当選しづらい仕組みが導入されている。したがって、シンガポールでは政権交代が困難で、半世紀以上、人民行動党は一度も下野したことがない。

他方、広い農村地帯を持つ韓国・台湾の方が「近代化」するのに、多少時間がかかったと思われる。両国は、50

年、36年という歳月、日本の統治下にあり、「近代化」の〝芽〟が植え付けられたと考えられないだろうか。そして、韓国と台湾は、1980年代後半、ほぼ同時期に「民主化」が起きた。

だが、同じ朝鮮半島にある北朝鮮だが、「一九六〇年代までは北朝鮮経済のほうが韓国経済よりも進んでいた。…（中略）…北朝鮮は、石炭など鉱物資源が豊富で…日本の植民地時代も朝鮮半島の重化学工業の八割が北部に位置していた[12]」のである。

しかし、北朝鮮は「独立」後、社会主義体制を敷き、中央指令型経済を堅持した[13]。そのためか、世界で最貧国グループの一つに成り下がっている。

政治的には、「民主集中制」という名の独裁体制の下、未だに「民主化」が起きていない。北朝鮮の場合、政治体制が「民主化」を拒んでいると思われる。

一方、台湾では、独裁主義体制から民主制に移行した。その時期は、「八六年の野党結党から始まり九六年三月の総統選挙実現で一応完結した[14]」と言ってもよいだろう。

ところで、近代に入って（特に「阿片戦争」以降）、中国は西洋列強に「半植民地化」された。だが、ある1国に長く植民地化された経験は持たない。そこで、非内発的「近代化」が起きづらかったのではないだろうか。

その点、インドとは異なる。堅固な「カースト」制度を持つインドは約70年間、イギリスに直接、支配された。1857年、「セポイの反乱」後20年経って、ヴィクトリア女王がインド皇帝を兼ね、インドはイギリスに編入されている。

それまでは、植民地経営を行っていた「イギリス東インド会社」が、インドを支配していた[15]。そして、イギリス政府は、1772年以降、初代ベンガル総督を置き、インドを間接支配している。1830年代以降、インドには「完全に英国式の教育制度が導入され、……『血と色はインド人でも、好み、見解、道徳、知性においては英国人である階級[16]』」が一部創出されたのである。

そのため、同国は非内発的「近代化」の〝芽〟が多少なりとも植え付けられたのではないだろうか。第二次大戦後、インドは社会主義を採用した。だが、独立後、まもなく普通選挙が実施されている。

日中戦争中、戦力を温存していた中国共産党は、第二次大戦後、中国国民党（以下、国民党）との内戦で勝利した。そして、中国に社会主義体制（「民主集中制」）を打ち立てる。

結局、中国は、西欧列強1国に長期間、植民地化されなかったので、「民主化」に必要な「近代化」の〝芽〟が植え付けられなかったと考えられよう。

その背景には、「清末は農民戦争の連続であって、農民の解放により、近代社会の実現を求めていた。…（中略）…大衆運動として展開された前期的ナショナリズムは、中国を民主主義的近代国家として発展させようとした……。外国勢力のために敗北せしめられたとは言え、その伝統は孫文・毛沢東にひきつがれた[17]」のだった。

3　中国における「幇」の存在

前節で触れた内発的「近代化」に必要な要素は一体、何だったのだろうか。

マックス・ウェーバーは「合法的な利潤を使命〔＝職業――〕として、組織的に、かつ合理的に追求するという精神的態度」こそが「（近代）資本主義の精神[18]」であると喝破した。そして、世俗的な職業「労働が絶対的な自己目的――『職業＝使命』（Beruf）』――であるかのように励む[19]」ことが必要である。また、正直・勤勉・質素が〝美徳〟と考えられた。

中国が内発的「近代化」ができなかった淵源を辿ると、上記の理由に加えて、西洋の中世には存在した「政治的単位たる諸都市の団体的自治、決定的な法制度の特権的に保証されまた決定された確立が……〔中国には〕存在しなかったから[20]」だとウェーバーは指摘している。

更に、①地縁・血縁の「氏族」制度、②前近代の都市のギルド・ツンフト（いわゆる「幇（ぱん）」）の中に、中国的特徴[21]を求めることができよう（なお、中国の「幇」には「氏族」制度が色濃く残っている）。

ただし、地縁・血縁に関して、中国の場合、厳密に言えば、「親密な血縁社会の中では、商業は生存し得ない。……（中略）…彼らの交易は『人情』によって維持されている、相互の贈答方式である[22]」という。また、「地縁は商業の中から発展して出来上がった社会関係である。血縁が身分社会の基盤であるならば、地縁は契約的な社会の基盤である。契約とは見知らぬ人の間で交わされる約束[23]」だった。

一般に、国民国家が「近代化」されると、単一の憲法・法律の下で収斂していく。ところが、中国における憲法や法律は、未だに単なるお飾りに過ぎないように見える。

歴史的に、中国では「法律の形式主義的が忌避[24]」された。また、「私法上の諸規定がほとんど全く存しない…。…（中略）…真に保証された、個人の『自由権』などは、もともと全然存在しなかった[25]」のである。そのため、〝形式合理性〟の典型である法律が軽視されてきたし、「家産制」の下、家父長がその権力を振るったのであった。

実は、中国には、憲法・法律よりも重要な〝ローカル・ルール〟が存在する。それが「幇」の掟・ルールだろう。「幇」は、基本的に「共同体（ゲマインデ）である。共同体の第一の特色は、二重規範（ダブル・ノルム）にある。共同体の中の規範と外の規範とは全然違う[26]」。

そして、「幇」内の規範は〝絶対〟であり、それ以外は〝相対的〟である[27]。相手が「幇」内で「自己人」（身内）であるか否かで対応がまったく異なる。

中国人は何千年もの間、この「幇」の中で生き抜いてきた。今でもなお、中国人は「幇」の中で生きている。したがって、「幇」が一番大切である。そして、「幇」の掟・ルールこそ〝絶対〟である。その掟・ルールに従えば、その人は安心して暮らすことができる。しかし、「幇」の掟・ルールに背けば、その人は徹底的に排除されるか、場合によっては消されるだろう。

普通、「幇」は血縁・地縁・学縁・業縁等からなる。だが、この「幇」の掟・ルールはあくまでも〝ローカル・ルール〟にすぎない。そして、幇の数だけ〝ローカル・ルール〟が存在する。それらは、国家の〝普遍的〟憲法や法律とは必ずしも一致しない。

「幇」は、一種のヤクザ組織と酷似した構造[28]を持つ。

例えば、我が国でもヤクザ組織の中では、内なる掟・ルールが〝絶対〟である。彼らは一般の法律を犯しても、日常茶飯事、殺人・暴行・脅迫等を行う。彼らの内部には、一般法とは、別の掟・ルールが存在している証左だろう。

ところで、かつて、中国には、「三大幇会」として、(「反清復明」を標榜した)天地会、哥老会、糧船水手幇が存在した。これらの「幇」(秘密結社)は、清末民初期に活躍[29]ている。きわめて大雑把に言えば、天地会と哥老会が(阿片を扱う)「紅幇(ほんぱん)」となり、糧船水手幇が(私塩を扱う)「青幇(ちんぱん)」となったが、その後、両幇は連合・共生していく[30]。ちなみに、「青幇」は国民党と近かった。

現在の中国では、共産党という、いわば大きな「幇」が大陸を統治していると考えられよう。当然、同党は〝ローカル・ルール〟を有し、それが〝絶対〟であるため、〝普遍的ルール〟の憲法・一般法は軽視・無視される。そのため、共産党員といえども、「幇」内の掟である〝ローカル・ルール〟を遵守しなければならない。ゆえに、同国では、憲法・一般法は遵守されず、それらは単に「絵に描いた餅」となる場合が多いのではないだろうか。

実際、今もなお、共産党の中には多数の「幇」が存在すると推測できよう。一番有名なのは、「文化大革命」時に権勢を誇った「4人組」（中国語では「4人幇」）ではないか。党内闘争は、基本的に〝ローカル・ルール〟を戴く「幇」同士の争いであり、勝利した方が自らの「幇」の掟・ルールで敵対勢力を支配するようになる。

結局、中国共産党（あるいは、共産党以外の別の党）が真に「近代化」し、〝普遍的ルール〟が採用されない限り、憲法・一般法で国家統治を行う事は難しいと言っても過言ではないだろう。

4　「党国体制」と三権分立

まず、我々は、中華人民共和国が「党治国」（独裁主義の党が国を完全支配）であることを認識しなければならない。中国共産党が「党の独裁を以って、国務と党務とを合理的に統制して行こうというのである。これを『以党治国』…とかいう[31]」（この部分は本来、国民党について書かれた文章である）。

実際、かつて国民党と中国共産党は「国共合作」を2度（１９２０年代と30年代）行った兄弟党であった。そのため、昔の国民党と共産党は、組織構造が酷似している。

次に、現在、中国共産党が中華人民共和国よりも上位にあるという事を認識しなければならないだろう。これを「党国体制」ともいう。

一般に、国民党が築いた「党国体制」は、党と国家が〝並列〟し、政府と党が渾然一体となっていて、分離していない状態である。けれども、中国共産党の場合、〝党政一体〟というよりも、「党が国家の上に存在する」と表現した方がより的確ではないだろうか。

日本で言えば、現在の与党・自由民主党が日本国より上位に位置することはあり得ない。また、米民主党、あるいは米共和党が、アメリカ合衆国よりも上位に位置することもあり得ないだろう。

だが、中国では、それが常態である。そのため、同国では、政府の市長・省長よりも党委員会書記の方が上位であり、事実上のトップである。例えば、北京市人民政府市長よりも、党北京市委員会書記の方が上となる。

そして、中国共産党は、中華人民共和国を〝指導〟する役割を担う。逆に言えば、同党以外の友党（8党）は、政権与党を監視する役目を持たない、単なる〝大政翼賛会〟的政党である。したがって、中国には共産党に代わるべく野党が存在しない。

〝普通の国〟では、ある政党が大きな過ちを犯せば、責任を取って、トップ・リーダーが代わるだろう。場合によっては、野党がその政党に代わって政権を担当するかもしれない。

しかし、中国では、共産党がどんな政策の失敗も看過される。同党は、その責任を取る事もないし、野党に政権を委ねることもない。そして、失敗を失敗だと認めなくても済む。

これでは、共産党には政権与党としての緊張感がなく、杜撰な政治を行ってしまっても仕方ないだろう。同時に、同じ党内の人間であるので、他人の悪事（例えば、贈収賄等）も見て見ぬふりをする。そのため、20年以上前から汚職・腐敗現象が①普遍化、②公然化、③拡大化、④大事件化している。(32)

実際、中国には「無官不貧貪」（すべての官員は貪欲である）という言葉(33)があり、官僚は腐敗するのが当然だとされる。賄賂は、いわば中国文化の一部で、いわば〝構造的〟なので、たとえ習近平政権が懸命に「反腐敗運動」を推進しても、またすぐに腐敗するだろう。

ところで、本来、政治権力は巨大なので、立法・行政・司法という3権が各々独立し、他の権力を牽制する形で存在する事が好ましい。また、第4の権力と呼ばれる、〝独立したマスメディア〟は、これら3権へのチェック機能を果たす。

既述の通り、中国では、中国共産党と政府はほぼ一体化している。その当然の帰結として、3権が分立していない。そこで、同党は、「ブラックボックス」の中で、幹部らが勝手に人事を決定し、自由に政策を決定・実行する。普通、民主主義国家においては、「手続きの透明化」は極めて重要である。だが、中国では、「手続きの透明化」が不要である。そして、原則、共産党に不都合な情報は公開されない。

本来、中国の最高決定機関であるはずの全国人民代表大会（全人代）は、共産党（中央政治局）の決定した法案・政策に承認を与えるだけの機関に堕している。また、政治協商会議などは、単なる参考意見を述べる機関にとどまっている。

他方、中国には、独立したマスメディアも存在しない。マスメディアはすべて、共産党の監視下にある。そして、党の舌・喉とも言うべき官製メディア（例：『人民日報』）が存在する。そのため、党や政府に不都合な重要情報は公開されない。

習時代以前、中国にも、一応、党のメディアとは一線を画すメディアが存在した。例えば、『南方日報』系の『南方週末』などは、多少なりとも、中国共産党に対し、批判的だった。ところが、習時代になると、その独立的存在は許されず、ほぼすべてが官製メディアと化した。

同様に、SNS上の中国版ツイッター（微博）で、中国共産党批判、あるいは同党に都合の悪い書き込みがあれば、すぐにそれらの文面は削除される。

ところで、「絶対的権力は絶対に腐敗する」と言われる。中国共産党は、マスメディアを含め立法・行政・司法の4権を完全掌握している。そのため、共産党をチェックする機関（野党やマスメディア）がないため、腐敗は昂進した。

「6・4天安門事件」の契機となったのは、胡耀邦前総書記が、党内の腐敗を厳しく論難したことに始まる。胡前総書記は、あまりに激憤したため、会議中に倒れた[34]。そして、一週間後に死去したのである。

ここで、若干話は逸れるが、中国共産党の重要人物が失脚する際、不思議な順序を辿る。これも党が国家よりも上位に位置するからだろう。

前項で触れたように、「党国体制」下では、党規則が国家の法律よりも上に位置する。その典型は、中国共産党内には（検察庁と一緒に動く）「中央規律検査委員会」という〝恐ろしい組織〟が存在する。

例えば、党員が多額の「贈収賄」を行ったり、愛人を作って囲ったりした場合、まず、「中央規律検査委員会」が被疑者に対し、党規律違反があったどうかを調べる。もし、その被疑者に規律違反が見つかれば、党籍を剝奪される。

共産党員は人口の約5～6％（約9000万人以上）であり、とりわけ、党の幹部となると、エリート中のエリートである。中国共産党のどんな重要人物でも、いったん、党籍を剝奪されたら最後、〝ただの人〟に転落する。中国では同委員会が、国の裁判所よりも先に、裁判所の役割を担う。その後に、被疑者は裁判所で裁きを受け、処分が決定する。

また、司法制度の要である裁判所は、刑事事件の場合、検察側、弁護側、判事側の3者で、すべてストーリーが出来上がっている。そして、ほとんどが、そのストーリーに沿って、裁判が進行する。

もし、被告人がそのストーリーに反する言動をとれば、裁判所は刑を重くする。典型的なのは、薄熙来裁判（2013年、重慶市の元トップ薄熙来が、収賄罪と横領罪、英国人実業家殺害事件に絡む職権乱用罪で起訴された裁判）ではないだろうか。被告の薄熙来が自ら、反論したため、予想された刑より重い判決が下された。

5　基層選挙及び他の合法的手段

１９４９年、中国共産党は政権を奪取して70年以上経つが、この間、一度もいわゆる普通選挙を実施した事がない。

ただ、「村長や村民委員会のメンバーを選挙で決める。……都市部においては実権のない地区委員会『社区居民委員会』の選挙が、ひっそりと、しかも高い棄権率のもとに行われている」[35]。

その「居民委員会」[36]の中には、大概、共産党員がいるので、党の意向を無視することはできない。なお、「居民委員会」はあくまでも都市基層政府と、直接、関係はない。その出先機関は「街道弁事処」という別の組織である。

ちなみに、蔣介石率いる国民党施政下、「国共内戦」中、１９４７年11月の「国民大会代表（総統・副総統を選出）選挙」と翌48年1月「第1回立法委員選挙」が実施されている。

ところが、中国共産党は、選挙によって政権を追われるのをよほど恐れているのか、市長・省長（知事に相当）、市議会・省議会レベルの地方選挙さえも一切行われていない。

中国共産党最高幹部の政治局委員（総書記や政治局常務委員等）は、党内上層部だけで秘密裡に選挙を行う。

ところで、なぜ民意を問う普通選挙が必要なのか。おそらく、民意は神（仏）の意志だと考えられるからではないだろうか。

多数決の「原理を採用した多くの民族において、それは『神慮』や『神意』を問う方式だった。……古代の人びとは、将来に対してどういう決定を行なってよいかわからぬ重大な時には、その集団の全員が神に祈って神意を問うた。そして評決する。すると多数決に神意が現れると信じたのである。……『神意』が現れたら、それが全員を拘束する」[37]と、山本七平は喝破した。

政治の要諦は、民意を吸い上げることである。その民意を無視したら、社会で反発が起き、政府と民衆の間で軋轢が生じる。そのまま、社会矛盾を放って置けば、必ず社会全体が不安定になるだろう。

仮に、中国共産党が普通選挙を導入すれば、民意が反映されやすくなり、クーデターや革命のリスクは減るに違いない。そして、もし同党の政策的失敗があれば、トップ・リーダーを替えれば良いのではないだろうか。あるいは、共産党が下野し、合法的野党に政権を譲る。これならば、台湾のように、スムーズな平和的な政権交代が行われるだろう。

ところが、中国のような独裁国家では、平和的政権交代は極めて難しい。それどころか、武力によるクーデターや革命によって、政権交代が起きる。その場合、流血は必至だろう。

よく知られているように、中国には「易姓革命」の伝統がある。易姓とは、姓、すなわち王朝名を変えるという意味である。秦王朝が誕生して以来、革命によって王朝名は次々と変わった。

おそらく、現在の体制下では、〝共産党王朝〟も「易姓革命」によって、次期王朝が誕生する公算が大きいのではないだろうか。

ところで、中国で「陳情」(請願)は、政治参加と言えるかもしれない。確かに、中央政府に対し訴える「陳情」も合法的な手段[38]である。

ただ、地方に住んでいれば、北京まで遠い。行くまでに時間とカネがかかる。また、「陳情」はコネがない限り、すぐには受け付けてもらえない。北京で何日も、場合によっては、何十日も待たされる。

たとえ中央政府に「陳情」が取り上げられても、自身の主張が認めらえる可能性は極めて低い。それは、①全国的に「陳情」件数が非常に多いし、②地方政府が、その「陳情」を妨害し、やめさせようとするからである。

後者の場合、その「陳情」の中に地方政府への問題点が含まれているとすれば、同政府の汚点・恥になり、官僚が処罰を受ける。地方政府は、その点を非常に恐れているからである。

一方、中国共産党支配下の中国大陸では、本来、合法的なはずの政治参加（デモ・スト）が事実上、禁じられている。

中華人民共和国憲法では、デモやストライキの権利は保障されているはずである。「第三十五条　中華人民共和国の国民は、言論、出版、集会、結社、行進及び示威の自由を有する」と書かれている。[39]

しかし、民衆によるデモやストは原則、〝違法〟とされる。そして、政府は警察（中国語では公安）を使って、デモやストを弾圧する。最悪の場合、武装警察、人民解放軍まで投入する。その好例が1989年の「6・4天安門事件」ではないだろうか。

6　監視体制と宗教者・少数民族への弾圧

独裁主義や社会主義の場合、往々にして「秘密警察」が存在する。[40]これは、ジョージ・オーウェルが描いた小説『1984年』の中に登場する「思想警察」に相当するのではないか。

中国の場合、〈公安部〈＝警察〉ではなく〉国務院に所属する国家安全部が「秘密警察」に相当しよう。同安全部の下位機関として、新華社や中国人民対外友好協会、中国国際交流協会、中国国際友好協会、中国国際人材交流協会等がある。

他方、1999年4月、天安門広場で、法輪功による北京政権への抗議が行われた。これに驚いた江沢民政権は、同年6月10日、法輪功迫害機関である「610弁公室」を立ち上げた。法輪功修練者を〝自由〟に逮捕し、裁判もなく処刑した。その際、法輪功修練者から生きたまま臓器を取り出していたという[41]。ただ、2018年3月、「610弁公室」は格下げとなった。

一般に、中国では、学校や企業、住民委員会など、多くの組織で共産党員（あるいは共産党委員会）が監視の眼を光らせている。そのため、一部の人々に反体制的・反共産主義的な言動があれば、すぐに上部組織へ伝達される。その場合、彼らは、何らかの処分を受ける。彼らは、まず、共産党から「自己批判」を強要されるだろう。これで済めば、ある意味、幸運かもしれない。それを拒めば、彼らに待っているのは拷問や投獄である。時には、精神病院送りになるかもしれない。

不服があっても、訴訟を起こして、裁判まで持っていける可能性は少ない。ただ、たとえ、裁判を行っても勝利は難しいだろう。検事や裁判官はほとんどが共産党員である。つまり、検事と判事は〝仲間〟だと言っても良い。そして、基本的に、「中国における法律の最終解釈権は役人（行政官僚）にある[42]」。

さて、中国共産党は、1990年代から、「金盾計画[43]」で、出入国管理、指紋データバンク、音声認識・映像・顔認識システム、電子メールや電話の傍受等が可能なシステムの完成を目指した。そして、国民や中国在住外国人の監視および情報収集の総合的なシステムを構築して行く。

金盾の一部「グレート・ファイア・ウォール」（中国語では「防火長城」、英語ではGreat Firewall）は、中国本土のインターネットの大規模情報検閲システムである。

最新のデジタルシステムは、顔認証システムに優れていて、瞬時に数人・数十人の人物を特定できる。監視カメラとAIを組み合わせた「天網」というシステムが構築された。そのカメラ数は、6億台[44]とも言われる。

オーウェルの『1984年』には「テレスクリーン[45]」という装置が描写されているが、それに似たシステムが、中国でほぼ完成したのである。これを「デジタル独裁主義体制」と呼ぼう。初めは、このシステムは都市だけで作動していたが、近年では農村部にまで導入されている。

さて、中国共産党にとっては、少数民族の住む内モンゴル自治区、チベット自治区、新疆ウイグル自治区は、支配の重点地域である。特に、新疆ウイグル自治区では、この「デジタル独裁主義体制」がよく機能していると考えられる。

他方、SNS上では、「ネットポリス」が常に、ネットユーザーの書き込みや動画等を監視している。そして、党や政府への批判の文章等をたちまち削除する。

また、中国共産党は「五毛党」（主に、定職のないアルバイトで暮らしている人たち）に党・政府に都合の良い記事だけを1本5毛（＝0・5元。約10円）で書かせている。他方、「小粉紅（＝未熟な共産主義者）」（通称「ピンク」ちゃん）[46]が心底から党・政府を応援している場合もある。これは、共産党による〝洗脳教育〟の賜物だろう。彼らは、（愛国心というよりも）〝愛党心〟が強く、「極左」（日本語では反対の「極右」）である。このような若者が多くなればなるほど、対外関係を良好に保つのは難しくなるのではないか。

周知の通り、中国大陸では自由な信仰が認められていない。実際、中華人民共和国憲法の「第三十六条　中華人民共和国の国民は、信教の自由を有する」[47]とある。

更に「国家機関、社会組織、個人は、国民に宗教を信じること、信じないことを強制したり、宗教を信じる国民と信じない国民との間で差別をしたりすることはできない。／国家は通常の宗教活動を保護する。何人も、宗教を利用して、社会秩序を損ない、国民の身体的健康を害し、または国の教育制度を妨害するような活動を行うことはできない。宗教団体や宗教的な事柄は、外国勢力の支配を受けることはない」[48]と書かれている。

本来ならば、憲法に記されているように、信仰の自由は保障されるべきだろう。ところが、「無神論」を唱える中国共産党は、一貫して宗教を敵視してきた。とりわけ、習時代になると、ほとんどの宗教は、事実上、禁じられ、多くの宗教は弾圧を受けている。

中国でも、三大キリスト教派であるプロテスタント、カトリック、正教会は、それぞれ組織的な制度を有す。注目すべきは、バチカンから独立しているカトリック系「中国天主教愛国会」[49]の存在ではないか。中国共産党の〝お墨付き〟を得ている。他方、同愛国会に属さない未認可の教会、いわゆる「地下教会」も存在する。

ところが、近年、中国共産党は、主にカトリック教会をターゲットとし、教会の十字架を爆破したり、除去したりしている。

また、キリスト教だけでなく、仏教に対しても弾圧が行われている。例えば、2019年2月、河北省石家庄にある世界一の高さを誇る垂直の岩彫り観音像が破壊された。

以上のように、カトリック教会や寺院への当局の〝干渉〟については枚挙にいとまがない。

一方、少数民族を弾圧している。特に、チベット族やウイグル族等への風当たりが強い。

例えば、チベット族に対しては、宗教弾圧だけでなく、民族言語も抑圧している[50]。チベット語を学ばせず、中国語学習を強いる。当然、チベット族は、それに反発している。中国共産党は、民族教育を否定し、少数民族の「中国化（漢化）」を目指していると考えられよう。

他方、ウイグル族は、圧倒的にイスラム教徒が多いので、再教育キャンプ（事実上、強制収容所）へ隔離し、〝強制労働〟をさせているという[51]。その数は、少なくとも100万人以上だと言われる。

7　「第2文化大革命」の発動

ハンナ・アーレント流に言えば、ナチス・ドイツのヒトラーにしても、ソ連邦のスターリンにしても、（おそらく「新中国」の毛沢東にしても）熱狂的な「大衆の支持」や「大衆の信頼」[52]が根源にあったのだろう。

現在、中国共産党の政権トップにある習近平主席も「個人崇拝」を望んでいる。おそらく、一時的だが、習主席も人民の支持を受けていたと言えるかもしれない。

まず、2012年11月、習政権が誕生して以来、習主席が提唱した「中国の夢」＝「中華民族の偉大なる復興」は、中国人が待ち望んでいたカタルシス的感情（19世紀の「阿片戦争」以来、中国は100年余り、日本を含む西欧列強に虐げられてきた）[53]を満足させたのではないか。

次に、習主席が王岐山（中央規律検査委員会書記〈当時〉）と共に発動した「反腐敗運動」で、腐敗[54]した大物政治家・官僚が次々と失脚し、人民は胸のすく思いだったのではないだろうか。

現在の習政権の特徴は、習主席自身が、鄧小平を超えて毛沢東になる、あるいは、毛沢東以上の存在になるという野望を持つ。そのためか、習主席は、自分に権力が集中するよう、鄧小平の「改革・開放」政策（＝資本主義政策）をやめ、社会主義路線へ回帰した。

そこで、「国退民進」（国有セクターが縮小し、非国有セクター〈民営セクター〉が拡大）から「国進民退」（国有セクターが拡大し、非国有セクター〈民営セクター〉が縮小）が起こり、経済が停滞するようになった。

20世紀最大の実験であった社会主義は、中国・旧ソ連邦・インドにおいて失敗した。なぜなら、社会主義は根本的に問題があったからである。

例えば、「鉱山で働く労働者の運命は、その鉱山が民営であろうと国営であろうと、少しも変わらない。…（中略）…どちらの場合にも、鉱山の管理がまずければ、したがって収益があがらなければ、従業員の待遇もまた悪化する…。ちがっているのは、国家に対してはストライキがいっさいできない、…そのために、…国家社会主義においては労働者の隷属性がまったく決定的に強まっている」[55]。

一方、社会主義とは「共同経済」であり、「第一に利潤を欠いている経済、すなわち私企業家が自己の危険負担で生産を管理するという状態の欠如している経済…（中略）…第二に、…企業家相互間の競争いわゆる生産の無政府状態が、みられない状態[56]」である。

倒産のない国有企業では、合理的な経営が行われるかどうか疑問である。同時に、国有企業は放漫経営に陥りやすいのではないだろうか。他方、企業間で生産の競争が行われない場合、技術革新（イノベーション）が起こりにくい。そのため、競争力のある資本主義に敗北したと考えられよう。

もっとも、鄧小平路線の「改革・開放」でさえも、自己矛盾をはらんでいたのかもしれない。「中国企業は事業を拡大して国際企業としての地位を確立したいと望んでいるが…（中略）…それがうまくいかない……その根本原因は企業が国から独立できていないことにある。…中国共産党は改革開放を進めながらも、民間部門が力をつけ、党から独り立ちして政治上の対抗勢力となることを恐れている。この恐れこそが中国企業の足を引っ張っている。つまり、中国政府は一方で自国企業の活躍を望みながら、他方で彼らを抑え込むという自家撞着に陥っている[57]」のかもしれない。

また、習主席は毛沢東に倣って「第2文化大革命」を発動した。鄧小平時代、中国共産党は、「文化大革命」を完全に否定した。同時に「個人崇拝」も否定した。それにもかかわらず、習時代に入ると、それらの復活を許している。つまり、中国共産党は、「文革」をまったく反省していなかったのである。

ちなみに、習主席の始めた「第2文革」は、重慶市トップだった薄熙来が先鞭を付けた。習主席は、それを〝全国的〟に推し進めたに過ぎない。

まず、習主席は、大学で西洋的価値観である自由・民主主義について教えるのを否定した。その後、かつての「文革」的要素が徐々に増えていく。例えば、習主席への「個人崇拝」の勧め、（教師や親に対する）「密告制度」

等の復活である。

一方、新しく出現したＩＴ産業への「共同富裕」（胡錦濤政権時、一時、検討された[58]）という美名で、多額の寄付金やチャリティーを求めている。おそらく、他の既存産業には、中国共産党の権益がすでに確保されているのではないか。だが、新興ＩＴ企業に関しては、党がまだその権益を獲得していなかったので、そこから富を〝収奪〟するつもりなのではないのだろうか。

もし、本当に中国共産党が国内で「共同富裕」を目指すならば、まず、相続税[59]や財産税（例：日本の固定資産税）等を設けるべきではないだろうか。

そのため、中国の貧富の差を表すジニ係数（0～1の間で、数が小さいほど社会的に平等で、逆に、数が大きいほど不平等。０・6を超えると革命が起きやすくなると言われる）が２０２０年現在、０・７０4という信じ難いほどの高い数字[60]となっている。世界では、普通、０・2～０・4程度だが、この数字を見る限り、すぐにでも同国に革命が起きても不思議ではない状況である。

中国芸能界にも厳しい目が向けられている。同業界には、昔からテレビ会社や映画会社等と芸能人の間で、「陰陽契約」（税金対策で、正式な表の額は3割、裏の額〈脱税分〉は7割）が結ばれてきた。有名女優、范冰冰・趙薇（ヴィッキー・チャオ）・鄭爽などがその槍玉に上がっている。

また、ゲーム業界にもメスが入った。そのため、ゲーム会社がどんどん潰れている。他方、塾（一般の習い事を含む）や予備校への規制も厳しく行っている。

習時代には、集団指導制が失われ、独裁制となった。そのため、時宜に適した政治・経済政策か否かは一切問われずに、習主席の志向する政策だけが実行されている。

具体的には、以下の通りである。

①前述の「国進民退」を推進、
②「混合所有制」改革の導入（ゾンビないしはゾンビまがいの国有企業と活力ある民間企業の合併を行い、国有企業を救済。だが、民間企業の活力を奪う）、
③「一帯一路」で、巨額な対外投資を実施（実際、アフリカでは、多くの案件で回収が不可能となっている）、
④「戦狼外交」（＝対外強硬政策）を展開（そのため、中国外交は〝八方ふさがり〟となった）、
⑤すでに触れたが、「共同富裕」の名の下に、ＩＴ関連企業へ慈善事業と称する多額の献金要求、
⑥国有企業をはじめ、民間企業、果ては外資企業でも「習近平思想」の学習を強制（同思想を学んでも、ほとんど経営には役立たないだろう）、
⑦新型コロナに対し、厳しい「ゼロコロナ政策」（ワクチン接種やＰＣＲ検査）を実施し、都市ではしばしば「ロックダウン」を敢行（そのため、経済が回らなくなった）、
⑧「近代化」された香港は、世界への貿易や金融経済の窓口であった。そして、鄧小平は香港の「1国2制度」50年間不変と世界に公約していたはずである。

ところが、習政権は「1国2制度」下にあった香港を中国本土並みの「1国1制度」に変えてしまった。いくら上海市や深圳市が香港に代わる金融都市になったとは言え、「近代化」された香港の存在価値は大きかったのではないだろうか。

8　中国と台湾・ロシアの政治体制の相違

そもそも、台湾と中国の違いはどこにあるのだろうか。

まず、台湾は我が国の九州よりやや小さな海洋国家であるし、中国は巨大な大陸国家である。一般的に、海洋国家は、自由な気風に溢れている。だが、大陸国家は、保守的な国が多い。両者は、その典型ではないか。

次に、17世紀、オランダが台湾に入植した時、台湾の歴史が始まる。島には、紀元前から台湾原住民(61)が住んでいたが、その詳細な歴史は未だ解明できていない。したがって、台湾の歴史はオランダ入植時から開始したと言っても過言ではないだろう。

そして、長きにわたり、台湾は「外来政権」の歴史を有している。しかし、ようやく近年（２０００年）、１９８６年、台湾島内で結党された民主進歩党（民進党）が政権を奪取(62)して、「外来政権」の歴史に終止符を打った。

他方、中国は数千年の悠久の歴史を持つ。そして、秦帝国以来、２０００年以上、「易姓革命」による王朝の交代劇が起きた。そして、次から次へと新王朝が誕生したが、そのたびに中国大陸では大変動が生じている。

さて、１９４９年、第二次世界大戦後、国民党の蒋介石が「国共内戦」毛沢東率いる中国共産党に敗れ、〝遷都〟という形で台湾へ逃げ込んだ。

そして、蒋介石は台湾で独裁制を敷いていた。ところが、息子の蒋経国は、独裁制から徐々に民主主義の方向へ舵を切る。そして、蒋経国は、晩年、台湾の民主主義体制を目指した。

ひょっとすると、その直接的契機となったのが、１９８４年10月に起きた「江南事件(63)」ではないだろうか。米フランシスコに住む台湾系米国人、劉宜良〈ペンネームは江南〉が『蒋経國伝』を執筆した。その記述に不満を持った台湾国防部は、ヤクザ組織の竹聯幇を雇って、江南を殺害した。それに激怒した米レーガン政権が台北に対し、即座に「民主化」を求めたのである。

更に、１９８８年1月、蒋経国が急逝した。副総統だった李登輝がその跡を継ぎ(64)、矢継ぎ早に「民主化」政策を打ち出した（例：総統選挙の民選）。そして、台湾は完全に「民主化」された（これを「台湾経験」という）。その基盤には、日本による台湾統治があったからではないだろうか。

一方、前述の通り、(日本を含め) 西欧列強は一国で中国を完全に植民地化できなかった。仮に、中国大陸が西欧列強の1国に、数十年間、統治されていたら、インドのように、多少なりとも民主主義の〝芽〟が根付いていただろう。

多くの中国人は、古代から続く皇帝型政治が〝当たり前〟と考えている。だからこそ、1980年代後半の時期を除けば、民主化運動も決して盛り上がる事はなかった。それさえも、1989年「6・4天安門事件」で終焉を迎えている。

歴史の〝if〟は意味がないかもしれないが、「もし胡耀邦、趙紫陽、万里の三人が一致して胡・趙・万体制を作り上げていたら、中国の改革は別の様相を呈していたのではないか[65]」と思われる。結局、「胡耀邦と趙紫陽が団結せず、行動を一致させなかったので左派につけ込まれ、最初に胡耀邦が、続いて趙紫陽が倒された。改革勢力を代表する二人が一人ずつ倒れていった[66]」のだろう。そのため、「上からの民主化」の機会を失っている。

ところで、しばしば中国とロシアの独裁体制が一緒に論じられる事が少なくない。確かに、一見すると、両者の体制は酷似している。

けれども、中国とロシアでは、その内実はだいぶ異なる。それを単純に一色単にして語って良いのか、疑問の余地があるだろう。

第1に、ロシアには、普通選挙が存在する。一般民衆が選挙権を持つ。たとえ政府が選挙干渉しても、実施されているという事実は大きい。

ロシアには、大統領選挙 (任期は当初4年であったが、2008年の憲法改正により任期は6年に延長) がある。現在、プーチン大統領も、2018年の選挙で選出された。また、知事らも選挙で選出されている。他方、中央・

地方ともに議会選挙を実施している。

第2に、ロシアには、一応、〝合法的野党〟が存在する。プーチン政権に弾圧されても、野党は政権に批判である。

第3に、ロシアでは、メディアがすべて政府系という訳ではない。ごく少数であるが、独立系（反政府）メディアも存在する。(67)

第4に、政府は、海外メディアに割と寛容である。ロシアでは、デモの様子が海外メディアに捉えられている。だが、中国では、その取材自体が難しい。

一方、既述の如く、まず、中国では、ごく末端の基層レベルの選挙しか行われていない。確かに、農村で村長や村民委員会を選ぶ制度は存在する。けれども、国家主席選挙や全国的な（省市長や省市議会委員を選ぶ）地方選挙は実施されていない。

次に、中国には〝合法的野党〟が存在しない。確かに、1998年6月に結党された「中国民主党」は存在している。だが、非合法なので、地下に潜らざるを得ないのである。

そして、今や中国に官製メディアしか存在しない。そのため、公には、統一された情報しか流れていないのである。つまり、メディアは人民を〝洗脳〟するための機関に堕した。習主席が登場する前には、「独立系メディア」に近いマスコミも存在していた。しかし、習政権の圧力のため、面白い記事が書けなくなった。

9　むすびにかえて

さて、独裁主義中国が「民主化」するには、まず、今の中国共産党体制が崩壊する必要があるのかもしれない。

「民主集中制」という名の独裁主義は、「民主化」には不向きな政治システムだからである。

今の中国経済を見ると、中国共産党政権の将来は必ずしも楽観できないのではないだろうか。なぜなら、「リーマン・ショック」を遥かに超える巨大な〝不動産バブル崩壊〟の危機が迫っているからである。おそらく、バブルが弾けるのは時間の問題ではないだろうか。これをくい止めることは、もはや北京政府には難しいかもしれない。そして、経済危機が起これば、必ずや政治危機に陥るのは必至である。

しかし、現時点では、いつ共産党政権が崩壊するのかわからない。現在の体制が瓦解した場合、「ソ連邦」の崩壊時より、国内的大変動をもたらすのではないだろうか。清末民初のように現在の人民解放軍が、かつての軍閥のように、各地域で割拠する可能性が高い。

なぜなら、人民解放軍は、正確には「国軍」ではないからである[68]。それどころか、「党軍」にもなっているとは思えない。解放軍は「一枚岩」という〝幻想〟を持っている人たちが多いが、実は、同軍は単に〝ゆるやかな連合体〟に過ぎない。したがって、共産党体制が消滅すれば、おそらく各軍隊が勝手に動き出すだろう。そして、内戦が勃発する公算が大きい。

ひょっとすると、中国が分裂して、いくつかの「新独立国」が誕生する可能性も排除できない（内モンゴル・チベット・新疆ウイグル地域は「独立」した方が各少数民族にとっては幸福なのではないだろうか）。（香港を含む）南部や沿海部の豊かな地域の「新独立国」ならば、民主主義が導入されるかもしれない。

けれども、漢民族は統一された王朝を好む傾向（「大一統」）がある。ひょっとすると、カリスマを持つ人物が出現して、再び中国大陸に「新王朝」を樹立するかもしれない。まさに、「易姓革命」である。

ただし、「貧困は、民主主義の発展にとって一つの、そしておそらく最も基本的な障害[69]」かもしれない。そして、中国は、人口の80％が手取り月収5万4000円未満で暮らしているように、全体として未だに貧しい[70]。そこで、

「新王朝」が「民主化」を実現するにはかなり長い歳月がかかるだろう。したがって、もし、中国が「民主化」を望むならば、開明的指導者、あるいは、開明的党が、上からの「民主化」を成し遂げる必要があるのかもしれない。

注

（1）マックス・ウェーバー（訳者代表　出口勇蔵）『世界思想教養全集　18ウェーバーの思想』（河出書房新社、1962年）、「社会主義」382頁。
（2）ロバート・ベラー（池田昭訳）『徳川時代の宗教』（岩波書店、1996年）、16頁。
（3）同右、25頁。
（4）ロバート・ベラー（堀一郎・池田昭訳）『日本の近代化と宗教倫理』（未来社、1966年）、184頁。
（5）サミュエル・ハンチントン（内山秀夫訳）『変革期社会の政治秩序（下）』（サイマル出版会、1972年）、437頁。
（6）木宮正史『国際政治のなかの韓国現代史』（山川出版社、2012年）、61頁。
（7）王育徳・宗像隆幸『新しい台湾――独立への歴史と未来図』（弘文堂、1990年）、「第七章　中国人と全面対決へ――国府時代（一九四五年～一九六三年）」（160―206頁）参照。
（8）小倉紀蔵編『現代韓国を学ぶ』（有斐閣選書、2012年）、164頁。
（9）平野健一郎・山影進・岡部達味・土屋健治『アジアにおける国民統合――歴史・文化・国際関係』（東京大学出版会、1988年）、120―125頁参照。
（10）佐藤宏・岩崎育夫編著『アジア政治読本』（東洋経済新報社、1998年）、「第6章　シンガポール――人民行動党の長期支配構造」（119―133頁）参照。
（11）ジョージ＝アキタ・ブランドン＝パーマー（塩谷紘訳）『「日本の朝鮮統治」を検証する』（草思社、2013年）、37―38頁、及び、100―101頁。
（12）礒﨑敦仁・澤田克己『LIVE講義　北朝鮮入門』（東洋経済新報社、2010年）、104頁。
（13）斎藤直樹『北朝鮮危機の歴史的構造　1945―2000』（論創社、2013年）、472、473頁。
（14）若林正丈編『もっと知りたい台湾〔第2版〕』（弘文堂、1998年）、180―181頁。

(15) ベネディクト・アンダーソン(白石さや・白石隆訳)『〔増補〕想像の共同体――ナショナリズムの起源と流行』(NTT出版、1997年)、153頁。
(16) 同右。
(17) 今堀誠二『中国の民衆と権力』(勁草書房、1973年)、9頁。
(18) 前掲、『世界思想教養全集 18ウェーバーの思想』「プロテスタンティズムの倫理と資本主義の『精神』」259頁。
(19) 同右、256頁。
(20) マックス・ウェーバー(木全徳雄訳)『儒教と道教』(創文社、1971年)、173頁。
(21) 同右、19、23頁。
(22) 費孝通(西澤治彦訳)『〔風響社あじあブックス別巻③〕郷土中国』(風響社、2019年)、168頁。
(23) 同右、169頁。
(24) 前掲、『儒教と道教』175頁。
(25) 同右、174頁。
(26) 小室直樹『【新装版】小室直樹の中国原論』(徳間書店、2021年)、102頁。
(27) 同右、104頁。
(28) 張萍編著(杉山太郎監訳・馬場節子訳)『中国社会の病理』(亜紀書房、1997年)、75頁。実際、黒社会とつながっている「幇」も存在する。
(29) 監修者・綾部恒雄、編者・野口鐵郎『〔結社の世界史2〕結社が描く中国近現代』(山川出版社、2005年)、84―89頁。
(30) 同右。
(31) 外務省情報部編『支那讀本(國際讀本第一巻)』(改造社、1938年)、37頁。なお、本稿では、旧仮名遣いを新仮名遣いに直している。
(32) 暁冲(高岡正展訳)『汚職大国・中国 腐敗の構図』(文藝春秋、2001年)、21、23頁。
(33) 金文学『「混」の中国人――日本人が知らない行動原理の裏の裏』(祥伝社、2008年)、57、60頁。
(34) エズラ・ヴォーゲル(益尾知佐子・杉本孝訳)『現代中国の父 鄧小平〔下〕』(日本経済新聞出版社、2013年)、2

９３—２９５頁。及び、張良編・監修、アンドリュー・Ｊ・ネイサン＆ペリー・リンク（山田耕介・高岡正展訳）『天安門文書』（文藝春秋、２００１年）、54—58頁。

（35）ギ・ソルマン（山本知子・加藤かおり訳）『幻想の帝国——中国の声なき声』（駿河台出版社、２００８年）、１９８頁。

（36）『中華人民共和国中央人民政府』「全国人民代表大会常務委員会関於修改《中華人民共和国村民委員会組織法》《中華人民共和国城市居民委員会組織法》的決定」（http://www.gov.cn/xinwen/2018-12/30/content_5353498.htm）（２０２２年９月３日閲覧）。

（37）山本七平『日本人とは何か。——神話の世界から近代まで、その行動原理を探る』（祥伝社、２００６年）、「第６章〈民主主義〉の奇妙な発生」（２０７頁）。

（38）何清漣（中川友訳）『中国の闇——マフィア化する政治』（扶桑社、２００７年）、１５６頁。

（39）「中華人民共和国憲法」（http://www.gov.cn/guoqing/2018-03/22/content_5276318.htm）。（２０２２年９月２日閲覧）。

（40）ジョージ・オーウェル（新庄哲夫訳）『〔ハヤカワ文庫〕１９８４年』（早川書房、１９７２年）、９頁。

（41）『日本ウイグル教会』（https://uyghur-j.org/japan/wp-content/uploads/2022/05/JUA_Newsletter_No26_20220510.pdf）（２０２２年９月５日閲覧）。

（42）前掲、『【新装版】小室直樹の中国原論』１００頁。

（43）『中国数字空間』「金盾工程」（https://chinadigitaltimes.net/space/%E9%87%91%E7%9B%BE%E5%B7%A5%E7%A8%8B）（２０２２年９月５日閲覧）。

（44）『蘋果日報』「中國天網將設近6億監視器　網友：像住動物園」（２０１８年５月22日付（https://tw.appledaily.com/international/20180522/D3FN7I4UQOZIXJ5DX6OZG2AVQM/）（２０２２年９月５日閲覧）。

（45）前掲『１９８４年』、８頁。

(46)『自由時報』「台藝人、澳選手都被鬥 他說：小粉紅就是現代紅衛兵」(https://news.ltn.com.tw/news/world/breakingnews/1792156)(2022年9月5日閲覧)。

(47)「中華人民共和国憲法」(http://www.gov.cn/guoqing/2018-03/22/content_5276318.htm)(2022年9月2日閲覧)。

(48)同右。

(49)『中国天主教』HP(https://www.chinacatholic.cn/)(2022年9月5日閲覧)。中国で「中国天主教愛国教会」HPが存在するということは、すなわち「中国天主教愛国会」がとりもなおさず、「親共産党」である。そうでなければ、たちまち、そのHPは削除されてしまうだろう。

(50)ペマ・ギャルポ『チベット入門』(日中出版、1987年)、「チベットの宗教(宗教の発達)・チベットの文化」(61―70頁)参照。

(51)「国連人権高等弁務官事務所(OHCHR)中国新疆ウイグル自治区における人権に関する懸念の評価」(https://www.ohchr.org/sites/default/files/documents/countries/2022-08-31/22-08-31-final-assesment.pdf)。(2022年9月1日閲覧)。

(52)ハンナ・アーレント(大久保和郎・大島かおり訳)『[新版]全体主義の起源3』(みすず書房、2017年)、4頁。

(53)マイケル・ピルズベリー(野中香方子訳、森本敏解説)『China2049――秘密裏に遂行される「世界覇権100年戦略」』(日経BP社、2015年)、30―33頁。

(54)「腐敗とは、私的目的に仕えるために、承認された規範から逸脱する官公吏の行動である」(サミュエル・ハンチントン(内山秀夫訳)『変革期社会の政治秩序(上)』(サイマル出版会、1968年)、55頁)。

(55)前掲、『世界思想教養全集 18ウェーバーの思想』(河出書房新社、1962年)、「社会主義」(393頁)。

(56)同右、392頁。

(57)ティエリー・ウォルトン(橘明美訳)『中国の仮面資本主義――党エリートに壟断される経済と社会』日経済BP社、2008年、108―109頁。

(58)日本経済研究センター・清華大学国情研究センター編『中国の経済構造改革』(日本経済新聞社、2006年)、180

――181頁。胡錦濤政権時、一時、「共同富裕」が検討されようだが、SARS流行のため導入されていない。
(59) 同上、182―183頁。
(60) 任泽平「任泽平谈中国收入分配报告2021：现状与国际比较」(2021年8月19日)(http://finance.sina.cn/zl/2021-08-19/zl-ikqciyzm2284174.d.html)。
(61) 笠原政治・植野弘子『アジア読本　台湾』(河出書房新社、1995年)、「先住民族に流れた四〇〇年の時間」(20―27頁)参照。
(62) 宗像隆幸『台湾建国――台湾人と共に歩いた四十七年』(まどか出版、2008年)、211頁。
(63) 喜安幸夫『台湾の歴史――古代から李登輝体制まで』(原書房、1997年)、198―199頁。
(64) 鄒景雯(金美齢訳)『李登輝闘争実録　台湾よ』(産経新聞社、2002年)、49―50頁。
(65) 宗鳳鳴(高岡正展編訳)『趙紫陽――中国共産党への遺言と「軟禁」15年余』(ビジネス社、2008年)、188頁。
(66) 同右。
(67) 木村汎・佐瀬昌盛編『プーチンの変貌？――9・11以後のロシア』(勉誠出版、2003年)、「第10章　プーチンのメディア政策」(232―255頁)参照のこと。
(68) 竹田純一『人民解放軍――党と国家戦略を支える230万人の実力』(ビジネス社、2008年)、85頁。
(69) サミュエル・ハンチントン(坪郷實・中道寿一・藪野祐三訳)『第三の波――二十世紀後半の民主化』(三嶺書房、1995年)、299頁。
(70) 下図参照。

表３－１　中国の五分位階層別（各20%）１人当たりの年間可処分所得（“手取り”年収）円

	“手取り”年収（元）	“手取り”年収（円）	“手取り”月収（円）	1日当たり（円）
低所得層	7868.8	121,809	10,151	334
下位中所得層	16442.7	254,533	21,211	697
中所得層	26248.9	406,333	33,861	1,113
上位中所得層	41171.7	637,338	53,112	1,746
高所得層	80293.8	1,242,948	103,579	3,405

注：2020年の元円のレートを１元，年平均15.48円に設定。
出典：『中国統計年鑑』（2021年）

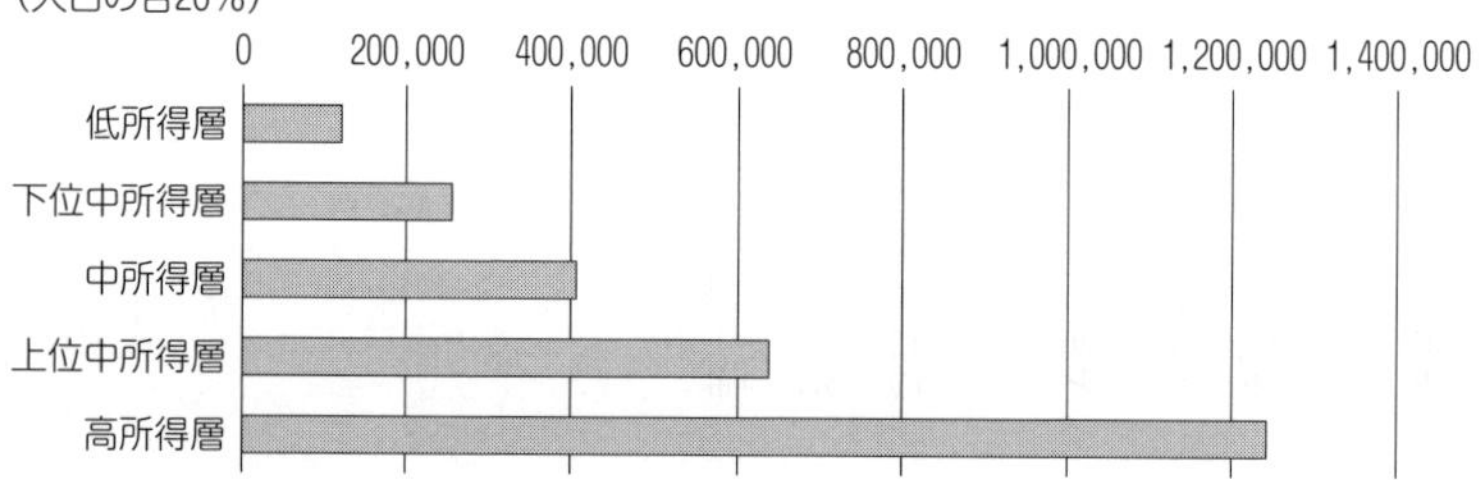

図３－１　2020年中国各層１人当たりの“手取り”年収（円）
出典：『中国統計年鑑』（2021年）

第4章　一党独裁と個人崇拝
——北朝鮮の独裁政治——

宮本　悟

1　はじめに

北朝鮮（朝鮮民主主義人民共和国）は、世界でもかなり強い独裁政治を布いている国家と見られている。人々の自由は大きく制限され、政党間に競争はなく、社会主義経済システムを中心にしているために市場経済は限られており、基本は計画経済である。しかも、最高指導者が金日成とその子孫であるため、時には王朝と揶揄されることもある。

しかし、北朝鮮は、統治機構が脆弱な前近代社会の王朝とは全く異なり、強力な統治によって社会の人々の自由を大きく制限している。前近代社会の王朝では税さえ納めていれば、人々は政治とあまり関係がない。北朝鮮ではそうはいかない。北朝鮮では、政治が人々の日常生活の隅々にまで影響を与えている。

北朝鮮の問題は、王朝のような統治の弱さではなく、他に類を見ない統治の強さなのである。そのため、北朝鮮は、ある程度は多元性がある権威主義体制とも異なる。北朝鮮は個人の自由に大きな制限を加える全体主義体制なのである。

北朝鮮については、海外では最高指導者ばかりが注目される傾向がある。しかし、国内の人々の日常生活で重要になるのは、最高指導者ではなく、支配政党である朝鮮労働党の組織である。社会主義国家である北朝鮮は、中国やベトナムと同じく、一党独裁であるために、党組織が社会のあらゆるところに設置されている。しかも、中国やベトナムに比べても、北朝鮮の独裁政治は強いように見える。北朝鮮では、どのようにして一党独裁が成立し、どうやってそれを維持しているのであろうか。また北朝鮮で最高指導者に対する個人崇拝が強いのは、なぜであろうか。それらを明らかにすることによって、北朝鮮の全体主義体制の姿を捉えることができよう。

2 一党独裁

民主政治といっても大統領制や議院内閣制などの政治制度の違いがあって政治過程が大きく異なるように、独裁政治といっても各国の違いは大きい。ムアンマル・アル＝カダフィが最高指導者であったリビアやアレクサンドル・ルカシェンコ大統領が統治するベラルーシのような個人独裁と、北朝鮮や中国のような一党独裁では政治過程で違いがある。個人独裁では独裁者の能力や人格、名声などが大きく政治過程に反映される。官僚組織があっても、スポイルズ・システム（猟官制）が取られることが多く、その専門能力は低い水準に留められることが多い。独裁者と意見を違えれば追放されることもある。個人独裁における最高指導者は私人の要素が強く、カダフィのように公職に就いていなかった場合すらある。個人独裁の場合は、その個人の独裁者が死亡したり、失脚したりすれば、体制が変わることもよくある。

一党独裁では、党の規律と方針が政治過程に大きく反映される。また個人独裁と異なって、最高指導者が死亡したり、失脚したりしても一党独裁は続くことが多い。ただし、一党独裁でも、個人崇拝が進んで最高指導者の存在が際立って、個人独裁と区別がつきにくいことがある。ナチスにおけるアドルフ・ヒトラーや国家ファシスト党におけるベニート・ムッソリーニはよく知られた例である。共産主義政党でも、個人崇拝によって最高指導者の存在が際立つことがある。ソ連共産党のヨシフ・スターリンや中国共産党の毛沢東、アルバニア労働党のエンヴェル・ホッジャが代表的である。もちろん朝鮮労働党の金日成もその中に入る。ただし、たとえ際立った権力の存在とはいえ、少なくとも共産主義政党による一党独裁の最高指導者は公人の要素が強く、党の機能の一部である。

米朝首脳会談の開催に関して、北朝鮮外務省の顧問である金桂冠が語った２０２０年１月11日の談話が、北朝鮮の最高指導者の機能をよく示している。金桂冠は「周知のように、我が国務委員長とトランプ大統領の親交が悪くないのは事実である。しかし、そのような親交を土台に、もしかしたら我々が再び米国との対話に復帰するのではないかという期待感を持ったり、またその方向に雰囲気をつくろうと頭を使うのは愚かな考えである…たとえ、金正恩国務委員長が個人的にトランプ大統領に対して好感を持っているとしても、それはあくまでも文字通り〝個人〟的な感情であるだけで、国務委員長は我が国家を代表し、国家の利益を代弁する方としてそのような私的な感情を土台に国事を論じないであろう」と語った(1)。北朝鮮の最高指導者は、あくまで公人なのである。

一党独裁であるために、特に北朝鮮の官僚組織はメリット・システム（資格任用制）の要素が強い。専門性が重視されており、金正恩時代まではある役職に就けば長期間、異動がなかった。金日成時代の末期、20年近く人民武力部長（現在の国防相）の地位にいた呉振宇などは分かりやすい例である。

金正恩時代からは党官僚や軍人の任期が急に短縮されて、数カ月から数年の範囲に留められている。ただし、政府官僚の任期はまだ長いことがある。内閣閣僚の一つである陸海運相の姜宗官のように２０１２年から10年以上もその地位についたままの場合が見られる。しかも、内閣閣僚は基本的に官僚のたたき上げであり、いきなり全くの分野外の人物が閣僚になることは極稀である。それほど専門性が重視されている。

表４－１　北朝鮮の歴代国家元首一覧

任　期	氏名	職　位
1948-1957	金枓奉	最高人民会議常任委員会委員長
1957-1972	崔庸健	最高人民会議常任委員会委員長
1972-1994	金日成	主席（朝鮮労働党党首兼任）
1998-2019	金永南	最高人民会議常任委員会委員長
2019-現在	金正恩	国務委員会委員長（朝鮮労働党党首兼任）

一党独裁では、国家機関が党組織の指導下におかれる。それが分かりやすいのは議会の会期である。多党制や二大政党制の民主主義体制であれば、議会で各党による法案の審議が行われる。そのために議会の会期は比較的長い。日本の国会の会期は、通常国会は１５０日である（国会法第10条）。しかし、一党独裁である北朝鮮では、議会である最高人民会議で法案を各党が審議することはない。最高人民会議が開催される前に、支配政党である朝鮮労働党ですでに法案の審議は終わっている。すでに朝鮮労働党で審議された法案を最高人民会議の代議員が審議することはない。最高人民会議の代議員は提起された法案に賛成することが仕事である。そのため会期は極めて短期間である。最高人民会議の会期は定まっていないが、最短では1年に1回、1日だけということもある。大部分の最高人民会議の代議員は、常勤ではなく、普段は本職の業務に従事しており、最高人民会議が開催されるときだけ招集される。ただし、1年に1度しか法が採択されないわけでなく、常設機関である最高人民会議常務委員会で法が採択されることが多い（１９７２年から98年の間は最高人民会議常設会議）。対外的に国家を代表する国家元首である歴代の最高人民会議常務委員会委員長は、朝鮮労働党員であり、党序列2位である（最高人民会議常設会議議長は朝鮮労働党員であるが、国家元首ではなかったので、党序列はそこまで高くなかった）。

最高人民会議が支配政党である朝鮮労働党の統制下にある以上、議会から選出される行政機関も朝鮮労働党の統制下にある。そのために、国家元首や執政長官よりも、朝鮮労働党の党首に実権があることになる。北朝鮮の最高指導者とは、朝鮮労働党の党首のことを指している。表４-１で分かるように時代によっては、朝鮮労働党の党首と国家元首を異なる人物が務めていた時期もあったが、国家元首は朝鮮労働党の党首よりも序列が低い。まさに党が国家を支配する、または所有するのが一党独裁なのである。

3　北朝鮮の政治体制(2)

北朝鮮は自らの体制を民主主義と定義している。実際には、北朝鮮の政治体制は、政治学上の民主主義ではない。政治学上の民主主義とは自由民主主義である。北朝鮮はその自由民主主義を否定している。

北朝鮮の辞典によれば、民主主義とは「勤労人民大衆の意志を集大成した政治」であり、「真の民主主義は、唯一、社会主義的民主主義である」とされている。北朝鮮では、自らの体制を社会主義的民主主義としているのである。

北朝鮮では、自由民主主義を「第二次世界大戦後、現代帝国主義者たちの要求に合わせて、より狡猾で反動的に変色したブルジョア民主主義。極端な個人利己主義と黄金万能主義（腐敗した資本主義）に基づいた《自由》、《平等》、《人権》などのスローガンの下で、社会主義的民主主義を悪辣にけなし、侵略と内政干渉を振り回す反動的なブルジョア民主主義である」と定義して、西側諸国による悪質な政治体制としている。北朝鮮では政治学上の民主主義である自由民主主義を偽の民主主義と見なしていることが分かる。

自由民主主義を悪質な政治体制としているので、北朝鮮では自由主義も否定している。北朝鮮において自由主義とは「個人の《自由》を無原則に掲げながら、組織生活と組織規律を嫌い、自分の好きなように行動しようとする間違った思想と態度。個人の自由を絶対的に尊重するという理由で、自由意思に従う行動は干渉してはならないとしながら、国家と民族の運命はものともせず、個人の利益内容を満たして、自身の安逸と享楽を追求しようとするブルジョア個人主義的思想である」と定義している。

北朝鮮が民主主義と定義する社会主義的民主主義とは「勤労人民大衆の意志を集大成し、社会のすべてのメンバーが国家と社会の住人としての地位を有し、住人の役割を果たそうとする彼ら自身の政治。集団主義に基づき、社会的集団の社会政治的生命と社会共同の利益を擁護しながら個人の自由と平等を正しく結合させていく」という意味である。集団主義によって個人の自由よりも集団（社会・国家）の利益が優先されている。集団主義は、2019年に改正された現行の社会主義憲法の63条でも「朝鮮民主主義人民共和国で公民の権利と義務は《一人は全体のために、全体は一人のために》という集団主義原則に基づく」と定義されている。個人の自由が全くないわけではないが、集団主義に基づいて、社会集団のメンバーのお互いの監視によって個人の自由は大きく制限されている。

そのため西側諸国において個人の権利として考えられている人権の概念は、北朝鮮では否定されている。北朝鮮における人権の意味は、主権国家の権利であり、外国からの内政干渉や侵略を防ぐことである。ゆえに、グローバリゼーションも「1990年代初冷戦の終息と共に、米国から出てきて流布された反動的な思想である」と定義して、受け入れていない。

北朝鮮の政治体制は、政治体制を民主主義体制・権威主義体制・全体主義体制に分類したホアン・リンスの定義に従えば、全体主義体制に入る。全体主義体制は、「① 一元的であるが一枚岩ではない権力中枢があり、② 排他的で自律的な、しかも多少なりとも知的に洗練されたイデオロギーがあり、③ 政治的、集団的な社会活動に対する市民の参加と積極的な動員が奨励され、要請され、報酬で報いられ、単一政党と多くの一枚岩的な第2次集団を通して誘導される」と定義されている(3)。

北朝鮮は、その全体主義体制の特徴をすべて備えている。① 朝鮮労働党による一党独裁であるが、党内部では対立があって粛清もあり、②「金日成・金正日主義（主体思想）」と呼ばれる朝鮮労働党のイデオロギーが存在し、③マスゲームやパレード、生産運動（戦闘ともいう）など、ほぼ毎年のように何かの動員が行われており、ほぼすべての成年男女は朝鮮労働党の下にある何かの社会団体に所属している。

全体主義体制は、民主主義体制や権威主義体制とは異なり、第一次世界大戦後に誕生した新しい政治体制である。国家ファシズム党が一党独裁を成立させたイタリアが起源とされているが、20世紀には他にもナチス統治下のドイツやスターリン時代のソ連、毛沢東時代の中国などが全体主義体制として知られていた。21世紀に至っても全体主義体制を維持しているのは世界でも北朝鮮ぐらいと考えられている。しかし、今後、民主主義体制や権威主義体制から全体主義体制に転換する国家や地域が再び現れる可能性はある。

全体主義体制下の人々は不幸かというと、必ずしもそうではない。個人の自由が制限されているにもかかわらず、ナチス統治下のドイツのように、全体主義体制下の住民は歓喜さえ感じていることがある。それは北朝鮮でも同じである。

その謎を解く鍵の一つは、人々が享受できる自由には限界があるというカール・J・フリードリッヒのテーゼにあるだろう。人々は最大の自由よりも最小の自由を欲している。なぜなら人々が享受できる自由には限度があるからである。人々は新しい自由を手に入れるごとに、多くの新しい決定をしなければならない。それは人々にとって苦痛でもある。そのために、大多数の人々は、決定すべき事柄を喜んで他の人々に委ねるのである(4)。

自由と幸福の間の関係は明白ではない。自由だからといって、幸福であるとは限らない。それに、民主主義体制と全体主義体制は対極の位置にあるとはいえ、民主主義体制でも最大の自由はなく、全体主義体制でも全く自由がないわけではない。民主主義体制下の人々と全体主義体制下の人々の最も大きな違いは自由の大きさである。その自由の大きさが幸福の大きさを意味するわけではない。

イギリスのシンクタンクであるニュー・エコノミクス財団が発表する「国の幸福度」を測る指標である「地球幸福度指数（ＨＰＩ：Happy Planet Index）」の２０１９年版によると、北朝鮮は調査対象外であるが、１５２カ国中、中国は94位であるのに対して、米国は１２２位であり、韓国は１１０位である。民主主義体制の人々の幸福度が、中国よりも幸福度が低い場合がある。(5) これは自由が必ずしも幸福であるわけではないことを示しており、民主主義体制下の人々が全体主義体制下の人々よりも幸福とは限らないことを示唆している。北朝鮮の人々の自由が民主主義体制下の人々に比べて大きく限られていることは間違いないが、北朝鮮の人々が不幸かというと必ずしもそうとは言いきれない。

また、富裕と幸福の関係も明確ではない。北朝鮮の人々は平均的に貧しいにもかかわらず、韓国の人々よりも幸せそうにしていることがよく見受けられる。これは原始的な平等社会によく見られる幸福度の高さとよく似ている。(6) 原始的な平等社会には財も自由もほとんどない。しかし、財や自由はなくても、平等であることが人々に幸福感を与えている。平等であるために個人の権利や自由という概念は存在せず、競争もないので経済発展もないが、人々が不幸であるとも限らないのである。かつて貧しくて、鎖国状態であり、独裁政治であったブータンの人々の幸福度が高かったことを考えれば分かるであろう。

4　北朝鮮の独裁政治の内実

北朝鮮は、建国から約75年が過ぎようとしているが、基本的な政治制度や政治体制に大きな変化がない。それは一党独裁の全体主義体制である。

一党独裁であるがゆえに、朝鮮労働党は北朝鮮社会において最高権力を持つ組織である。北朝鮮では、１９７２

年の社会主義憲法制定以来、朝鮮労働党の優位が制度化されている。第４条「朝鮮民主主義人民共和国は、マルクス・レーニン主義を我が国の現実に創造的に適用した朝鮮労働党の主体思想を自己活動の指導的指針とみなす」という条項が、それである。１９９２年に改正された社会主義憲法では上記条項は修正されて、「朝鮮労働党の主体思想」の文言が削除されたが、その代わりに第11条「朝鮮民主主義人民共和国は、朝鮮労働党の領導の下で全ての活動を進行する」という条項が入れられた。この条文は現在の社会主義憲法にもそのまま残っている。

朝鮮労働党の優位は制度化されているが、議会である最高人民会議に代議員を輩出している政党は３つある。朝鮮労働党と朝鮮社会民主党、天道教青友党である。朝鮮社会民主党や天道教青友党は建国以前のソ連軍政期から存在するが、建国前から朝鮮労働党の友党（衛星政党）として実質的に朝鮮労働党の指導下にあるので、野党ではない。権威主義体制ではなく、全体主義体制である北朝鮮の政治では、政党の競争性は全く存在しない。

１９７２年の社会主義憲法制定以前も、実際は朝鮮労働党の一党独裁であった。それは、１９４６年７月22日にすべての政党や政治団体を連合させた北朝鮮民主主義民族統一戦線（後の祖国統一民主主義戦線、以下、統一戦線）が結成され、その統一戦線の中で、朝鮮労働党の前身である北朝鮮労働党が最大の党員規模を持ったことに起因する。統一戦線は与党連合のようなものである。つまり、与党連合が結成され、その中で最も大きな政党であった北朝鮮労働党が指導的立場を持つことになり、他の政党は北朝鮮労働党の友党として存在するのみとなったのである。

北朝鮮が一党独裁になったのは、北朝鮮に駐屯しているソ連軍の支持を受けた影響も強いが、朝鮮労働党が他の政党に対して優位に立つために党員を増やしてその規模を拡大していったことにも要因がある。それは同時に、ソ連軍の支持を受けた金日成が党組織や政府機関を掌握していく過程でもあった。金日成こそが朝鮮労働党とその前身である朝鮮共産党北部朝鮮分局や北朝鮮共産党、北朝鮮労働党を大衆政党にして、党員数を拡大させた指導者であった。金日成が朝鮮共産党北部朝鮮分局の党首である責任書記（朝鮮語：責任秘書）になるのは１９４５年12月18日であり、最初の中央自治政府である北朝鮮臨時人民委員会が成立してその首班である委員長に就任したのは、１９４６年2月8日であった。かなり早い時期からその指導力を発揮していたことが分かる。

１９４８年9月9日に北朝鮮が建国された頃には、その党員と党組織の規模の大きさから北朝鮮労働党が他の政党や社会団体に対する圧倒的な指導的立場を確保していた。ソ連共産党や中国共産党は内戦で武力によって勢力を拡大していった。しかし、朝鮮労働党は、ソ連共産党や中国共産党と異なり、武力を使わずに、党員数を増やして組織を大きくすることで一党独裁の全体主義体制を構築していったのである。それは、投票方式が信任投票ではあるが、選挙によって政権が選ばれる過程を経たためである。選挙で他の政党を圧倒するには党員数を増やすことで党勢を拡大させる必要があったのである。

さらに、アメリカと韓国政府に非合法組織とされた南朝鮮労働党の党員が、ゲリラ活動に敗れて北朝鮮に次々に逃亡すると、１９４９年6月30日に南北朝鮮労働党が合併してさらに規模が拡大した現在の朝鮮労働党が誕生した。以降、朝鮮労働党が支配政党として、北朝鮮社会を統治している。そのため、朝鮮労働党の一党独裁を可能にしているのは、圧倒的な規模の朝鮮労働党の党員数と、社会の隅々にまで張り巡らされた党組織であるといえる。

朝鮮労働党成立後の党首は、金日成（１９４９―94）、金正日（１９９７―２０１１）、金正恩（２０１２―現在）である。しかも、金日成とその子孫だけである。党首の呼称も、党中央委員会委員長（１９４９―66）、党中央委員会総書記（朝鮮語：総秘書）（１９６６―94）、党総書記（１９９７―２０１１）、党第一書記（朝鮮語：第一秘書）（２０１１―16）、党委員長（２０１６―21）、党総書記（２０２１―現在）と変化してきた。これだけ党首の呼称が変わるということは、党首の肩書はそれほど重要ではないことを示している。北朝鮮の一党独裁を支えているのは、党首の資質や肩書ではなく、朝鮮労働党の規模と組織による。

金正恩がリーダーシップを発揮できるのは、彼の能力や人格、名声によるものではない。彼が朝鮮労働党の党首だからである。自分の実力で北朝鮮の最高指導者になったのは金日成だけである。金正日と金正恩は若い頃に後継者に指名されて最高指導者になったのであって、実力によって最高指導者になったわけではない。金正日と金正恩が最高指導者になったのは、その実力よりも、その正統性の方が重視された結果である。その正統性とは、個人崇拝の対象となった金日成の子孫ということである。

5　選挙制度と政治参加から見た朝鮮労働党の統治

現在の北朝鮮が統治している地域の大部分は、自由選挙を経験したことがない。大日本帝国の時代は朝鮮総督府による統治であり、自由選挙は実現しなかった。北朝鮮の建国以前の地方選挙では、ごく一部、候補者の調整がつかなくて複数の候補者が立候補した選挙区があった(7)。しかし、これはほんのごく一部であり、自由選挙の制度の下で実施されたものではなかった。朝鮮半島で初めて自由選挙が実施されたのは、解放後、北緯38度線以南で１９４8年5月10日に実施された小選挙区制の国会選挙である。だから、開城市など、１９５０年に勃発した朝鮮戦争以前は米軍や韓国政府の統治下にあった地域では自由選挙を経験したことがあるのだが、北朝鮮の統治地域の大部分はそうではない。まして、それを経験した世代の大部分は建国から75年経った現在では失われているはずである。

建国以前から、北朝鮮で実施されてきた選挙といわれる制度は、投票方式がソ連などで実施されてきた信任投票である。これは一つの選挙区で候補者は一人だけであり、投票はその候補者に賛成するか反対するかの選択しかない。これは日本で実施されている最高裁判所裁判官国民審査と似ている。実際に、最高裁判所裁判官国民審査で落ちた裁判官が現在まで一人もいないのと同様に、建国後の北朝鮮でも信任投票で落選した候補者は一人もいない。

しかし、建国前に実施された地方の信任投票では落選した事例が見られる。それが先述の複数候補者が立候補した地方選挙区と考えられている。

北朝鮮の信任投票では、候補者名があらかじめ記載された投票用紙（選挙票）を受け取ったら、そのまま投票箱に入れて信任を示すか、候補者名に横線を引いた上で投票箱に入れて不信任を示すかになる。候補者名に横線を引きに行くと、不信任であることが周りにも分かるため、憲法上は秘密投票になっているが、実情は公開投票である。実際に横線を引きに行く人は皆無であり、１００％の信任で候補者が当選することが常態化している。また義務投票制を採っており、海外にいても大使館や領事館で投票することになっているため、投票率も１００％に近い場合がほとんどである。

この選挙制度は朝鮮労働党の一党独裁を支えているだけで、人々が政治に参加して、不満や要望（朝鮮語：申訴請願）を表明することには役に立たない。北朝鮮での人々の政治参加は、他の全体主義体制にも見られるように大衆運動（ポピュリズム運動）の動員に支えられている。

大衆運動によって人々は政治に参加しようとするため、朝鮮労働党は大衆に政策や方針を指導する。党組織や社会団体では、仕事と生活を反省し、相互批判する生活総和という集会が開かれている。毎週土曜日に実施され、さらに月、四半期、年単位でも開催されている（団体によって少し異なる）。住民のほぼ全員が参加しており、朝鮮労働党や最高指導者の路線や方針に忠実であったかどうか、上司も部下もなく、お互いにチェックされる。

その代わりに、朝鮮労働党は、大衆の不満や要望に応えようとする。その不満や要望を調整するのも朝鮮労働党の機能である（利益集約機能）。その大衆からの申告や通報によって、朝鮮労働党の重要幹部が粛清されることがよくある。２０２１年6月29日に開催された朝鮮労働党中央委員会第8期第2回政治局拡大会議で、中央と地方の一部の幹部の不正に対する通報があったことが発表され、実際に党中央指導機関の最高幹部の一部に失脚や降格があった。

北朝鮮では、住民が朝鮮労働党の政策や幹部の行為に不満や要望がある場合にはいくつかの申告方法がある。ただし、これらの申告方法は、西側諸国では「密告」と認識されているシステムでもある。

代表的なものを挙げると、一つは、党組織への申告である。党員は、党中央委員会から党細胞に至るまでの党組織に不満や要望を申告することができる。また脱党を要求することもできる。正当な理由と根拠があれば、どの党員に対しても批判できる。党員の不満や要望を処理する権限はもともと党中央検閲委員会にあったが、２０２１年に改正した党規約によって党中央検閲委員会は廃止となり、その権限は党中央検査委員会に移譲された。党組織に申告された不満や要望は、その党組織で処理できなければ、党中央検査委員会が処理することになる。

二つ目は、１９９８年6月17日に最高人民会議常設会議が採択した「申訴請願法」に基づいて、政府機関、企業所、社会団体に不満や要望を申告することである。これは党員でなくても可能である。法成立が１９９８年という飢餓が蔓延した時期であることを考えると、この頃には多くの党組織が機能しなくなって、人々の不満や要望に応えられなくなっていたことがうかがえる。

6　朝鮮労働党の党員数の拡大過程

朝鮮労働党が党員を増やすことで党勢を拡大し、一党独裁の支配政党になったことは、すでに説明したとおりである。朝鮮労働党の党員数が、朝鮮労働党が実際にどれだけ社会からどれだけ支持されているのかを知る一つの指標となる。そのために、朝鮮労働党の党員数の人口比（＝党員数／総人口×１００）を算出してみたい。党が社会の成員をどれだけ吸収できているのかを測る指標でもあるので、中国共産党の組織を研究している菱田雅晴は吸収率とも呼んでいる。[8] さらに党員たちの職業や年齢などが分かれば、より一層の研究ができるのであるが、残念ながら創設から現在至るまで一貫して分かる朝鮮労働党の党員たちの属性は一つもない。本節では、党員数の推移だけで論じてみたい。

歴史的に見ていこう。現在、朝鮮労働党の創設記念日は1945年10月10日とされている。実際には、この日に西北五道党責任者及び党熱誠者大会（以北五道党責任者及び党熱誠者大会とも言われる）が開催され、その決定として朝鮮共産党北部朝鮮分局が創設された。朝鮮共産党北部朝鮮分局の党首である責任書記は金容範であった。大会では、金日成は金永煥の名前で参加して党組織の問題について報告していた。この大会での決定書で、すでに党組織の拡大と強化、そして大衆政党になることが目標とされていた。金日成が大衆政党になる方針を打ち出したのである。その金日成が朝鮮共産党北部朝鮮分局の責任書記になるのは1945年12月17～18日に開催された朝鮮共産党北部朝鮮分局中央第3次拡大執行委員会でのことである。

朝鮮共産党北部朝鮮分局が創設されたときの党員数は不明である。平壌駐留ソ連軍政治司令官であったニコライ・レベジェフは「1945年12月1日現在で、以北地域での共産党員は4000名未満であったが、朝鮮民主党員は5406名であった」と手帳に記していた。[9] 朝鮮民主党は、後に朝鮮労働党の友党になる朝鮮社会民主党の前身である。この頃には、まだ朝鮮民主党の規模が朝鮮共産党北部朝鮮分局を上回っていた。

1945年12月17～18日に開催された朝鮮共産党北部朝鮮分局中央第3次拡大執行委員会で金日成が党員数4530名と語っていることから、まだその党勢は限られたものであった。しかも、第3次拡大執行委員会の決定に従って、党証交付作業と党員審査事業を実施して、1400余名の不純分子たちを党から粛清したという。しかし、1946年3月5日から31日に実施した土地改革で数多くの農民が入党し、党勢を拡大していった。1946年4月10日に金日成は、土地改革において平安北道で3272名、咸鏡南道、咸鏡北道、平安南道、黄海道、江原道で

９０５８名が入党したと語った。４月20日に金日成は、党員数が２万６０００余名と語っており、急速に党勢を拡大していったことが分かる。

朝鮮共産党北部朝鮮分局は１９４６年５月18日から公に北朝鮮共産党という呼称を使い始めた。さらに、中国から帰国した共産主義者たち（朝鮮独立同盟）が１９４６年２月16日に結成した北朝鮮新民党と北朝鮮共産党が合党することになり、１９４６年８月28日～30日に北朝鮮労働党創設大会が開催された。この時点で北朝鮮共産党は27万６０００名、北朝鮮新民党は９万名の党員を持っていた。党首である党中央委員会委員長には北朝鮮新民党の党首であった金科奉が選ばれ、北朝鮮共産党の党首であった金日成は党中央委員会副委員長に選ばれた。さらに、１９４７年３月27日～30日に第２回党大会が開催された。第２回党大会の２日目である３月28日に、党副委員長である金日成が合党当時の党員数は36万６千余名であり、第２回党大会の少し前である１月１日に75万余名になったと言及した。余名を切り捨てると、党員数は１９４６年８月28日には36万６０００名であり、４か月後である１９４７年１月１日時点では75万名になったことになる。急速な党員数の拡大が伺える。

第３回党大会は、建国（１９４８年９月９日）、南朝鮮労働党との合党（１９４９年６月30日）、朝鮮戦争（１９５０年６月25日～53年７月27日）を経た１９５６年４月23日～29日に開催された。開催１日目の金日成の発言によると、１９５６年１月１日時点での党員数は１１６万４９４５名であり、第２回党大会当時より43万９１８３名増加したという。この発言に従うと、１９４７年３月27日に開催された第２回党大会での党員数は72万５７６２名であり、同年１月１日時点での75万名よりも減っていることになる。これは減ったのではなく、党員数の集計に誤差があったと考える方が自然であろう。万単位で発表していた北朝鮮労働党時代の党員数とは異なり、１桁単位まで発表した朝鮮労働党時代の方が正確ではないかと推察される。従って、第２回党大会での党員数は72万５７６２名として、１９４７年１月１日時点での党員数と発表された75万名は誤集計として採用しない。

さらに、1961年9月11日～9月18日に第4回党大会が開催され、開催1日目の金日成の発言によると、党大会の約1か月前である8月1日時点での党員数が133万1563人であった。さらに、この党員数は第3回党大会に比べて14万6618名増加したと言及したので、1956年4月23日に開催された第3回党大会での党員数は、118万4945名ということになる。同年1月1日時点での党員数が116万4945名であるから、十分に考えられる党員数である。

しかし、第4回党大会が、朝鮮労働党が党員数を発表した最後になった。この後、朝鮮労働党は党員数を発表しなくなった。その後の党員数は、党大会に出席した代表者数から逆算するほかない。この逆算に際して、誤差がどれぐらい発生するのかを第4回党大会の発表から推察してみよう。

第4回党大会では党員1000名に対して代表者1名を送ることを朝鮮労働党は1961年3月20日に発表した。党員数が133万1563人であったとすれば、代表者は1332名のはずである。実際に第4回党大会に参加した代表者は1230名であり、欠席が3名であったから、合計で代表者数は1233名であった。実際の代表者は、想定された数の約93％であったので、10％程度の誤差は出るものと考えられる。

1970年11月2日～13日に第5回党大会が開催され、1871名の代表者が参加した。それに先立ち、1969年12月5日に朝鮮労働党は党員1500人に代表者1人を第5回党大会に送ることを発表していた。このことから、第5回党大会での党員数は約280万6500名であったと推算できる。『労働新聞』は1972年8月29日に約200万人の党員数、1978年1月28日にも約200万人の党員数と発表しているが、これはかなり適当な数字であり、使わないことにする。

1980年10月10日～10月14日に第6回党大会が開催され、3220名の代表者が参加した。それに先立ち、1979年12月12日に朝鮮労働党は党員1000人に対して代表者1人を第6回党大会に送ることを発表していた。

表４−２　総人口における朝鮮労働党党員の比率推移

党大会	党大会開催日	党員数	年（総人口）	総人口	党員/人口（吸収率）
第１回	1946年８月28日	366,000	1946	9,257,000	3.95%
第２回	1947年３月27日	725,762	1946	9,257,000	7.84%
第３回	1956年４月23日	1,184,945	1956	9,359,000	12.66%
第４回	1961年８月１日	1,331,563	1960	10,789,000	12.34%
第５回	1970年11月２日	2,806,500	1970	14,619,000	19.20%
第６回	1980年10月10日	3,220,000	1980	17,298,000	18.62%
第８回	2021年１月５日	6,175,000	2019	25,448,350	24.27%

このことから、第6回党大会での党員数は約３２２万名であったと推算できる。

その後、36年間、党大会は開催されなかった。２０１６年5月6日～5月9日に第7回党大会が開催されたが、代表者数は３６６７名と発表されても党員数との割合が発表されなかったので党員数の推算は不可能である。

２０２１年1月5日～1月12日に第8回党大会が開催され、５０００名の代表者が参加した。ただし、２５０名は党中央指導機関のメンバーであって、実際に選出された代表者は４７５０名であった。それに先立ち、２０２０年8月19日に朝鮮労働党は党員１３００人に代表者1人を第8回党大会に送ることを発表していた。このことから、第8回党大会での党員数は約６１７万５０００名であったと推算できる。以上のことから第7回党大会以外の党大会における党員数は、おおよそ把握することが可能である。問題は、第6回党大会から第8回党大会までの41年間の党員数の推移が分からないことである。

さて、総人口における党員数の割合を算出するためには、党大会が開催された年の総人口を把握しなければならない。しかし、北朝鮮は、公式に人口を発表することもあまりない。様々な資料をつなぎ合わせる他ないのだが、それを２０００年までは文浩一が整理したので、それを使用する(10)。党大会開催年の人口データがなければ、最も近似の年の人口を使用する。また、２０２１年に開催された第8回党大会については、２０２０年に北朝鮮が国連に報告した２０１９年の人口が近似値であるので、それを使用する。それをまとめたのが、表4-2である。

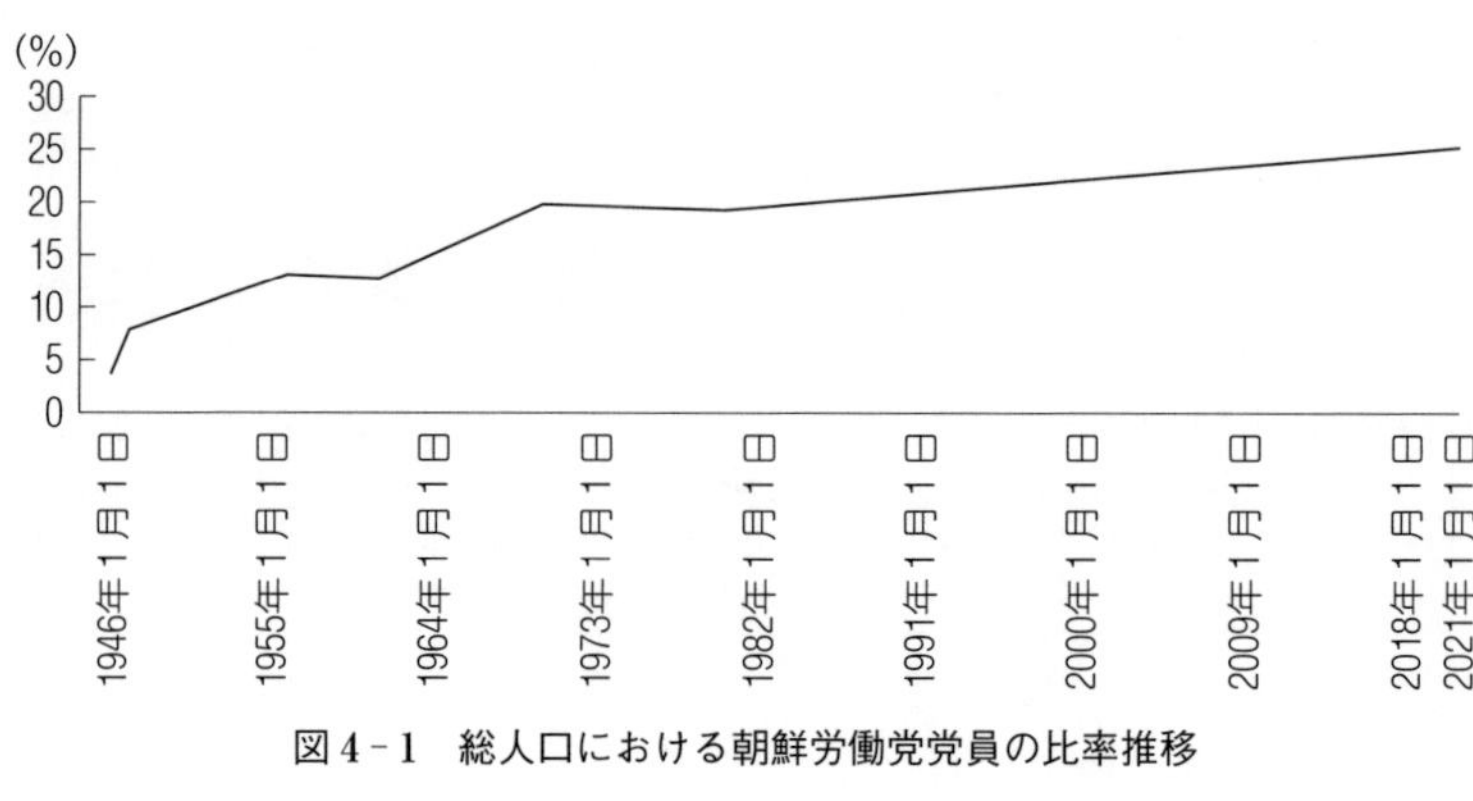

図4-1　総人口における朝鮮労働党党員の比率推移

総人口における党員数の比率の推移をグラフ化したのが、図4-1である。これを見ると、党員の急増は1970年の第5回党大会まで続き、あとは緩慢な増加になっている。第6回党大会での総人口における党員数の比率は、第5回党大会よりも少し減っているが、これは誤差の範囲内であろう。もっとも、1980年開催の党第6回党大会と2021年開催の党第8回党大会の間は41年の空白があり、その間に党員数の増減があった可能性はあるが、それは不明である。いずれにせよ、2021年に開催された第8回党大会では、第6回党大会を上回る比率になっていたことが分かる。第8回党大会では総人口の約25%が党員である。朝鮮労働党による一党独裁を可能にし、またそれを維持しているのは、総人口における党員数の多さであるといえよう。

7　最高指導者に対する個人崇拝

北朝鮮では、最高指導者に対する個人崇拝が極めて強いことはよく知られている通りである。それは最初の最高指導者である金日成から始まっていた。金正日と金正恩は、金日成の子孫であるから最高指導者としての正統性があるのである。

金日成は、満州で抗日パルチザンをしていた抗日の英雄として、もともと朝鮮半島の人々にその名が知られていた。満州で抗日パルチザン活動をしていた金日成は、１９４０年にソ連に移り、大日本帝国がポツダム宣言を受け入れた後、１９４５年9月19日に朝鮮半島に帰国した。しかし、しばらくは金永煥の名前で活動していた。抗日の英雄である金日成として公の場に姿を現すのは、１９４５年10月14日に平壌で開かれた平壌市民衆大会であった。その頃はまだ彼の政治権力は限られたものであったが、12月18日に朝鮮共産党北部朝鮮分局責任書記になり、１９４６年2月8日に北朝鮮臨時人民委員会委員長に就任して、着実に政治権力を掌握していった。１９４６年には「金日成将軍の歌」が作詞・作曲され、10月1日には金日成総合大学が創立された。１９４８年10月12日に最初の金日成の銅像が万景台遺児学院に建てられた。そのため、金日成の個人崇拝は１９４５年からすでに始まっていたといえる。金日成自身がそれをどこまで望んでいたのかは分からない。ただ、朝鮮労働党の党勢拡大は金日成の努力と彼の名声があってこそ可能であった。そのために、朝鮮労働党員にとって金日成は大きな存在であったことは間違いないであろう。

ただし、建国当時は金日成の他にも抗日運動で名を馳せた英雄もいた時期であり、朝鮮労働党内にも数々の派閥があった。満州で抗日パルチザンをしていた金日成をはじめとする満州派や、中国の延安で朝鮮独立同盟を結成して抗日活動をしていた金科奉をはじめとする元北朝鮮新民党である延安派、ソ連軍とともに朝鮮半島に来た朝鮮系ソ連人であるソ連派、ソウルで朝鮮共産党を再興させて南朝鮮労働党を結成した朴憲永をはじめとする南労党派などである。そのため、後のような金日成が絶対的な個人崇拝の対象であったわけではない。

党第3回大会までは総人口における党員数が急増している。朝鮮戦争を経たことで、朝鮮労働党を拒否していた人々は韓国側に移動したため、むしろ朝鮮労働党は党勢を拡大できたのかもしれない。

しかし、朝鮮労働党の党勢が拡大していくと、朝鮮労働党内で金日成と対立する勢力が現れた。特に金日成に対する個人崇拝問題が浮上したのは、スターリン批判として知られる１９５６年2月25日に行われたソ連共産党第一書記であるニキータ・フルシチョフの特別報告が北朝鮮にも伝わってからである。フルシチョフはスターリンが個人崇拝を助長したことなどを批判していた。8月30日に開催された朝鮮労働党中央委員会総会で、延安派の尹公欽が、金日成に対する個人崇拝を批判する演説を行った。しかし、会場全体が罵声で騒然となったため、会議は中断された。午後から再開された会議で、ソ連派の朴昌玉と延安派の崔昌益、尹公欽、徐輝、李弼圭は朝鮮労働党と政府の職位から更迭された。これが八月宗派といわれる事件であり、これによって1956年から60年まで続いた満州派による他派の粛清が始まった。この時期は多くの党員が粛清されたためか、党員数そのものは微増しているが、総人口における党員の比率は微減した。

1960年代の総人口における党員の比率は再び急増しており、粛清が終わった後に再び党員の増員を進めていたことが分かる。この時期に朝鮮労働党における金日成の権力と権威もさらに強まった。1966年10月12日に開催された朝鮮労働党中央委員会第4期第14次総会で、党首であった朝鮮労働党中央委員会委員長の職位が廃止され、代わりに総書記が設けられた。総書記には金日成が選ばれた。朝鮮労働党中央委員会書記局の権限は総書記に集中した。書記は、総書記の指示を各部署に伝達し、その状況を総書記に報告することが任務であって、状況に応じて独断で総書記の指示を変更することは許されていなかった。

1967年5月4日から8日に開催された朝鮮労働党中央委員会第4期第15次総会で、金日成の革命思想を朝鮮労働党の唯一の思想とすることを党員に徹底させる「党の唯一思想体系」の方針が立てられた。これは思想によって朝鮮労働党の組織的な団結をつくり出し、唯一の首領である金日成が朝鮮労働党を指導する「首領の唯一的領導体系」を保障するものとされた。「党の唯一思想体系」を確立させる過程において、1960年代後半には党幹部の粛清もあったが、1950年代後半のような大規模な粛清ではなかった。粛清が終わった後、金日成の絶対的な個人崇拝は1970年に朝鮮労働党第5回大会が開催される頃にはほぼ確立された。朝鮮労働党第5回大会以降は総人口における党員の比率の増加は緩慢になった。それは金日成の絶対的な個人崇拝が確立した時期とほぼ同じであった。これ以上は、党員を急増させなくても、金日成の個人崇拝と朝鮮労働党の社会に対する統治は安定したと考えられたのかもしれない。

１９７２年12月27日に社会主義憲法が制定され、階級闘争が残っている人民民主主義国家から階級闘争がなくなった社会主義国家へ移行したことになった。階級闘争がなくなったことは、金日成の革命思想に反対する人々がいなくなったことを意味する。しかも、これはイデオロギーによる統治が重要な要素となっている全体主義体制が成立したことを意味する。

１９７４年２月13日に開催された朝鮮労働党中央委員会第５期第８次総会で金日成の子息である金正日が朝鮮労働党中央委員会政治委員会委員に選ばれ、金日成の唯一の後継者に定められた。その金正日が４月13日に談話の中で「党の唯一思想体系確立の10大原則」を発表し、全社会を金日成の革命思想で一色化することを求めた。こうして金日成に対する絶対的な個人崇拝は制度化された。後継者である金正日は、さらに金日成の個人崇拝を進めていった。

「党の唯一思想体系確立の10大原則」は、２０１３年６月19日に金正恩が演説の中で、「党の唯一的領導体系確立の10大原則」を発表したことで改定された。しかし、基本的な枠組みは変わっていない。「党の唯一的領導体系確立の10大原則」では、全社会を金日成・金正日主義化することが求められた(11)。金日成の革命思想が、金日成・金正日主義となったが、金日成の個人崇拝には変わりがない。金正日と金正恩は、個人崇拝の対象である金日成の子孫として正統な最高指導者とされている。そのために北朝鮮では最高指導者に対する個人崇拝が今でも極めて強い。

北朝鮮で個人崇拝が強まったのは、朝鮮労働党の党員数が多いことと関係がある。北朝鮮では「我が党は決して党員数が多くて、強く威力があるのではない。領導者を中心に全党が鉄壁のように集まり、領導者の思想意思の通りに一つのように動くことが、朝鮮労働党の百戦百勝の源泉があり、不敗の威力がある」と２０２２年現在でも論

じられている。(12)

党員数が多くなって組織が大きくなると、組織の団結性は弱くなる。実際に、朝鮮労働党の組織が大きくなっていく過程で何度も内部で対立があって、粛清が発生した。かといって、党員数を減らすと、社会に対する党の統制が弱くなる。大きくなった組織の団結性を高めるために、最高指導者に対する個人崇拝を強めているのである。最高指導者に対する個人崇拝は、全体主義体制と朝鮮労働党の一党独裁を支える大きな要素の一つなのである。

8 おわりに

北朝鮮の独裁政治は、最高指導者に対する個人崇拝が進んだ一党独裁の全体主義体制である。一党独裁であるため、国家機関は支配政党である朝鮮労働党の統制下にある。議会は朝鮮労働党で審議された法案に賛成するだけの存在である。そのため、国家元首であっても、北朝鮮の最高指導者とは限らない。北朝鮮の最高指導者は朝鮮労働党の党首のことである。そのために、北朝鮮の最高指導者は党の機能の一部であって、公人として行動する。この点は個人独裁と異なる。また、全体主義体制であるため、自由主義を否定して個人の自由を大きく制限している。

全体主義体制では、人々に政治に参加させないようにするのではなく、政治に参加させようとする。ただし、信任投票方式である選挙ではなく、大衆運動によって人々は政治に参加しようとする。そのため朝鮮労働党は大衆に政策や方針を指導しており、北朝鮮社会は高度に政治化されている。また人々の不満や要望に対して、朝鮮労働党や国家機関は応えるようにしてきた。抑圧ばかりではなく、人々の不満や要望も吸い上げることができることは、全体主義体制が維持されている要因の一つである。

朝鮮労働党が北朝鮮の支配政党になったのは、党員数を増やして党勢を拡大して、他の政党を圧倒したことに要因がある。ソ連共産党や中国共産党とは異なり、武力を用いずに選挙によって政権基盤を確保したためであった。１９４８年９月９日に北朝鮮が建国された頃には、その党員と党組織の規模の大きさから北朝鮮労働党が他の政党や社会団体に対する圧倒的な指導的立場を確保していた。朝鮮労働党は、１９４９年６月30日に北朝鮮労働党と南朝鮮労働党と合党して成立し、現在に至るまで北朝鮮の支配政党である。

朝鮮労働党の前身である朝鮮共産党北部朝鮮分局や北朝鮮共産党、北朝鮮労働党が党員数を増やして党勢を拡大させたのは、金日成の名声と努力によるところが大きい。もともと朝鮮共産党北部朝鮮分局が成立した当初から大衆政党の方向性は決まっていたが、党員数が急増したのは、金日成が朝鮮共産党北部朝鮮分局の責任書記になってからである。

急増していった党員数は１９７０年には総人口の約20％に達した。それからは緩慢な党員の増加となって２０２１年には約25％になった。金日成の絶対的な個人崇拝が確立したのも１９７０年頃である。北朝鮮で最高指導者に対する個人崇拝が進んだのは、朝鮮労働党の党員数の多さと関係がある。党員数が多くなって組織が大きくなると、組織の団結性は弱くなる。大きくなった組織の団結性を高めるために、最高指導者に対する個人崇拝を強めているのである。一党独裁の全体主義体制である北朝鮮を支えているのは、総人口の20％以上を朝鮮労働党員が占めるという大規模な朝鮮労働党組織と、その朝鮮労働党の団結力を高める最高指導者に対する個人崇拝といえよう。

注

（１）金桂冠「金桂冠朝鮮民主主義人民共和国外務省顧問談話」（２０２０年１月11日）http://www.kcna.kp/kp/article/q/dcbfbc761a9b410306780dfbc0292e69.kcmsf（２０２２年11月12日アクセス）

（２）２〜４節は、宮本悟「北朝鮮のガバナンス」広島市立大学広島平和研究所編『アジアの平和とガバナンス』（有信堂、２０２２年）、１１７―１２７頁を大幅に加筆修正したものである。

（3）ホアン・J・リンス著（高橋進監訳）『全体主義体制と権威主義体制』（法律文化社、１９９５年）、27―28頁。

（4）カール・J・フリードリッヒ著（安世舟・村田克己・田中誠一・福島治訳）『政治学入門――ハーバード大学12講』（学陽書房、１９９７年）、24頁。

（5）Happy Planet Index, "The 2019 Happy Planet Index". https://happyplanetindex.org/hpi/?show_all=true（accessed 12 November 2022）

（6）鄭炳浩著（金敬黙・徐淑美訳）『人類学者がのぞいた北朝鮮――苦難と微笑の国』（青土社、２０２２年）、59―75頁。

（7）中川雅彦「朝鮮民主主義人民共和国建国期における地方政権機関――人民委員会の形成と金日成体制の成立」『アジア経済』41巻６号（２０００年６月）、11―12頁。

（8）菱田雅晴「中国共産党――危機の深刻化か、基盤の再鋳造か?」毛利和子・園田茂人編『中国問題 キーワードで読み解く』（東京大学出版社、２０１２年）、16頁。

（9）中央日報特別取材班『秘録朝鮮民主主義人民共和国 上』（中央日報社、１９９２年）、１００頁。

（10）文浩一「北朝鮮人口推計：１９５３年から１９９３年」*Discussion Paper Series No. 240*（２００８年３月）、４頁。https://hi-stat.ier.hit-u.ac.jp/research/discussion/2007/pdf/D07-240.pdf（２０２２年11月26日アクセス）

（11）石丸次郎編『北朝鮮内部映像・文書資料集：金正恩の新「重大原則」策定・普及と張成沢粛清』（アジアプレス出版部、２０１４年）、８―30頁。

（12）金ジュンヒョク「朝鮮労働党の百戦百勝の源泉――一つの思想、一つの指導中心」『労働新聞』２０２２年10月８日。

第5章　ゴトヴァルト体制の成立要因と国民意識
――チェコスロヴァキアの独裁政治――

細田尚志

1　はじめに

1948年2月に成立したクレメント・ゴトヴァルト（Klement Gottwald）体制は、チェコスロヴァキア最初の共産党独裁体制であり、1989年11月のビロード革命により終焉を迎えた同国の共産党体制の中でも最も極端な全体主義的傾向を見せた体制でもある。この体制は、1953年のゴトヴァルトの死とともに終わり、また、共産党体制の終焉から30年以上が経っているために、関連情報や公文書などが公開され、現存する政権の場合に懸念されるデータ改竄の心配もないために客観的な分析が進みつつある。しかし、これらの分析の進展は、一つの万能な解答をもたらさないばかりか様々な対立的な結論が導かれ、依然として収斂しない議論（例えば、何が国民に共産主義を選択させたのか、チェコスロヴァキア独自の共産主義思想の内生的発展形態なのかソ連という外的な影響を受けた模倣的発展なのか、ゴトヴァルト個人独裁なのか共産党一党独裁なのか等）も存在する。ここでは、ゴトヴァルト体制を例に、（1）独裁支配者による制度化過程に加えて、（2）何故、被支配者たる社会がその体制を求め、支配者の権威の正統性を受容・承認したのか、この受容に国民気質が与えた影響など、被支配者側の要因分析と、

（3）独裁体制成立過程における国際構造や外部干渉などの外部要因の三点について検証する。

2　独裁体制の理論的整理と分析枠組み

民主主義自体やその体制に関する研究の進展から、「民主主義ではないもの」、つまり、独裁体制に対する関心も高まり、支配者側に焦点を当てた独裁政権の特徴、成立過程、存続などに関する先行研究も増加しているが、それらの始点となったのが、リンツ（Juan J. Linz）の権威主義体制に関する研究である。リンツは、フランコ政権下のスペインについて分析し、その政治体制が全体主義体制の特徴に合致せず、民主政治の一般的な定義とも一致しないことを発見し、この体制を「権威主義」と定義した上で、政治体制の三類型を「全体主義・権威主義・民主主義」とし、その下に多様なサブタイプを提唱した。リンツの分析・定義によれば、権威主義体制とは、①全体主義体制の政治的一元論や、民主主義体制の原則的に無制限の多元主義とは対照的に、限定的で（責任を負わないという意味で）非責任な多元主義の形態をとり、②全体主義体制とは対照的に精緻なイデオロギーは持たず、代わりに明確な精神性を示し、③その発展のある時点以外は、全体主義体制とは異なり大規模でも集約的にも動員を伴わない民衆の「政治的無関心」によって特徴付けられ、④一人の指導者か小さな徒党によって行われる政治的支配が特徴とされる(1)。この定義によると、全体主義と民主主義という概念の間に権威主義が存在し、全体主義と権威主義は、社会的多元主義と政治的動員のレベルで区別されることになる。しかし、全体主義と権威主義の分類は、どの程度全体主義的なのか、それとも権威主義的なのかという分析者の主観に基づく判断とならざるを得ないために、その基準が曖昧となる。さらに、権威主義、全体主義、民主主義という概念が、それぞれ異なる時期に異なる研究者によって定義されているため相互に排他的で、共通基盤の上で全ての政治体制を公平に網羅するシステムとはなっていない点も弱点として指摘される(2)。

その後、リンツは、ポスト全体主義体制とスルタン体制を追加して分類を洗練させるが、その形式的分類と経験的現実との間のミスマッチに起因する一般性の欠如を指摘する声も存在する。これに対し、ゲッデス（Barbara Geddes）は、誰が権力にアクセスしているか（支配しているか）という視点に沿った3つのサブタイプ（個人支配体制、軍事体制、単一政党体制）とそれらの混合型を提唱し、統治の形態によって権力エリート間の利害関係や受益者層の内容に相違があり、これが体制の持続性に影響することを指摘した(3)。しかし、これも、個人支配体制と軍事体制の区分が不明瞭であることが指摘され、それを如何にして補正するか、または、どのように適切な分類上のサブタイプを生み出すかという議論も存在する。一方、エズローとフランツ（Natasha M. Ezrow and Erica Frantz）は、独裁体制の制度構造に注目して、独裁制を、①軍が全権を支配し政策を統制する軍事独裁、②単一政党が政治を圧倒的に支配する一党独裁、③単独の個人が全権を掌握する個人独裁、④制度化された世襲制度による君主独裁、⑤個人独裁、一党独裁、軍事独裁などの要素が混ざったハイブリッド独裁の5つに分類した(4)。さらに、フリードリッヒとブルゼジンスキー（Carl J. Friedrich and Zbigniew K. Brzezinski）は、独裁体制の形態と構造に注目し、その特徴を、①洗練されたイデオロギー、②指導者一人の単独の大衆政党、③党と秘密警察によって実行されるテロ制度、④効果的なコミュニケーション手段に対する党と政府の独占、⑤軍事力の独占、⑥中央の指令経済であると指摘する(5)。

ここでは、リンツの定義に基づいた全体主義と権威主義かという分類には拘らずに、独裁を「権力が集中する個人または少数者によって政策決定され、国民がそれに反対や異議申し立てができない政治体制」と定義し、フリードリッヒとブルゼジンスキーの指摘する特徴項目を中心に検証することで、ゴトヴァルト体制が独裁体制の諸条件を満たしているかを検証するにとどめる。何故なら、先述した通り、これまでの全体主義・権威主義、そして独裁体制分析の大半は、その制度構造や形態、特徴を分析することに注力し、研究の交通整理に貢献する一方で、その構造や形態に基づく分類は、分析者の主観に依るところも大きく、客観的な分析を提供するわけではなかった。さらに、分類をめぐる程度の差に拘泥することで独裁体制の理解に対する難解さを生み出している点も否定できない。故に、独裁体制の分析には、支配者（政治アクター）に焦点を当てた独裁体制の分類やその特徴だけではなく、被支配者である社会（構造）よる独裁体制の正統性承認、つまり支配者による権力行使を受容する要因や、それに対する外部からの干渉なども分析されるべきである。

「正統性」は、権力に関する支配者と被支配者との力関係において重要な要素である。支配者の権力に社会的な正統性がない場合、支配者は強制力をもって権力を行使するが、被支配者が支配者の権力に正統性を与えている場合、権力の行使は、被支配者の投票や兵役志願などの自発的又は、納税など行為を通じた準自発的な順守によって受け入れられる。(6) そして、この「正統性」を評価するためには、規範的アプローチと実証主義的アプローチが存在する。このうち規範的アプローチは、民主主義国においては民主的な選挙の結果や人権の尊重度合いによって数値を用いて客観的評価することが可能であり、その評価は、評価者自身の判断に依る。一方、実証主義的アプローチでは、被支配者と支配者の双方の認識と行為を通じて正当性を評価するもので、その評価は、権力者が権力を行使する対象である社会（被支配者）が行う。第二次大戦後のチェコスロヴァキアの事例では、支配者の正統性の社会的受容に関する評価を1946年5月選挙の結果から（規範的アプローチにより）判断することは可能であるものの、その後、選挙制度が改悪されたため、選挙結果をもって判断することは難しくなる。ゆえに、それ以降は、実証主義的アプローチを用い、被支配者の認識や体制への支援（デモやゼネストへの参加状況など）から支配者の正統性を分析するしかない。ここでは、支配者権力に対する社会の支持だけでなく、「支配者の権力に正統性がない場合、支配者は強制力をもって権力を行使する」という傾向から、支配者による強制力の行使にも注目して社会における正統性受容の推移を分析し、政治的アクターの正統性に対する社会の受容要因及びその推移分析を行う。

これまでに述べた問題意識から、本章では、ゴトヴァルト独裁体制の特徴や制度構造の検証だけではなく、如何にして国民（社会構造）が、ゴトヴァルトのナラティブに熱狂し、独裁体制の制度化を支持したのか、つまり、如何にして支配者たる政治的アクター（ここではゴトヴァルト及び共産党）に「権威の正統性」を与えたのかという被支配者側の要因と、国家がさまざまな影響を受ける国際環境の変化と外部勢力による支配者に対する干渉にも焦点を当てることで、独裁体制成立及び維持に必要な内部要因（支配者・被支配者）と外部要因を包括的に分析することとする。

3　チェコスロヴァキアにおける「独裁」制度化の過程

1945年3月19日にモスクワで開催されたロンドン及びモスクワ亡命者会談において合意され、親ソ外交、戦略的産業国有化、土地改革、左派政党による国民戦線樹立など戦後チェコスロヴァキアの共産主義的傾向を方向づけた「コシツェ綱領」には、ゴトヴァルトらチェコスロヴァキア共産党（KSČ）幹部の意向が強く反映されていた。このように当初から有利な条件で戦後の国家再建を進めることができたKSČは、1946年5月選挙において予想を上回る支持を得たことで共産主義体制の制度化に向けた周到な準備を加速した。そして、1948年2月の二月事件を最大限活用したKSČは、国家のあらゆる分野の共産党による独占を目指し、労働者階級に対する利益配分（飴）と、警察力による社会・国民抑圧（鞭）を通じて、ソ連型の共産党一党独裁体制をチェコスロヴァキア社会に導入する壮大な実験を開始した。このKSČによる体制制度化のプロセスは、当初、「人民民主主義」[7]というナラティブを伴うものであったが、この中心に存在し、個人崇拝の対象とされたのが、共産党議長（1

945～53年）、チェコスロヴァキア共和国首相（1946～48年）、そしてチェコスロヴァキア共和国大統領（1948～53年）を務め、戦後チェコスロヴァキア初の独裁的指導者となった「労働者大統領」ゴトヴァルトであった。

ここでは、ボルシェヴィズム化を主張してKSČ内の混乱を制し、スターリンのスタイルを模倣して大統領に上り詰め、ソ連衛星国の「小さなスターリニスト」と揶揄されたゴトヴァルト及び彼を担ぎ上げた共産党による権力獲得への道のりと、その政治理念の変遷を時系列的に整理し、「独裁」が制度化される過程とその際に用いられたナラティブや手段を検証する。

（1）ボルシェヴィズム化主張と共産党幹部への道

1896年11月23日にモラヴィア地方ヴィシュコフ近郊のディェディツェ（Dědice）に百姓と家政婦の間の非嫡出子として生まれたゴトヴァルトは、非常に貧しい幼少期を過ごし、12歳の時、ドイツ語が全く話せないにもかかわらず大工見習いとしてウィーンに送られて疎外された生活を送る。しかし、ウィーンでチェコ語を話す労働者らが参加する労働者の体育運動や社会民主主義青年組織に入り政治に関心を持つことになる。1918年10月28日のチェコスロヴァキア共和国建国以降、新生チェコスロヴァキア軍に参加した彼は、除隊後に、本格的に政治の道を歩み始め、共産主義新聞の編集者としてスロヴァキアのバンスカー・ビストリツァに移り、地域の青年共産主義者団体を組織し、共産主義革命の実現を夢見るようになる。1925年にプラハに移った彼は、1921年に設立されたKSČの中央委員会政治局員となり、ルドルフ・スラーンスキー（Rudolf Slánský）と出会い、ボルシェヴィズム化の推進とソ連共産党の指導のもとでのプロレタリア革命の実現に向けて意気投合する。

しかし、当時、ボフミール・シュメラル（Bohumír Šmeral）の指導下にあったKSČは、マサリク大統領（任期：１９１８年11月14日から１９３５年12月14日）の断固たる反共産主義的態度やボルシェヴィズム批判(8)、そして、政治的穏健な中産階級の形成などの要因に加え、シュメラル指導部の日和見主義的な姿勢から、１９２１年の設立時に得ていた30万人近い党員数を３万人程度まで減らし、国民の支持と実質的な影響力を失いつつあった。このＫＳČに対する逆風の中、１９２５年の第三回党大会に機関紙『プラヴダ（Pravda）』編集長として参加したゴトヴァルトは、大会議長として積極的に司会運営をこなし、討論会でボルシェヴィズム化に向けた熱意を示した。１９２５年の国民議会選挙で、ＫＳČは93万票を獲得して41議席を得たが、ゴトヴァルトは党中央の日和見主義的な方針に対する不満から共産党内部の若者層との結びつきを強化し、厳格なボルシェヴィズム化闘争を求める声を共有していく。

１９２８年７月６日、政府が開催を禁止した体育祭「スパルタキアーダ（Spartakiáda）」の強行開催および反政府デモ「赤い日（Rudý den）」の実施をボフミル・イーレク（Bohumil Jílek）率いるＫＳČ指導部は企画したが、数十万人を見込んだ動員人数は５０００人前後に低迷した。これに対し、ゴトヴァルトは、ついに、党指導部に対して厳しい批判を公然と口にする。このＫＳČ内部の分裂危機は、チェコスロヴァキアにおけるモスクワの利益を守るために、ＫＳČを安定化させ、全面的に信頼できる忠実な仲介者を据え付ける必要性をスターリンに認識させた。１９２８年７月にモスクワで開催された共産主義インターナショナル（コミンテルン）第六回大会において、スターリンはゴトヴァルトをコミンテルンの執行部に選出することで、チェコスロヴァキアにおける「忠実な仲介者」役に指名した。この結果、１９２９年のＫＳČ第五回党大会で、当時33歳のゴトヴァルトが総書記に選出され、彼を含めた党急進派「（ＫＳČプラハ事務所所在地カルリーンにちなんだ）カルリーン・ボーイズ（Karlínští kluci）」が指導部に登用される。彼らのボルシェヴィズム化とは、ロシアの権力闘争の経験を全面的に援用し、コミンテルンの定める方針に疑いなく服従することを意味した。

(2) 反ファシズム共闘の模索とソ連の支援による戦後復興

1930年代、ドイツではファシズムが台頭し、その反共思想の影響や領土拡大意欲が、欧州全域へ波及していく時期であった。1933年3月、国家(国民)社会主義ドイツ労働者党(NSDAP)が選挙に勝利し、ドイツ共産党は結社禁止措置となり国会議席も剝奪され、労働組織や社会民主党に対する抑圧も続いた。この事件の影響は、チェコスロヴァキアにも波及し、国内におけるファシスト系組織の勢力拡大が見られた。これに対し、ゴトヴァルトは、ヒトラーがドイツ共産党と闘うことは、欧州中の共産主義者が危険にさらされることを意味すると主張し、それまでのボルシェヴィズム化による共産党の活性化や経済危機対策ではなく、反ファシスト姿勢と反ファシスト統一戦線構築の重要性を訴え始めた。

当初、ゴトヴァルトは、エドヴァルト・ベネシュ(Edvard Beneš)大統領(任期:1935年12月18日から1938年10月5日)らブルジョワジーが人民の要求を満たすのであれば、労働者人民と共にチェコスロヴァキア防衛に協力すると宣言していたが、1938年9月のミュンヘン会談における英仏の対独宥和・妥協を受け入れて「ミュンヘンの裏切り」に加担したベネシュに対する失望と怒りから、ブルジョワジーが労働者人民との約束を果たすことはなく、必要なのはブルジョワジーに対する階級闘争であると再認識し、ドイツ第三帝国の脅威に直面するチェコスロヴァキアを救えるのはスターリンとソ連共産党だけであるとの確信を深めていく。

しかし、チェコスロヴァキア国内での共産党活動禁止を受け、1939年11月9日、ゴトヴァルトは家族とモスクワに脱出した。モスクワでスラーンスキーらと合流した彼は、1939年3月15日未明にドイツ軍がチェコ進駐を開始し、同日夕刻にヒトラーがプラハ城に到着してチェコスロヴァキアが解体されたこと、つまり、ミュンヘン会談による対独融和的譲歩が全く意味をなさなかった事実を受け入れるほかになかった。この結果、ドイツ支配への抵抗のためにソ連が果たす役割への期待はさらに高まっていくが、1939年8月に独ソ不可侵条約が締結されたため、ソ連の擁護者としてのゴトヴァルトは苦境に立たされる。もっとも、１９４１年6月22日のバルバロッサ作戦によるドイツのソ連侵攻開始により、この苦境は改善され、コミンテルンも、その方針をヒトラー打倒だけではなく、ナチズムに服従させられている全ての欧州諸国民の救済という全欧的な反ファシズム戦争へと変化し、その先頭に立つ共産党の指導的役割というナラティブを強調した。

全ての反ファシズム勢力の結集を目指すソ連指導部は、ロンドンに亡命するベネシュをチェコスロヴァキア共和国の代表として承認し、ソ連内にチェコスロヴァキア人部隊を創設することを許可した。さらに、ミュンヘン会談のトラウマを抱えるベネシュは、ソ連の後ろ盾によるチェコスロヴァキア再建を目指し、ソ連の誠実な支援協力の意志を期待していく。これを受け、ゴトヴァルトもベネシュに対する姿勢を改め、１９４３年12月12日にはベネシュをモスクワに迎え、戦後チェコスロヴァキアの国家体制について意見を交わし、（チェコスロヴァキア人国家とするために）ドイツ系及びハンガリー系住民の追放と大規模な国有化による財政アセットの確保の必要性で合意した。また、ゴトヴァルトの国民戦線（Národní fronta）を通じた「人民民主主義」構想は、ベネシュの右派・左派・中道派の三つの政党連合よりも現実的であったことから、１９４５年4月の大統領令により国民戦線体制が確立された。一方、１９４５年1月にスターリンと6時間にわたり戦後チェコスロヴァキアの将来像を話し合ったゴトヴァルトは、スターリンの期待に応え、ソ連の制度及び手法を模倣し、軍事・政治・経済・文化の各分野でソ連に追従して行動することを規定する「ソ連・チェコスロヴァキア条約（１９４３年12月締結）」の方向性を再確認する。

（3）人民民主主義という口実

１９４５年5月のドイツの敗戦により、東欧地域は、「社会主義化」という大きな社会的衝撃を伴う新たな地域秩序の形成に向かうこととなる。チェコスロヴァキア国家の戦後復興は、ベネシュを筆頭とするロンドン亡命政府とモスクワに避難したゴトヴァルトなどKSČ幹部によってその方向性が議論されたが、ルドヴィーク・スヴォボダ（Ludvík Svoboda）にソ連国内で編成させた第一チェコスロヴァキア独立歩兵大隊をチェコスロヴァキア解放時にソ連軍と並んで関与させるなど、ソ連の影響力の下で共産主義体制樹立に向けた準備をしてきたゴトヴァルトらの影響は絶大であった。

1945年4月5日にスロヴァキアのコシツェにおいてゴトヴァルトらによって宣言された全16条からなる「コシツェ綱領」の最大の特徴は、ファシストの影響力除去を目的とする反ドイツ及び反ハンガリー民族主義と、他政党との連立を通じた「人民民主主義」の達成であり、親ソ外交方針や旧敵国人とその協力者財産の没収、金融・保険、鉱業・エネルギー産業、その他基幹産業の国営化と計画経済が掲げられ、表立って謳ってはいないものの、実質は共産主義的な諸政策の導入を目指していた。また、新しいチェコスロヴァキア共和国政府の主要ポスト（特に内相及び情報相、農業相ポスト）は共産党員に占有された。KSČ序列第一位の議長となったゴトヴァルトは、盟友スラーンスキーを序列第二位の党総書記に任命し、ゴトヴァルトの意志をスラーンスキーが的確に実行していく二人一組のタンデムとなって機能した。

人民民主主義の基盤は、第一に国民戦線の創設であった。国民戦線は、政府によって認可された6政党の連合体であり、チェコでは、国外で対ナチス抵抗運動を支えてきたKSČ、社会民主党、国民社会党、人民党、スロヴァキアではスロヴァキア民主党とスロヴァキア共産党が参加を許可された。しかし、戦前の最大政党で1925年と1929年選挙で勝利した農業党や商工中産党、国民統一の右派3党は、ナチス・ドイツに協力して国民と共和国の利益を著しく害したファシスト政党として排除された。ソ連の政治制度の影響を強く受ける国民戦線は、全ての政党意志決定の上位に位置づけられ、国民戦線の決定は全ての合法政党を統制した。これは、各党の出版物や議員活動に対しても同様であった。この点から、戦後の第三共和制と呼ばれる政治体制は、第二次大戦以前の議会制民主主義の再興とは程遠く、国民戦線は、ゴトヴァルトが「我々の社会主義化目標を達成する手段である」と述べている通り、「人民民主主義」のイメージの裏で、６政党中２政党（KSČとスロヴァキア共産党）と数の上でも有利な共産党の影響力行使ツールとして活用された。また、スターリンにとっての「人民民主主義」とは、東欧各国内における共産党の政治基盤が弱い時期に、共産党以外の政党との連立を通じて政治基盤を構築強化し、共産党政権が樹立されるまではソ連の保護下・指導下に置くことが正当化される体制と認識されていたことに注意する必要がある。

（４）１９４６年選挙の勝利と「チェコスロヴァキアの社会主義の道」の模索

１９４６年５月26日に実施された国民議会選挙で、チェコにおいてKSČは40・17％の得票率を得て93議席を獲得し、スロヴァキアではスロヴァキア共産党が30・37％の得票で第二党となり21議席を獲得した。同選挙は、「民主主義的な条件で行われた選挙」と指摘されることが多いが、その実情は、参加政党の制限、選挙権の民族的制限（チェコ人、スロヴァキア人、他スラヴ系民族のみ）、選挙人年齢の21歳から18歳への引き下げ（これにより労働者や兵士を中心とする50万人近い有権者が増加）、政党白票制度（既存政治体制への反対を表現する方法として導入も、ボヘミアでの白票投票率０・35％、スロヴァキア０・79％でほぼ意味はなかった）などが導入され、複数候補、秘密投票、成人普通選挙などの原則を満たす民主主義的な選挙制度とは言えない。また、選挙前に国民戦線の維持が合意されていたことから、この選挙は、あくまでも各党の影響力を決定するためのものであった。故に、この選挙は、ノーレン（Dieter Nohlen）の選挙に関する分類（競争選挙、半競争選挙、非競争選挙）でいうと、「半競争選挙以上、競争選挙未満」と判断されよう[9]。

ゴトヴァルトは、すでに１９４６年５月のKSČ中央委員会において、来るべき時期までに国民の過半数の支持を獲得するという戦略的目標を打ち出し、これまであまり共産党に関心を抱いてこなかった若年層を対象とした党員勧誘を開始していた。特に、労働組合の地位と発言力を高めるというコシツェ綱領の方針に沿って１９４６年５月16日に可決され、６月24日に発効した統一労働組合組織法（č. 144/1946 Sb.）により単一の「革命労働組合運動(Revoluční odborové hnutí: ROH)」が組織された。この超党派の統一労組は、労働者の権利向上や余暇に対する補助などの便宜供与を通じて絶大な影響力を有する様になり、ＫＳČの権力強化に最大限利用された。この結果、１９４５年３月時点に47万５３０４人であった党員数は、１９４８年２月時点で１４０万９６６１人に達した。

この93議席獲得という結果は、ゴトヴァルトをはじめ共産党幹部の想像をも上回るものであり、降って湧いた勝利に自分達の手法や方向性に自信を深め、国家権力を握る方法を真剣に考える契機となった。１９４５年来、民族・民主主義革命路線を主張し、人民による民主的再任に拠った「人民民主主義」を語ってきたゴトヴァルトらが、１９４６年９月以降は、「プロレタリアート独裁へと通じる道は一つではなく、ある特定の条件下では別の道もありうる」とスターリンが明言したと主張し(10)、チェコスロヴァキアにはボルシェヴィキ革命後のロシアで起きたプロレタリアート独裁と赤い旗の下の英雄的な闘争は不要である、つまり、階級闘争と犠牲なしに社会主義を容易に獲得できるという「チェコスロヴァキアの社会主義への特別な道」を主張し始める。さらに、ゴトヴァルトは、１９４７年１月のＫＳČ中央委員会において、「マルクス・レーニン主義の教えを援用し、レーニン主義とスターリン主義の戦略的・戦術的ルールを、我々特有の条件に移し替える」ことを主張した。

しかし、ソ連と西側諸国の緊張が高まるにつれ、ソ連指導部は、一部の国家、特にチェコスロヴァキアがソ連の影響下から離脱するのではないかとの懸念を強めていく。特に、ゴトヴァルトが１９４７年７月に戦後欧州の復興を支援する米国主導のマーシャル・プランへの参加を希望したことは、ソ連指導部に、ゴトヴァルトへの「指導」の必要性を感じさせていた。さらに、同年９月に共産党・労働者党情報局（Cominform）がポーランドのシュクラルスカ・ポレンバで非公式に設立（10月にベオグラードで公式に設立）されるが、当初、本部のプラハ設置というソ連の打診をゴトヴァルトが拒否したことも、チェコスロヴァキアに対するモスクワの懸念を強める結果となった。その後、コミンフォルムの席上でユーゴスラビア代表から議会制民主主義を尊重し自由選挙の結果に言及するKSČに対する公然の批判が始まると、ゴトヴァルトやチェコスロヴァキア共産党指導部の言動に変化、つまり、ソ連指導部の怒りと圧力に屈し、モスクワが定めた方針を忠実に再現する姿勢が見られ始める。

このようなスターリンからの圧力のもと、KSČ指導部は、1947年11月の中央委員会において、攻勢に出ることを決定し、経済計画推進などの他、スロヴァキアにおける反国家的な陰謀の清算（スロヴァキア民主党に対する濡れ衣による弾圧）の完了、破壊主義者の浄化、チェコとソ連の同盟関係を弱める全ての行動を拒否、そして、国民戦線構成員からの反動分子と破壊分子の根絶など10項目の目標を掲げ、権力奪取に向けた周到な準備を開始した。これは、厳格なプロレタリアート独裁の確立を目指している姿勢を見せることによってのみ、スターリンの予測不可能な反応を回避し、KSČの行動選択の自由を確保できるとの判断に基づいていた。そして、この時期以降、「チェコスロヴァキアの社会主義への特別な道」というナショナリズムを操るプロパガンダは言及されなくなり、人民民主主義からソ連型社会主義への移行の重要性が強調されるようになる。

（5）1948年二月事件と「階級闘争」の必要性認識

国民戦線内における国民保険法や農地法、国有化などに関する方針の相違に端を発する共産勢力と非共産勢力の政治対立により、1947年11月以降、憲法に関するものを除いて国民戦線の協議は開催されなくなり、この対立は1948年2月に最高潮に達した。しかし、KSČは、各企業や地方自治体、他政党内への共産党細胞の設置や、内務省や軍部を通じた暴力装置の掌握など、ソ連からの専門家に支援された用意周到な権力掌握準備をその前より進めており、すでに1947年1月の党中央委員会で「人民大衆の最大限の動員」を決定していた。1948年2月20日、非共産党系3政党出身の12大臣がヴァーツラフ・ノセク（Václav Nosek）内務大臣（KSČ）による警察・治安部門の非共産党員追放措置（非共産系警察署長8名の解任）に反発して辞表を提出したが、彼らは、ベネシュ大統領が辞表受理を拒み、政権が崩壊し、早期選挙が行われるものとして信じていた。しかし、辞表を提出しなかった非共産系のヤン・マサリク外相（初代大統領マサリクの息子）とスヴォボダ国防相を含めた残り14名の閣僚は内閣（26名）の過半数を維持していた。20日以降、街頭では共産党支持の大規模デモが連日開催され、ゴトヴァルトの全国ゼネストの呼びかけには約250万人の労働者が応じた。さらに、ゾリン（Valerian Zorin）駐チェコスロヴァキア・ソ連大使がハンガリー国境に待機中であったソ連軍による軍事介入の可能性を暗に仄めかしたことで、ついに2月25日、ゴトヴァルトの会見発表通りに、ベネシュは閣僚の辞表を受理し、KSČとソ連寄りの社会民主党による新内閣を指名した。

ゴトヴァルトは、KSČによって周到に準備されたこの「二月事件（KSČは「勝利の二月」と呼称）」を勢力拡大に最大限利用した。彼は、政治的圧力と民衆活動を利用し、大統領に辞職を受け入れさせ、空席になっていた12閣僚ポストに自分に服従する非共産系政治家を任命した。権力を掌握したKSČは、1948年2月時点で人民党、国民社会党、そして、KSČの3案が存在していた憲法草案からKSČ案を5月9日の国民議会において採択した。KSČによって草起された憲法案に署名することを拒否したベネシュは、6月7日に辞職し、その代わりに、6月14日、ゴトヴァルトが、チェコスロヴァキア共和国大統領に就任し、ザーポトツキーが首相に任命された。これによって、ゴトヴァルト大統領、ザーポトツキー首相、そして、スラーンスキー党総書記のトロイカ体制が明確に確立された。

二月事件以降、選挙の自由は義務に変わり、司法の独立は消滅した。非共産党系政党は、KSČの意向を反映する衛星政党となり、国家機能・各機関も同様であった。産業は国営化され、計画経済の下で運営されるようになった。国民は、広範囲にわたるプロパガンダによる思想教育の対象とされ、治安維持機関によって管理され、ゴトヴァルトに異論を唱えるものやゴトヴァルトが政治的に邪魔だと思う者は収監・処刑されるようになる。このシステムにおいて、共産党は、共産党員である労働者階層に利益を配分することを表面上見せかける体制を構築していく。この中央集権的なシステムのなかで、ゴトヴァルトを中心としたごく一握りの共産党指導部が、憲法上・法律上のいかなる責任も果たさずに意思決定者となっていった。

しかし、この共産党最高指導部でさえ完全に独立していたわけではなく、常にスターリンおよびソ連共産党によって統制されていた。このゴトヴァルトに対するスターリンの呪縛が解けるのは、１９５３年３月５日にスターリンが死去し、９日のモスクワでの葬儀に、心臓やアルコール中毒などの健康上の問題を抱えるゴトヴァルトが無理をして参加し、その帰国５日後の３月14日にプラハで亡くなるまで待たなければならない。

４　ゴトヴァルト独裁体制の特徴

フリードリッヒとブルゼジンスキーは、全体主義体制の形態と構造に注目し、その基本的特徴として、①洗練されたイデオロギー、②指導者一人の単一の大衆政党、③党と秘密警察によって実行されるテロ制度、④効果的なコミュニケーション手段に対する党と政府の独占、⑤暴力（軍事力）の独占、⑥中央の指令経済、の６点を挙げた。ここでは、先述したゴトヴァルトによる権力掌握・制度化の過程を基に、（１）イデオロギー偽装と欺瞞による「正統性」確保、（２）巧妙な制度化、（３）党と警察機構による抑圧、（４）メディアの独占、そして、（５）計画経済や社会保険制度による「飴（利益）」の提示を、ゴトヴァルト体制の正統性確保の手段とし、政治アクターによる独裁の「制度確立期」における制度化のための手法を検証する。

（1）イデオロギー偽装と欺瞞による「正統性」確保

ゴトヴァルトは、階級闘争による「プロレタリアート独裁」の追求という彼の核心的目標を、最も国民の心に響く効果的なナラティブで遮蔽するために、時流に合わせて政治的主張やその形態を変化させてきた。KSČによる独裁体制の制度化は、最初に、国民戦線を通じた「人民民主主義」による国民からの権力の再任用という枠組みを活用することで、保守・右翼政党に対する封じ込めと左翼政党に対する一方的な優遇措置を最大限利用して進められた。この点、戦後チェコスロヴァキアは、最初からKSČ及びスターリンの意図した路線の上を進んでいた。その後、ゴトヴァルト体制は、1946年選挙結果によって生じた自信から、一時的に、階級闘争や武力行使を伴わない平和的な社会主義への移行が可能だとする「チェコスロヴァキアの特別な道」ナラティブを模索する姿勢を見せる。この「特別な道」ナラティブは、チェコスロヴァキアの国家的伝統を「社会的要素の強い民族的、民主的、進歩的伝統」と解釈し、この民族的伝統を強調することで社会主義への移行は歴史の当然の帰結とみなす左派思想家ズデニェク・ネイェドリー（Zdeněk Nejedlý）のレトリックと密接に関連していた。だが、その水面下では、制度確立に向けた周到な準備を進めている。しかし、スターリンの態度が硬化したことから、1947年7月以降、「特別な道」ナラティブは、ソ連型の「研ぎ澄まされた階級闘争」へと変化していく。

また、KSČは、さまざまな欺瞞により、その本質を遮蔽し、聞こえの良いナラティブのみを拡散することで、国民の支持を取り付けようとした。例えば、KSČは、チェコスロヴァキアの工業国有化を完成させ、50ヘクタール以上の土地の収用を目指した農業改革を継続する方針であったものの、農業の集団化を意図しないことを繰り返し公に宣言し、農民の支持を喪失しないように注意を払った。1945年8月に、ゴトヴァルトは、「共産党の参加する新政府はあなた方農民から土地を取り上げ、強制的に集団農場にすると野党は脅している。しかし、共産党のおかげで、新政府があなた方から何も奪わないばかりか与えていることをあなた方は自分の目で見てきた。そして、今後、もっと見ることになるだろう」と演説している。また、１９４６年3月30日のチェコスロヴァキア共産党第8回党大会で、のち（１９５１年）に農相に就任するヨセフ・ネポムツキー（Josef Nepomucký）は、「共産党は、農民の私有地に触れておらず、これからも触れないばかりか、常に誰に対しても農民を守る」と高らかに宣言した。しかし、実際は、１９４９年2月、「統一農業協同組合法（ＪＺＤ）」が採択され、農業集団化が開始される。

さらに、１９４６年選挙後に首相に就任した際、ゴトヴァルトは、「全ての個人の自由、宗教の自由、報道の自由を保証する」と表明し、共産党による国民管理と自由の制限に対する懸念を払拭しようと試みた他、１９４６年6月の組閣の際にＫＳČは、チェコスロヴァキアが東と西と対等の関係構築を進める意思を持つことを国際的に見せかけるため、非共産党員である陸軍大将のルドヴィク・スヴォボダを国防相に、ヤン・マサリクを外相に任命している。

その上、共産党は、１９４７年の党員獲得キャンペーンの一環として、新たな勧誘対象であった中小規模自営業者に対しても同様の立場をとっている。ヨセフ・ホルン経済相は、第8回党大会で共産党の通商政策について、「商人たちは、共産党が実践している社会主義が、彼らにとって危険なものではなく、社会主義が唯一の安全な活動の保障であることを理解している」と説明し、国有化の方針を遮蔽し、自営業者に聞こえの良い説明に終始した。しかし、共産党は、政権を掌握するとすぐに民間企業セクターの国営化（第二次国有化）を行ない、１９４８年末には、労働者の94・9％が国営部門で労働するようになっていた。新体制は商店・製造業者の店舗も閉鎖し、唯一、国営又は協同組合の店舗のみが存続を許可された。

この点、他の東欧諸国とは異なり、（完全な民主的選挙ではないにせよ）選挙で市民から正当性を付与された共産党が政権を樹立したチェコスロヴァキアは、1938年9月以前の状態に戻ることを漠然とイメージしていた大半の国民が、ゴトヴァルトの謳う戦後体制やそれがもたらすものを十分に理解することなく、戦後復興のユーフォリアに呑まれてそれを支持した結果であったと言える。これは、外交的センスに長け[11]、ロンドン亡命政府において第一共和政と戦後チェコスロヴァキアの連続性を強調していたベネシュが、国家主権を守る唯一の方策としてソ連との密接な関係を模索し、戦争によって混乱した経済を立て直すために「社会主義化する民主主義」を主張して、鉱山・特定工業、食品産業、銀行、映画産業などの国有化に関する大統領令を発令したことで、国民の「社会主義」に対する警戒心を低減させたことも大きく影響した。

(2) KSČによる巧妙な制度化

KSČは、独裁体制制度化において、当初より、内務省や情報省、農業省、労働社会省などの社会支配に重要な省庁を確保し、その影響力を拡大していった。また、統一労働組織である革命労働組合運動(ROH)も、KSČの大衆に対する権力強化に最大限利用されている。さらに、KSČが社会内で影響力を拡大する手段として、自らに都合の良い法律を整備し、場合によっては法律すら無視することで国家・社会支配の制度化を進めた点も見逃せない。例えば、1948年憲法は、1920年憲法を基に一院制議会である国民議会に立法権を、大統領と政府に行政権を、そして、独立した裁判所に司法権を付与し、三権分権を維持しているものの、実際は、憲法上何も定義・規定されていないKSČ政治局がその上に立ち、憲法規定に縛られることなく、KSČの方針を各政策に反映させていった。また、憲法解釈とその遵守の統制は、独立した機関による監視ではなく国民議会に委ねられていたものの、実際上は、全く監視されていなかった。

その上、憲法上の各規定は、それを回避する他の法律によって骨抜きにされ、KSČの意向を反映した恣意的な法運用が進められた。例えば、「国民議会選挙に関する法律（č. 75/1948 Sb.）」は、議会選挙を、複数候補から選択する自由選挙ではなく、KSČの認める「国民戦線の統一候補者」に対するイエスかノーかを選ぶ一種の国民投票に置き換え、二月事件後のKSČの政治的正統性を主張するプロパガンダに利用された。

さらに、「共和国防衛法（č. 231/1948 Sb.）」及び１９５０年刑法（č. 86, 87, 88, 89/1950 Sb.）では、共和国に対する誹謗中傷罪、高官に対する名誉毀損罪、ファシズムの促進罪、世論の混乱に寄与する情報流布罪などに関する規定が非常に曖昧で、取り締まり当局の思うままに定義が可能であった。加えて、「国家裁判所法（č. 232/1948 Sb.）」や「強制収容所に関する法律（č. 247/1948 Sb.）」は、懲役2年以下の刑罰を科す権限を、裁判官の代わりに地方毎に設置されていた地方国民委員会委員（KSČ党員）３名以上の合意によって可能とし、司法の独立性は担保されなくなった。

（3）党と警察機構による抑圧

第二次大戦終結後、この時期の他国共産党とは異なり、KSČは全ての分野で巧妙にその影響力を強化する一方で、「特別な道」アプローチにより非常に民主的かつ段階的な改革を進め、ベネシュや国民から信頼を得ていたが、冷戦構造の緊張化に直面するスターリンは、１９４７年秋、更なるソ連化（国有化と非共産党系政党の抑圧）が必要だと判断し、ゴトヴァルトに対し社会管理・統制を早急に確立するように指示する。１９４７年秋、すでに共産党が支配する治安当局は、スロヴァキアにおいて選挙で第一党となった民主党の指導者を反国家的陰謀の容疑で告発し、同党を解体するか少なくとも実質的な弱体化を図ろうと試みた。また、１９４７年9月、非共産主義系の三閣僚（ペトル・ゼンクル副首相、ヤン・マサリク外相、プロコプ・ドルティナ法相）に対する小包爆発物による暗殺未遂事件、所謂、クルチマン事件（Krčmaňská aféra）も発生した。この事件の真相は藪の中であるが、ノセク内相は事件調査を最大限遅らせ、二月事件後に容疑者の起訴が取り止められている。

他の社会主義諸国と同様に予防テロが実行され、共産主義に敵対するものや反体制派から革命を守る目的だけでなく、将来敵対するであろうもの、共産党以外の政治的影響を与える可能性を持つもの全てが対象となった。1949年9月、二月事件に抗議して国家社会主義党議員を辞職したミラダ・ホラーコヴァー（Milada Horáková）が国家転覆陰謀罪で逮捕・起訴され、アインシュタインらの請願も虚しく処刑されたほか、1950年3月から1954年7月にかけては、特に体制にとって危険な組織と判断されたチェコとスロヴァキアの教会関係者・信者の裁判・処刑も行われた。これらの「異端狩り」対象者は、非共産党員から共産党員、やがて、共産党幹部へと拡大した。

一連の予防テロは、最終的に、ゴトヴァルトの長年の盟友であったスラーンスキーにまで及ぶ。ゴトヴァルトの大統領就任以来、共産党総書記としての権限が強化されていたスラーンスキーは、1951年11月にチトー主義者を理由に書記長を解任され、1952年11月20日からの政治裁判で有罪となり処刑された。この判決に関し、ゴトヴァルトは、共産党内部にスラーンスキー率いる陰謀集団が存在し、アメリカ帝国主義者のスパイ活動に加担したと主張して捏造裁判を正当化した。また、ブルジョア民族主義者との罪状捏造により、スロヴァキア共産党にとって最も重要な人物の1人であったグスターク・フサーク（Gusták Husák）は終身刑に処された（1963年の名誉回復処置で釈放）。

捏造裁判以外にも強制労働キャンプや軍隊での重労働部隊など、さまざまな抑圧手段が使用され、政権に対する現実の、あるいは潜在的な批判者を黙らせる非常に効果的な手段であった(12)。否定的な判決を受けた者は、資格のある仕事から排除され、肉体労働を強いられ、自由そのものが脅かされた。このように、政治的自由と社会的権利、とりわけ働く権利と教育を受ける権利の制限することで、権力に従順で抑圧された社会が形成されていく。これらの被害者数は、最終的に約20～28万人と見積もられている[13]。また、１９４８年から１９５３年の間に、チェコスロヴァキアから他国に転出した人数は、25万人前後と見積もられており、１９６８年チェコ事件前後の11万６８００人と比較しても格段に多い[14]。この点からも、ゴトヴァルト及びKSČが本質を遮蔽することで１９４６年選挙時に獲得した社会における正統性は、１９４８年二月事件によりゴトヴァルト体制が確立されて以降、その本質が知られるにつれて正統性を失っていく。権力の正統性の低下に際し、厳格なスターリニズム具現者であったゴトヴァルト体制下では、国民を恐怖で支配するために、内務省・警察機構による政治的抑圧（暴力、逮捕、監禁、脅迫、粛清、そして、過酷な経済差別を含む迫害）を最大限活用し、人々を逮捕、投獄した[15]。

（４）「メディア」・文化プラットフォームの独占

KSČは、政権樹立後、国内メディアを独占し、チェコスロヴァキアの社会文化空間において、ゴトヴァルトは様々なプラットフォームにおいて表現の主対象となり、絶対的指導者の主義・主張は多様なナラティブによって補われた。例えば、ゴトヴァルトの「労働者大統領」というイメージは、初代チェコスロヴァキア大統領のトマーシュ・ガリッグ・マサリク（Tomáš Garrigue Masaryk）やその学生でもあった第二代大統領ベネシュなど、学者出身のインテリというイメージと比較することで、労働者層により身近な大統領を演出する工夫であった。また、ゴトヴァルトは、宗教改革を主張したことでカトリック教会から異端視・破門されたヤン・フスや、フス派を率いるフス戦争の英雄ヤン・ジシュカ（Jan Žižka）のイメージを、第一共和制時代に活動を制限され、やがて活動を禁止された自身とKSČの苦難と「真理」に対する弾圧に重ね合わせ、その類似性を多用した。

このゴトヴァルトのモチーフは、KSČ日刊機関紙『Rudé právo（紅い権利）』の紙面に頻繁に登場し、政権指導者を称える詩が詠まれた。各都市では、大統領に敬意を表して、通りや広場、学校の名前を変えた。この個人崇拝の表現手段はソ連共産党におけるスターリン崇拝を模倣したプロパガンダであり、「ゴトヴァルト」は、社会構造における重要なイデオロギー、プロパガンダ、文化、社会規範といった多くの側面を持つ「言語」として位置づけられたのである。(16)

初期のころは、Rudé právoを筆頭に報道プラットフォームが主なメディアとして機能していたが、やがて、文化プラットフォームも重要な役割を果たす。それは、党の展覧会や共産党博物館を通じた「記憶の創造」であった。1950年に設立されたチェコスロヴァキア共産党史研究所（ÚDK）の設立により、共産主義史の解釈は科学的な性格を持つ公的な制度となり、革命闘争史観の啓蒙が進められる。これに呼応して学校教科書も新しい歴史観を反映した内容に置き換えられた。また、「社会主義リアリズム」に基づく芸術分野（視覚芸術、建築、文学、映画など）においても、ゴトヴァルトをモチーフにした肖像画コンテストや展示会が頻繁に開催され、「労働者大統領」ゴトヴァルトのナラティブを社会に埋め込む手段とされた。

これは、労働者階層出身で高学歴ではないゴトヴァルトをプロレタリアート革命体制の象徴とすることで労働者階層からの親近感や支持を取り付けるためであった。しかし、その実情は、ザーポトツキーやスラーンスキー、そして、その他のKSČ幹部による集団合議制によるソ連をモデルとした共産党独裁体制であり、スターリンから「仲介人」に指定されたゴトヴァルトの個人的な意向は、多少は政策方針に反映されてはいたものの、全てを彼一人が独裁的に意思決定していた訳ではなかった。「労働者大統領ゴトヴァルト」を前面に押し出して制度化された共産党による一党独裁体制は、ゴトヴァルト亡き後も、1968年の「人の顔をした社会主義」改革の試みやソ連による改革の弾圧「チェコ事件」、そして、その後の「正常化」時代など、ゴトヴァルトを含め5名の大統領による41年6カ月に亘る制度運用により、1989年12月まで継続することになる。

（5）計画経済や社会保険制度による「飴（物理的利益）」の提示

経済的利益を提示することは、ＫＳČが国民から「正統性」を獲得するための重要な手段とみなされ、財産と所得の再分配は、共産党が権力の独占を獲得するための闘争の重要な武器となった。すでに、この伏線は、１９４５年４月５日にチェコスロヴァキア臨時政府が打ち出したコシツェ綱領に、モスクワに亡命していた共産党メンバーによって練られた失業、病気、老齢のすべての国民を保護する「豊穣な社会政策」が反映されたことからも認識できる。

国民の所得平準化に向けた決定的な一歩を踏み出したのは、１９４５年12月の通貨と賃金の改革であった。賃金改革は「飢餓をなくす」ことを目的とし、物価と賃金が１９３７年を基準に1対3の比率で計算し直された。また、所得の平準化は、配給制度と価格補助によって補完された。しかし、１９３７年の56％よりは減少したものの、依然として１９４７年人口の27％が経済的な最低生活水準に置かれていたように、社会的・年金的格差の縮小は、収入と支出の平等をもたらすことはなかった。また、１９４５年から１９４８年にかけて、それまでの社会階層に応じた年金支給額の差をなくすことを目的に社会保障制度の抜本的な改革が行われた。さらに、１９４８年4月に可決された野心的な国民保険法は、子供、母親、高齢者の保護、病気、障害、老齢、稼ぎ手がいなくなった場合などを規定し、普遍的な無償国民健康保険制度創出を目指したほか、教育や医療を無償で提供することも定められていた。

このほか、労働者に対する利益誘導を進めるために、革命労働組合運動（ＲＯＨ）を通じた労働者に対する余暇の支援や住宅支援などを通じて、それまで余暇を楽しむ余裕を持たなかった工場労働者層（ブルーカラー：１９３０年のチェコ社会に占める割合60・4％、スロヴァキア社会に占める割合47・6％。１９５０年のチェコ社会に占める割合59％、スロヴァキア社会に占める割合49・5％）や、共産党関連組織の増加により新たに形成された事務職労働者層（ホワイトカラー：1930年のチェコ社会に占める割合7・5％、スロヴァキア社会に占める割合4・6％。1950年のチェコ社会に占める割合18・5％、スロヴァキア社会に占める割合11％[17]）の動員、つまり、1950年に、理論上はチェコ社会の77・5％、スロヴァキア社会の60・5％の動員を可能にした。

また、労働者階層の管理職への登用も、経済合理性を無視した労働者優遇措置の一環であった。この措置により、初等教育か職業訓練しか受けていない労働者の管理職に占める割合は1950年に30％であったが、1957年には50％以上になっている。1948年から1952年の間に生産工程から指導的地位に昇進した労働者の数は20万人にのぼる。このように、専門家が「労働者階級の新しい知識人」に取って代わられたことは、教育と資格のある仕事が軽んじられることも意味した[18]。

5　ゴトヴァルト独裁体制が「正統性」を得た要因

ここでは、先述した政治的アクター（ゴトヴァルト及びKSČ）による独裁の制度化の試みに対し、構造側（チェコスロヴァキア社会）から見た「正統性」受容の要因を検証する。特に重要なのは、1938年9月の「ミュンヘン会談（英仏などによるミュンヘンの裏切り）」によって生じた西側への失望感やトラウマや、1939年3月15日のナチス・ドイツによる保護領化などの歴史的経験、1945年5月のファシズムからの解放者としてのソ連に対する熱狂的な期待感、そして、戦前の経済混乱や限定的な社会保障制度の経験から生じた完全無償社会保障や戦後復興を通じた富の再配分への願望が、国民に選挙を通じて共産党を選択させたことである。また、第一共和政時代のチェコスロヴァキア初代大統領マサリクや第二代大統領ベネシュに対する個人崇拝的な傾向という、ゴトヴァルトの個人崇拝をも受容するチェコスロヴァキアの歴史的土壌が存在したことも無視できない。

（１）「ミュンヘンの裏切り」、西側民主主義への失望、そしてソ連に対する期待

１９１８年10月28日、第一次大戦後のヴェルサイユ体制の下で建国されたチェコスロヴァキア共和国は、国際連盟という集団安全保障体制の維持を外交の基盤とした上で、フランスとの同盟策を外交の中心に据えた。しかし、１９３０年代に入り、ナチス・ドイツが急速に軍備拡張し、露骨な膨張政策を押し進めるに従い、フランスやソ連との軍事援助条約の協力内容を具体化させる一方で、国境地帯への要塞建設および共和国防衛軍の軍備拡張に注力した。

フランスとの同盟関係は、チェコスロヴァキア・仏同盟条約（１９２４年１月23日締結）及び、ロカルノ条約と同時に調印されたチェコスロヴァキア・仏保証条約（１９２５年10月16日締結）によって明文化された。しかし、均衡する多極構造の中で外交的バランスを取っていくことを主張するエドヴァルド・ベネシュ外相（当時）の意向により、これらの条約には、軍事協力を規定する一切の条項や秘密協定は盛り込まれなかった。しかし、欧州情勢の緊張化に応じて、１９３３年５月、両国は、空軍派遣協定を締結した。さらに、ドイツの空軍再建宣言を受けて、１９３５年７月、両国は、チェコスロヴァキアが戦争状態を宣言した場合は即座に、フランスが二個爆撃飛行中隊を派遣することを定めた空軍協力協定に調印した。

また、フランスの対独協調路線に不安を感じたチェコスロヴァキアは、１９３５年５月の仏・ソ相互援助条約が締結された数日後、チェコスロヴァキア・ソ相互援助条約を締結した。この条約では、署名国の一方が、明白な脅威に曝された場合、もう一方の署名国は、即座にこれを援助することが規定された。しかし、付帯議定書で、フランスがチェコスロヴァキアに対して軍事援助を行った場合にのみ、この自動参戦条項が発効することが規定されるなど、ベネシュの対ソ連不信感による安全装置確保に向けた努力が見てとれる。

１９３８年３月にオーストリア併合に成功したヒトラーは、ドイツ系住民の多いズデーテン地方の割譲をベネシ

ュに迫った。１９３８年9月17日、ベネシュは特使をフランスに派遣し、戦争回避のためにヒトラーの要求を受け入れる意向を秘密裏に伝え、チェンバレンは、ヒトラーにそれを伝えるが、ヒトラーは、さらに要求を吊り上げ、ズデーテンの即時割譲を要求する。これに対し、9月23日にチェコスロヴァキア政府は、完全動員令を発令したが、フランスは、軍事的に協力する素振りを見せず、ベネシュは、対独開戦による事態解決を断念する。結局、9月29日のミュンヘン会談において、英仏は、自身の戦争回避の為にドイツの要求を飲み、英仏及び独伊の四カ国首脳は、別室で待つチェコスロヴァキア代表を交えることなしにズデーテン地方のドイツへの即時割譲で合意し、チェコスロヴァキアは、国土の四分の一を失った。この対独宥和政策の衝撃は、チェコスロヴァキア国民の目には、「ミュンヘンの裏切り」と写り、英仏など西欧諸国に対する政治的・社会的な失望を生み、さらに、対独開戦を踏み切らなかったベネシュ体制に対する無力感は、「ブルジョワ政権の無能さ」を非難する共産党の言い分に説得力を与える結果となる。

ミュンヘンでの英仏による融和姿勢に味を占めたヒトラーは、その半年後の１９３９年3月15日にチェコを軍事併合・保護領化し、スロヴァキアにはスロヴァキア共和国（社会主義時代は「スロヴァキア国」と呼称[19]）傀儡政権を樹立した。ナチス・ドイツによる厳格な支配統制下に置かれた占領期間中、ベネシュらはロンドンに亡命政府を樹立し、ゴトヴァルトら共産党幹部はモスクワに移動し対独パルチザン抗戦と戦後国家建設の準備を進めたが、国内に残された大多数の国民は、ベーメン・レーメン保護領総督による厳格な統制下、ないしはスロヴァキア共和国における親独ティソ政権下で、解放者の出現を夢見ていた。

ドイツ軍部隊の駐留するチェコスロヴァキア国土の解放は、東部からソ連軍によって進められ、１９４５年4月にはスロヴァキア共和国の首都ブラチスラヴァが解放された。１９４５年5月、パットン率いる米陸軍第3軍によってピルゼン市を含むボヘミア南西部は解放されたが、事前の米ソ合意に従いそれ以上は進軍せず、ソ連軍によるプラハ解放を待つ。実際のプラハ解放では、ソ連軍の到着前にプラハ市民の蜂起を支援したアンドレイ・ウラソフ（Andrei Vlasov）率いるロシア解放軍（ＰＯＡ）が大きな役割を果たしたものの、共産党は、（同部隊がナチスドイツ支援の下に編成され、後に寝返ったという経緯から歴史から抹消し）ソ連軍による「プラハ解放」ナラティブを最大限活用した。結果的に、解放者の出現を熱望していた国民のソ連に対する親近感と今後の国家再建に際する支援への期待は非常に大きくなり、ＫＳČによる「正統性」確保の一因となったのである。

（２）世界恐慌と未熟な社会保障制度が生み出した完全保証への願望

戦後のチェコスロヴァキアの社会や、共産主義に対する認識変化の歴史的源泉は、ネイエドリーの主張するチェコスロヴァキアの伝統や価値観に含まれる社会主義的な思想というよりは、世界恐慌の経験と１９３０年代後半の劇的な展開の中に見ることができる。特に、世界恐慌と戦争は、チェコスロヴァキア社会に政治的・経済的に大きな変化をもたらし、既存政治体制に対する失望と共産主義に対する期待感を高めた。

１９２９年10月25日のニューヨーク証券取引所での暴落に端を発する世界恐慌は、やがて、ヨーロッパに波及し、チェコスロヴァキアでは、１９３０年からその影響を受け始めた。当初、砂糖や穀物輸出を主体とする農業従事者が多いスロヴァキアやポドカルパチア（現ウクライナ西部）地方に影響が見られたが、その後、この影響は産業界にも波及し、重工業（冶金、採掘、エンジニアリング）分野では大幅な減産と解雇が行われた。この結果、１９３３年のチェコスロヴァキアの工業生産は40％、対外貿易は71％減少し、１９３２～１９３３年には１００万人を超える失業者（総労働力の20％、産業労働者の32％）が発生した。これは、欧州で最も高い水準であった。

当時、失業手当の支給は、労働組合への加入と連動しており、国が一部負担することで労働組合が失業者に失業手当を支給する、所謂、ゲント式社会保障制度によって組合員と厳密に結びついていた。ウドゥルジェル（František Udržal）政権は、産業と農業に対する国家補助金と、主に制度の対象外で失業保険を受け取れない非組合員労働者に向けた支援措置（給食や衣料支援など）の組織化によって、失業者問題に対処しようとした。しかし、社会福祉ネットワークが不十分なうえ、東部に向かってますますその制度網が細くなっていたため、救済措置をまったく受け取れなかった人も少なくなかった。

社会保障の欠如は、抗議行動の増加とその急進化を招き、共産党などが組織したデモに対する暴力的な弾圧によって死者が発生し、さらにデモ活動が先鋭化する。また、1932年3月から4月にかけて、解雇と賃金カットに反発して、炭鉱業が盛んなモスト地方で2万5000人の鉱夫が参加して鉱夫ストライキが起こり、クラドノやオストラヴァなど国内各地域にも広がった。この結果、労働組合などの組織化が急速に進んだが、これは、その後の共産主義受容の土壌となった。さらに、経済危機は、サービス市場に大打撃を与えたために、商いが完全に消滅した小規模の職人や商人は深刻な打撃を被り、中産階級のかなりの部分が消滅してしまう。これは、チェコスロヴァキア経済全体の衰退をさらに深めたほか、ブルーカラー労働者や失業者が多い社会構造を形成した。

この惨状の中で、大多数の国民は、社会の根本的な変化のみが雇用、所得、社会的保護を確保できるとの確信を増加させていった。これを予期していたのがハイエクであり、彼は戦時中、「既存の秩序の不公正さに対する戦後世代の巨大な不満が、貧困を再分配で処理する恐れがある」とすでに警告している[20]。この社会不安の解決策は、国民に基本的な社会保障を提供するために資源を動員し、働ける人には仕事と適切な報酬を、それ以外の人には基本的な社会所得と必要な社会サービスを提供することだとされた。しかし、これは社会的、経済的領域における国家の役割を強化することなしにはできないことであった。

チェコスロヴァキアの経済危機は、1930年代半ばから徐々に沈静化し始めた。しかし、第一共和制末期まで世界恐慌発生前の経済水準に回復せず、危機の影響が残った。さらに、この経済恐慌は、経済面だけでなく、とりわけ政治面において大きな負の影響を残した。経済の低迷と国民の生活水準の悪化に対する当然の反応として、既存政治への不満や失望感が高まったのである。

（3）第一共和政時代の個人崇拝の伝統（国民気質）

新聞などのメディアに頻繁に登場し、道路や広場、学校の名前として社会に埋め込まれ、様々な展示会のモチーフにされた「労働者大統領」ゴトヴァルトは、社会構造における重要なイデオロギー、プロパガンダ、社会・文化、社会規範といった多くの側面を持つ「言語」として位置づけられ、個人崇拝の対象となっていたことはすでに指摘した。しかし、このような言語も、受け入れる社会構造側の受容がなければ、空虚な言葉でしかない。

ゴトヴァルトが個人崇拝の対象として祀られ、崇められた背景を理解するためには、第一次世界大戦の敗戦国オーストリアからチェコスロヴァキアが建国・独立された１９１８年10月28日から、１９３８年9月30日にミュンヘン会談によってズデーテンが割譲されるまでの、所謂、第一共和政時代のチェコスロヴァキアという空間の思想的変容を象徴する初代大統領マサリク、そして、二代目大統領ベネシュという二人の大統領に対する個人崇拝という歴史的土壌を理解する必要がある。

初代大統領マサリクは、チェコスロヴァキア共和国建国の代名詞でもあり、全会一致で初代大統領に選出された彼は、チェコスロヴァキア民族主義的言説、オーストリア帝国からの解放主義的言説、そして、ハプスブルク君主制の伝統に代わるモチーフを組み合わせた個人崇拝の対象となった[21]。つまり、彼は、新たに建国された共和国の「国民の父」と位置付けられ、人間性、民主主義、民族自決という「米大統領ウイルソン的」な理想を表現するとともに、フランツ・ヨーゼフ2世に象徴される皇帝による君主制を置き換えるモチーフとなったのである。マサリクの名前は、道路や広場、そして、学校の名前として社会内に埋め込まれ、マサリクに対する個人崇拝は、「T・

G・マサリクの功労に関する法律（č. 22/1930 Sb.）」により制度化された。国民は、チェコスロヴァキア人の象徴としてマサリクを受容し、尊敬し、これを崇拝する国民気質を育まれたのである。

1935年12月、マサリクに代わり第二代大統領に就任したベネシュは、マサリクと比較して強力な個人崇拝の対象となったと言える程の強い個性やカリスマはなかった。ベネシュは、博士号を持つカレル大学の講師として、そして、マサリクの弟子という立場から、国民の父マサリクの言説を受け継ぐ「国民の子」というイメージを持たれ、1930年代のあらゆる苦難を背負うことで国民と共存し、新たな個人崇拝の対象となっていった。

そして、1948年2月にプロレタリアート独裁を無血で確立することに成功したゴトヴァルトも、誰もその中心性と強固な権力を否定できない指導者となった。彼は、自身を、マサリクやベネシュのインテリ、資本主義、ブルジョア的なイメージの対極に置くことで彼らのエリート主義を否定しながら、彼らに対する個人崇拝の伝統（歴史的土壌）を逆手にとってイデオロギー的に利用することで自身の「正統性」を確保した。つまり、自身を労働者階級出身の「労働者大統領」と強調することで労働者に身近な大統領イメージを創出し、それに、国民に寄り添うKSČのシンボルと、ソ連に対する社会的期待感を具現化する対ソ交渉人としてのイメージも統合させたのである。彼に対する個人崇拝は、彼の生涯を描いた本や著作集の出版、銅像や記念碑の設置、そして、彼の名前を冠したコンサートやスポーツ大会の開催を通じて、社会構造内で繰り返し増幅され、神話の連鎖を紡いでいった。

さらに、彼は、「ゴトヴァルトは党、党はゴトヴァルト」というスローガンを活用し、彼の個人崇拝とKSČに対する支持を巧みに統合した。ミラン・クンデラは、1979年に出版した小説『笑いと忘却の書』で、1948年2月以降のチェコスロヴァキアの状況を、ゴトヴァルトの高度なイデオロギー的搾取ととらえ、ゴトヴァルトとその体制と同一視し、それを個人崇拝と回顧したのみならず、過去と現在の書き換えと歪曲を基本とする共産党プロパガンダの実践と戦略を指摘している（その指摘の結果、彼はチェコスロヴァキア市民権を剥奪されてしまう）。

6　緊張する国際環境とスターリンの介入

１９４７年以降の米ソ緊張の高まりという国際関係の変動も、ゴトヴァルト及びKSČによる周到な準備による独裁体制の制度化や、国民の西欧に対する失望感やドイツに対する脅威認識、そしてソ連に対する期待感による権力の正統化承認に大きな影響を与えた。特に、米ソ二極体制の形成と米ソ対立の緊迫化は、スターリンの世界認識及び欧州情勢認識にも大きな影響を与え、第二次世界大戦後に、東欧各国における共産主義政党の内政や、将来的な東欧衛星国情勢に対する露骨な干渉は控えていたスターリンに、西側諸国から東欧諸国への影響力浸透を排除するために、積極介入による親ソ共産主義政権樹立と、これら人民共和国との関係強化の必要性を認識させる契機となった。

１９２９年2月、自分の意見に忠実なイエスマンとなるゴトヴァルトを、混乱するKSČの新たなリーダーにコミンテルンを通じて据えたのはスターリンであった。それ以降、ゴトヴァルトは、スターリンの威光の元にキャリアを積み、スターリンの国際共産主義運動に関し、常に、その指導を忠実に実行してきた。しかし、そんな関係を揺るがす事態が発生する。それが、１９４７年のマーシャル・プランの受け入れ検討であった。ジョージ・マーシャル米国務長官によって提唱されたマーシャル・プランは、欧州経済の戦後復興を目的にした米国の経済支援策であった。戦前から、西欧文化軸に属していたチェコスロヴァキアにとって、これを検討し、受け入れることは、ごく自然な成り行きであった。しかしながら、欧州における米国の影響力強化を狙ったものとしてこの構想に反発するスターリンの圧力により、チェコスロヴァキアは参加を取り止める。これは、チェコスロヴァキアが、国際社会において自国の置かれている「位置」を認識する契機となった(22)。１９４７年7月9日、モスクワを訪問したゴトヴァルトらチェコスロヴァキア代表団に対し、スターリンは、マーシャル・プランへの参加を覆すように迫った。面談後のゴトヴァルトは、交渉が緊迫したものであり、スターリンの怒りに満ちた反応と脅迫的な振る舞いに衝撃を受け、スターリンの指図に忠実に従わざるを得ないと認識した。[23] この出来事以降、彼は、スターリンの意向に忠実に沿うことでのみチェコスロヴァキアの存在と主権を維持することが可能であると認識し、モスクワの指導に大きく左右されるようになる。

さらに、1948年二月事件前には、モスクワからアドバイザーのみならず400人前後の工作員が民間人を装って入国し、共産党の早期勝利につながる政治闘争の組織化・工作に専念していたことも忘れてはならない。[24] 彼らは、一貫した計画的な方法（テロ、脅迫、デマゴーグ的な手法）で社会を恐怖により支配し、国民を臆病な従順者にする準備を進めていた。この二月事件後、ゴトヴァルトは、スターリンから、民主化勢力を打ち破り、無血で政権を奪取したことを評価されることを期待していた。しかし、スターリンは、その危険な行動と、何よりもハンガリー国境に待機するソ連軍の助けを求めなかったことを咎めた。[25] この時点で、ゴトヴァルトは自分の意見を主張する勇気を失い、モスクワからの指示を受け入れるのみとなったのである。

これには、スターリンが、（共産主義の優等生と見られていた）ユーゴスラビアのチトーが主張するマルクス・レーニン主義を、民族主義に偏向した逸脱の修正主義であるとその民族自主独立型共産主義思想を批判し、1948年6月にユーゴスラビアをコミンテルンから追放したことも大きく関係していた。反スターリン主義の拡大を懸念したスターリンが、東欧諸国における共産党幹部の取り締まりを強化したため、各国では共産党幹部に対する裁判が相次いで行われており、ゴトヴァルトも、KSČ内部の陰謀を暴き、関係者を処罰する姿勢を見せる必要があったのである。

この延長線上で、1951年にスラーンスキーが総書記を解任され、翌年に政治裁判で有罪となり処刑されたが、スターリンの側近であったアナスタス・ミコヤン第一副首相が、ゴトヴァルトに、「スラーンスキーが陰謀に関与していると信じるに足る重大な証拠があり、スターリンの信頼を失っている」と説明したことが契機であった。[26]これは、米英諜報機関の支援により西独に設置されたフランティシェク・モラヴェッ（František Moravec）率いる特別任務中隊（Special service company）が画策したスラーンスキー拉致計画「大掃除人作戦（operace Velký metař）」に関連する手紙がその疑いの根拠となったと指摘される。[27]ゴトヴァルトがスラーンスキーの有罪を信じていた可能性は低いが、スターリンの意向を汲んで長年の友人の拘束と処刑に同意せざるを得なかったのである。このモスクワからの圧力は、ゴトヴァルトがソ連型のプロレタリアート独裁を受け入れるのが遅かったことと、「階級の敵（欧米の諜報員）」が党の上層部に入り込んだというソ連及びポーランド、ハンガリー共産党からの警告を当初は受け入れようとしなかったことによってさらに悪化した。その結果、ゴトヴァルトは自己保身のためにソ連の干渉に屈服した。

さらに、当初は積極的に支援していたイスラエルに対する姿勢を大きく変化させたスターリンは、イスラエルを資本主義帝国主義者と結託して戦争を始めようとした加害者と主張し、反ユダヤ主義を「反シオニズム」という看板に架け替えて医師団陰謀事件などユダヤ人を敵視する傾向を増加させる。これが契機となり、ユダヤ系であったスラーンスキーの逮捕にも「トロツキー主義」及び「チトー主義者」に加え「シオニスト」という罪状が含まれ、その後も、ユダヤ人が集中的に逮捕され、戦後も国内に残っていたユダヤ系国民の国外への転出が増加した。

これらの点から、１９４７年以降のスターリンの強い個人的意志を伴った介入と独裁制度化の支援は、ゴトヴァルトによる「チェコスロヴァキアの特別な道」的な人民民主主義を、スターリンによる全体主義独裁体制の模倣へと変化させ、ゴトヴァルトを「小スターリン」たらしめる重要な外的要因（圧力）となったと言える。

7　結　論

リンツの定義（①政治的一元主義か多元主義、②精緻なイデオロギーの有無、③大衆動員の有無）に基づいて、1948年に最終的に確立されたゴトヴァルト体制を分析すると、政治的一元制に基づいており、精緻なイデオロギーを持ち、大規模で集約的な動員がなされている点から、全体主義体制の特徴を全て明確に満たしていると言える。また、フリードリヒとブルゼジンスキーの独裁体制の特徴分析6項目（①洗練されたイデオロギー、②指導者一人の単独の大衆政党、③党と秘密警察によって実行されるテロ制度、④効果的なコミュニケーション手段に対する党と政府の独占、⑤軍事力の独占、⑥中央の指令経済）の全てを満たしていることから、明確に独裁体制と判断することが可能である。

スターリンがチェコスロヴァキアに共産党一党独裁体制を強制的に樹立する意図を有していなかった1945年、46年の時点では、ゴトヴァルトは、「チェコスロヴァキアの特別な道」を通じた人民民主主義体制の構築を目指し、（限定的ではあったが）民主的な選挙を通じて勢力を拡大し、「人民の代表」ナラティブを活用して民主勢力として「人民民主主義」を通じたブルジョワとの協力という隠れ蓑を纏うことで、国民から権威の正統性を得ようとし、実際に1946年5月選挙では高い支持を得た。このゴトヴァルト独裁体制の制度化において、周到な準備による都合の良い法律の整備・恣意的運用と、イデオロギー偽装と欺瞞、メディア独占とナラティブの拡散、そして、計画経済や国民社会保険制度の整備といった「飴（物理的利益）」の提示による「正統性」の確保が進められた。わかりやすいナラティブと物質的利益は、民衆動員に効果的な「人民主義ポピュリズム」の手段であった。(28)

その一方で、ゴトヴァルトに代表されるやソ連に期待し、その正統性を受容したチェコスロヴァキア社会（構造）側には、ミュンヘン会談とズデーテン割譲に起因する西側民主主義国家及びベネシュ体制に対する失望感を「ブルジョアの失敗」と捉え、その反作用としてナチス・ドイツからの解放者ソ連に対して期待感を抱き、そして、アセットの再配分や普遍的社会保障制度など物理的利害に対する願望が存在していた。ここで注意すべきは、第一共和政時代に、マサリク及びベネシュに対する個人崇拝の経験という、「ゴトヴァルトに対する個人崇拝」というナラティブを受容する歴史的土壌（国民気質）が存在していたことである。加えて、これらのゴトヴァルト独裁体制の制度化過程を、スターリンが思想的にも物理的にも強力に干渉・支援していた事実も忘れてはならない。

さらに、東西対決の緊張が高まる１９４７年以降、スターリンのチェコスロヴァキアに対する姿勢が硬化したことで、ゴトヴァルトのチェコスロヴァキア的な道の模索は、その独自空間を失い、モスクワの意向を忠実に反映する「小スターリニスト」的な傾向が強まった。ソ連は、さまざまな手段を通じてソ連型共産主義体制の確立に向けて介入・支援を強化した。これにより、プロレタリアート革命によるブルジョワ階層の排除と国営化・集団化による国家・国民の統制を目指す「共産党」そのものの特性が、徐々に表層に現れ、権力の正統性は低下し、代わって、強制力による権力の行使が目立つようになった。

この文脈で争点となるのが、どの程度の国民が、制度構築期に、ボルシェヴィキによる「プロレタリアート独裁」と階級闘争というゴトヴァルト及びKSČが隠し持つ本質を見抜いていたのかという点である。１９４６年選挙の際に、当時のチェコスロヴァキア国民、特に熱狂的なKSČ支持者でも、ゴトヴァルト率いるKSČの本質とそれが招く負の影響を十分に理解していたとは思えない。KSČによる核心的利益の遮蔽や虚偽、そして、モスクワからの難解な理論の多用により、多くのチェコスロヴァキア国民は、共産党支配の本当の姿を見定めることが出来ないうちに、その言説を受容し、後々、様々な意味でコストを支払う羽目になる。つまり、国民に支持された支配者は、被支配者に気づかれないうちに独裁体制の制度化を進め、それが完成した際には、すでに、その体制を否定することは非常に困難であるという教訓が導き出される。

チェコスロヴァキア社会が選挙を通じてソ連型体制を選択した結果としての共産主義化なのか、それとも、チェコスロヴァキア社会内の変革の結果としての共産主義化なのかという問いに対し、第一共和政・第二共和制における既存政党に対する不信感から、人民を代表する共産党に対する政治的・社会的な期待感が高まっていたという内生的要因と、冷戦対立の激化という国際環境の変化に促進されたスターリン・ソ連の干渉という外的要因の複合的な作用によって、チェコスロヴァキアではゴトヴァルトによる独裁体制が制度化されたというハイブリッドな解答が導き出されよう。言い換えれば、支配者たるKSČのソ連をモデルとした綿密な制度化準備と、国民の熱狂的な新しい政治への要請、そしてそれを支える外部（ソ連）からの介入・支援により、「労働者大統領ゴトヴァルト」という看板を掲げるKSČの独裁体制が制度化されたのである。

注

（1） Juan J. Linz, "An Authoritarian Regime: Spain," in Erik Allardt and Yrjö Littunen, eds., *Cleavages, Ideologies and Party Systems: Contributions to Comparative Political Sociology*, (Helsinki: The Academic Bookstore, 1964), pp. 291-341.

（2） Oliver Schlumberger and Tasha Schedler, Chapter 42: Authoritarianisms and Authoritarianization, *The SAGE Handbook of Political Science*, (Thousand Oaks: SAGE Publications, 2020), pp. 714.

（3） Barbora Geddes, "What Do We Know About Democratization After Twenty Years?," *Annual Review of Political Science*, (Annual Review, 1999), Vol. 2, pp. 115-144.

（4） Natasha M. Ezrow and Erica Frantz, *Dictators and Dictatorships: Understanding Authoritarian Regimes and Their Leaders*, (Bloomsbury Publishing, 2011).

（5） Carl J. Friedrich and Zbigniew K. Brzezinski, *Totalitarian dictatorship and autocracy*, (Cambridge, Mass.: Harvard

University Press, 1965).

（６）Margaret Levi, Audrey Sacks, and Tom R. Tyler, "Conceptualizing Legitimacy, Measuring Legitimating Beliefs," *American Behavioral Scientist,* (Thousand Oaks: SAGE Publications, 2009), No. 53, p. 355.

（７）チェコスロヴァキア共産党の序列第一位ポストは、１９２１～１９４５年間は総書記（Generální Tajemník）、１９４５～１９５３年間は議長（Předseda）で総書記は序列第二位、１９５３～１９７１年間は第一書記（První Tajemník）、１９７１～１９８９年間は総書記と推移している。

（８）詳細は石川達夫「Ｔ・Ｇ・マサリクのボリュシェヴィズム批判」『東欧史研究』第９巻、１９８６年、81―１０２頁を参照。

（９）Jakub Charvát, "Volby a komunistické Československo (v komparativní perspektivě)," in Jiří Kocian, Jaroslav Pažout, Jakub Rákosník, eds., *Bolševismus, komunismus a radikální socialismus v Československu VII,* (Praha: Ústav pro soudobé dějiny Akademie věd České republiky a Dokořán, 2010), p. 31.

（10）Jiří Pernes, "Specifická cesta KSČ k socialismu. Fikce, nebo realita?" *Soudobé dějiny 2016 (vol. 23) 1-2,* (Praha: Ústav pro soudobé dějiny AV ČR, 2016), pp. 11-76.

（11）詳細は林忠行「第12章　チェコスロヴァキア独立運動――エドヴァルト・ベネシュの活動をめぐって」『東欧史研究』第１巻、１９７８年、１３６―１５０頁を参照。

（12）Lenka Kalinova and April Retter. "The Case of the Post-Communist Transformation in Europe," *Sociologický časopis/Czech Sociological Review,* (Praha: Sociologický ústav AV ČR, 1996), Vol. 4, No. 2, pp. 223-236.

（13）Jiří Pokorný, *České země* 1918-1994, (Praha: Nakladatelství Práh, 1994), p. 32.

（14）Libuše Paukertová, Několik základních údajů o odchodech z Československa 1948-1991. In: K. Hrubý, S. Brouček (eds.). *Češi za hranicemi na přelomu 20. a 21. století. Sympozium o českém vystěhovalectví, exulantství a vztazích zahraničních Čechů k domovu.* (Praha: Karolinum, Etnologický ústav Akademie věd ČR, 2000), pp. 25-31.

（15）Robert K. Evanson, Political Repression in Czechoslovakia 1948-1984, Canadian Slavonic Papers, (Canadian Association of Slavists/Association canadienne des slavistes, 1986), Vol. 28, No. 1, p. 1.

（16）Václav Velčovský, *Čeština pod hákovým křížem,* (Praha: Ústav pro studium totalitních režimů, 2016), pp. 17-20.

(17) Jan Rychlík, *Československo v období socialismu 1945-1989,* (Praha: Vyšehrad, 2020), pp. 110-111.

(18) Lenka Kalinová eds., K proměnám sociální struktury v Československu 1918-1968, (Praha: Ústav sociálně politických věd, 1993), pp. 108-111.

(19) スロヴァキア国の名称変遷についての詳細は、長與進「スロヴァキア歴史学のアポリア――独立スロヴァキア国の評価をめぐって」『東欧史研究』第23巻、2001年、74―82頁を参照。

(20) Friedrich A. Hayek, 1990, *Cesta do otroctví,* (Praha: Academia, 1990), pp. 60-61.

(21) Josef Švéda, "Mašínovský mýtus," *Ideologie v české literatuře a kultuře,* (Příbram: Pistorius& Olšanská, 2012), p. 201.

(22) Miroslav Krč, *Vliv zbrojní výroby na economický vývoj,* (Brno: Vojenská akademie v Brně, 1999), p. 12.

(23) Marie Švermová, *Vzpomínky,* (Praha: Futura, 2008), p. 247.

(24) Václav Veber. "Stalinizace KSČ 1948-1953," *Paměť a dějiny,* (Praha: Ústav pro studium totalitních režimů, 2012), p. 115.

(25) Marie Ryantová, *Českoslovenští prezidenti.* (Praha: Paseka, 2016), pp. 156-157.

(26) "Od přátelství ke zradě. Jak vypadala společná cesta Gottwalda a Slánského," iRozhlas, 23. listopadu 2022. https://www.irozhlas.cz/veda-technologie/historie/proces-s-rudolfem-slanskym-klement-gottwald_2211231939_ara］（2022年11月23日閲覧）.

(27) Igor Lukeš, Operace Velký metař: kapitola z dějin studené války. In *Evropa mezi Německem a Ruskem: sborník prací k sedmdesátinám,* (Praha: Historický ústav AV ČR, 2000), pp. 575-599.

(28) 中田瑞穂「第二次大戦後チェコスロヴァキアにおける人民の民主主義と政党間競合」『スラヴ研究』第65巻、2018年、65頁。

第6章　アサド父子の権力継承

――シリアの独裁政治――

新井春美

1　はじめに

「アラブの春」といわれる中東・北アフリカ地域での市民を中心とした民主化要求・反体制運動は、独裁体制を多く擁した同地域にもやっと民主主義という春がもたらされると期待された。運動の発端となったチュニジアではベン・アリー（Zine El Abidine Ben Ali）大統領が海外へ亡命、この後新憲法が制定、新政権が誕生してかろうじて民主化が促された。エジプトではムバーラク（Muhammad Husni Mubārak）政権が打倒されムルシー（Mohammed Mohammed Mursi Essa el Ayyat）政権が民主的に選出された。しかし新政権は国民の期待に応えられず国内は再び混乱し、軍の介入を招いた。この結果軍人出身のシシ（Abdel Fattah Saeed Hussein Khalil El-Sis）が大統領の座に就いた。シシ政権下、反体制派の徹底的な取り締まりや言論の制限により治安の安定は見られたものの民主化は遅々として進んでいない。

リビア、シリア、イエメンにいたっては民主化どころか戦争状態に陥った。反体制勢力と体制側との対立がエスカレートし、さらには多くの国内外のアクターが関与し、国内はもとより近隣諸国にも影響が及んでいる。この中でシリアは他の2国と大きく異なる点がある。それは運動発生時のバッシャール・アサド（Bashar al-Assad）大統領が、権力を維持し続けているという点である。しかも、戦争下で大統領選挙が実施され勝利を収めているのである。外部がイメージするように、恐怖と力によって国民を押さえつけている独裁者と結論付けるのは単純にすぎないのではないだろうか。

本章ではまずシリアの現状と国家建設過程を簡単に振り返る。そして現アサド体制の基礎となったハーフィズ・アサド（Hafez al-Assad）により構築された支配の構造と統治の特徴、そして現バッシャール体制への継承が可能となった理由を確認する。これによりアサド体制の強さを明らかにする。

2　シリアの現状　2011年以降

（1）シリア危機の発生

2011年チュニジアで発生した「アラブの春」はシリアにも波及した。2011年3月に南部のダラアで政府に対する抗議活動が発生し、多数の死傷者が出る結果となった。抗議活動の発端は、中学生たちが反政府的な落書きをしたところ治安当局が彼らを逮捕したことによる。なかなか釈放されないため、市民が中学生たちの釈放と治安当局の関係者の解任を要求する集会を行った。これに治安部隊が発砲して数人が死亡したのである。中学生たちが釈放された後も騒ぎは収まらず、他の地域でも市民が街へ繰り出す事態となった。この時点で、市民たちは「反アサド」を訴えていたわけではなかった。

こうした状況を受け政府は、政党法の整備、地方分権化の促進、言論と報道の自由化、さらには非常事態の解除、国家最高治安裁判所の廃止、そして新憲法の公布などを含む「包括的改革プログラム」を発表し懐柔策を打ち出した。非常事態は1963年以来、継続されてきたのでありこれの解除は大きな変化となると見られた。

しかし政府の思惑通りには事態は進まなかった。バッシャールが国民向けの演説を行ったものの、各地での騒乱を鎮めることにはつながらず、各地で反政府デモが広がっていった。騒乱の参加者の中には外国から武器を与えられたムスリム同胞団のメンバーが多数参加しており、ムスリム同胞団は政権とは長年にわたり敵対関係にあることから、反政府運動をあおり暴力の使用をエスカレートさせていった。

政府は態度を硬化させ、2011年8月は「血のラマダーン」と呼ばれる大規模な弾圧を実行した。市民の間に「反政府」「反アサド」の機運が高まっていき、収拾のつかない事態へと発展していった。暴力の応酬が続く中、2013年にはシリア軍が市民に向けて化学兵器を使用した疑惑が持ち上がった。政府は一貫して否定をしている。化学兵器の使用については、米国オバマ大統領はレッドラインとしたにもかかわらず、アサド政権への軍事介入を見送るなど、政策は一貫せず、国際社会も沈静化へ向けた有効な手立てを講じられなかった。

こうして国内が混乱していく中で、イスラーム過激派組織がシリア内に流入し、バグダディ（Abu Bakr al-Baghdadi al-Husseini al-Quraishi）に率いられた「イスラーム国」（以下、ISと表示）は急速に支配地を拡大し、2014年6月ラッカを占領すると、シャリーアを基盤としカリフを頂点とした国家の建国を宣言、世界に衝撃が走った。これにより、アサド政権・IS・反体制派を名乗る諸勢力という複数の対立構造ができ、さらにそれぞれの後ろに諸外国が付くという内戦を越えた戦争状態へと突入していく。

アメリカを筆頭とする有志連合軍の軍事攻撃により、ISはその勢いを失っていったものの、戦闘を続けているのは過激派だけではないので各地での戦闘は収まらず、難民の大量発生を招いた。人口およそ2121万人のうち（2010年、世銀による）、危機発生後は全土で40～47万人の死者が出ており、近隣のトルコ、レバノン、ヨルダンを中心に558万人が難民として逃れている（2022年10月、UNHCRによる）。難民の大量移動はヨーロッパでの「難民危機」を招き、難民を警戒する世論の台頭、ヨーロッパにおける右派勢力の伸長、難民政策をめぐるEU内部の対立につながっているとされる。

状況が変わったのが2015年9月ロシアによる空爆開始であり、これ以降、ほぼアサド政権有利に戦況が進んでいる。また、反体制側のふがいなさや一致しない反アサド諸国の足並みもまた、バッシャールに有利に働いていることは明らかである。

アサド政権の崩壊は時間の問題だという大方の予想に反し、アサド政権は10年を超えて政権の座に留まっている。この間、バッシャールは独裁者であり、国民を弾圧する「悪」といった評価を受け続けてきた。バッシャール政権は、父親のハーフィズ・アサド前大統領からの世襲政権である。ハーフィズは国内で強固な権威主義体制を築き、外交では巧みな手腕を発揮してシリアを一目置かれる地域大国へと変えた。バッシャールは父親の作り上げた体制を引き継ぎつつ改革を試みた。バッシャールの政策により一定程度の自由化や経済発展を達成していたものの、急激なインフレや格差拡大も発生していた。こうした状況下、アラブの春の余波がシリアにも押し寄せた。長年にわたるアサド体制下での息苦しさや腐敗への異議申し立てと、バッシャール体制への失望がアラブの春の流れに乗って運動を起こさせたのである。しかしながら、反体制派を名乗る諸勢力の暴力行為を嫌い、体制側、反体制側のどちらにも組しないという国民も少なくない。

(2) 選挙での勝利

シリア危機発生以降、複数回の大統領選挙が実施されいずれもバッシャールが圧勝してきた。2014年6月の選挙は、ダマスカス他政権支配地域のみで実施された。公式発表によると、バッシャールは88・7%の得票率(投票率は73・4%)で他の候補を圧倒し再選された。この勝利を背景にバッシャールは反体制派が支配する各地の奪還を図っていった。2021年には95・1％の得票率（投票率は76・6％）で4選を果たした。この選挙は国土の3分の2に当たる地域で行われた。

反体制勢力のクルド系組織PYDが支配する北東部の自治区では、選挙のボイコット運動や選挙妨害が行われ中止に追い込まれた地区もあるが、一部の市民は政府の支配地域に出向き投票したという。選挙は完璧な状態で行われたわけではないが、選挙は民主主義にとり不可欠な要素である。アサド政権に対して民主化を要求するなら、要求する側はこの結果を受け入れる必要があるだろう。

3　シリアの横顔

(1)　モザイク社会

シリアは他の多くの中東諸国と同様に欧州列強による支配の結果、多様な宗教、宗派、民族、文化を持つモザイク社会となった。このため、国民国家としての統合が困難であり、一つの国家としてまとまるためには強力なリーダーを必要とする土壌がある。また地理的に、交通や通商の要衝であるため古来より様々な勢力が往来し、近代になってからも外圧が絶えず、困難な国際環境の中に置かれてきた。

シリアとは現在のシリア・アラブ共和国を指すだけではなく、レバノン、ヨルダン、パレスチナを含む「大シリア」を指す概念でもある。シリアはティグリス・ユーフラテス川を囲む「肥沃な三日月地帯」の中心部にあたり、古代よりヒトやモノの往来が活発で高度な文明が発達してきた。大シリアという概念は多くのシリア人が支持している。

紀元前1世紀からこの地を支配したローマ帝国に代わって、7世紀にはイスラームのウマイヤ朝がこの地を支配することとなり、首都となったダマスカスは繁栄を謳歌した。ダマスカス旧市街には世界最古のモスクと言われるウマイヤドモスクがあり、当時の繁栄ぶりを残している。このダマスカスを擁していることで今日もなお、シリア人はシリアこそアラブ世界の中心的な存在であるという意識を持つ。ウマイヤ朝滅亡後、複数の王朝の支配を経て1516年にはオスマン帝国領となった。オスマン時代のシリアは交易の拠点としてさらに栄えていった。オスマン帝国が徐々に衰退し始めると、各地で半独立の大地主が台頭するようになり、それらが名望家として大きな影響力を持つようになっていく。オスマン帝国はついには第一次世界大戦で敗北を喫し、多くの領域を手放すことになった。シリアもまたオスマン帝国からフランスの手にわたり1920年から46年まで、フランスの委任統治下に置かれるに至った。

支配者がイスラーム王朝のオスマン帝国からフランスへと変わったことで、社会にも大きな変化が現れた。まずフランスの影響下、近代的・西欧的な知識・技術を身に付けた官僚や軍人という新たなエリートが出現し、様々な面でイスラームの存在感が低下した。それまでスンニ派はシリア社会で多数派を占め、そしてそのうちの一部の名望家は社会的な権威を握ってきたが、社会情勢の変化による権威の低下は避けられなかった。

フランスは委任統治領を1922年にダマスカス国、アレッポ国、ドゥルーズ国、アラウィー派国の4つの自治国に分割した。当時のシリアを調査したライト（Quincy Wright, "Syrian Grievances Against French Rule," *Current History*, February, 1926. pp. 687-693.）によれば、地域によってフランスに対する感情は異なり、レバノン地域ではフランスの統治を望む声が多かった。これに対しダマスカスや地方のアラブ人はフランスとその統治能力を信頼していなかった。地方においては汎アラブ主義の傾向が強く、ウマイヤ朝やアッバース朝の栄光を望む傾向にあった。フランスの分断統治は1946年にシリア・アラブ共和国として独立を果たしたシリアの国家形成に阻害要因を残すこととなった。

4つの自治領のうちアラウィー派国（1930年から1936年まではラタキア国と名乗る）は、現在のラタキア県とタルトゥース県を占める地域であるが、独立シリアへの統合を拒否し1946年、52年も自治を求め反乱を起こしたが政府によって鎮圧された。

名前の由来となったアラウィー派は、第一次大戦前まではヌサイリー派と呼ばれていた。土着の宗教にキリスト教やイスラームの影響が加わっている。イスラーム4代目カリフのアリーを神格化しており、モスクもなく巡礼や断食などイスラーム教徒にとって重要な行為も行わない。女性は不浄とされるが、ベールを着用することはない。こうしたこともありスンニ派やシーア派からは差別され、オスマン帝国においてもイスラームの一派とはみなされなかったという経緯があるが、アサド政権下でアラウィー派は差別の対象ではなくなっている。

シリアの人口構成は、アラブ人が約75％、クルド人が約10％、アルメニア人等その他が約15％（2021年 CIA The World Factbook）となっている。クルド人はシリア以外にトルコ、イランなどにまたがって居住しており、シリアでは2011年以降自治地域を作り上げるなど、分離傾向を見せている。宗教構成はスンニ派が75％、アラウィー派が12％、キリスト教徒（ほとんどが東方正教会系）ドルーズ派3％となる多民族、多宗教国家である。部族社会の性格も残っており、とくに2011年以降のシリア危機で、部族意識の高まりが見られる。

(2) 独立後のシリア　繰り返された権力闘争

上記のとおりシリアは、その複雑な成立過程により国民に共通する帰属意識が薄く、国民をまとめる求心力が乏しい。シリア・アラブ共和国として独立した後も短期政権が目まぐるしく交代、国内はなかなか安定しなかった。

外的要因として中東（パレスチナ）問題がシリアの国内情勢にも大きく影響した。「大シリア」よりもはるかに狭い領域でようやく独立したシリアは、大シリアの一部であるパレスチナにイスラエルが建国されることに激しく反発した。国連においてパレスチナ分割決議案が採択されると、シリア国内の米国領事館やユダヤ人の家屋やシナゴーグが襲撃された。

第一次中東戦争（1948年5月）でシリアを含むアラブ側が敗北を喫し国土も奪われたことは、シリア人に深刻な挫折感を与えた。その結果、政権への国民の風当りが激しくなり政治的な混乱へとつながっていく。1949年に最初のクーデターが発生したが、根底には第一次中東戦争の敗北の責任をめぐる政治家と軍部との確執があった。当時は与党・国民党の議会政治の運営のまずさ、政権の腐敗、経済情勢の悪化もあり、クーデターは多くの国民から歓迎された。新政権は一連の改革措置をとりつつも、政党を解散させ、学生らの政治活動を制限し、一部の少数派の優遇を行うようになった。さらにクーデターの主導者ザイーム（Husni al-Zaim）は国民投票で大統領に就任するとともに、自らを元帥に昇進させるなど権力の集中を図った。

こうした権力の集中は当然ながら各方面の反発を呼び、また外交路線をめぐる対立も加わって、8月に再びクーデターが発生しザイームは殺害された。こののちも、ザイームに代わったヒンナウィー（Sami al-Hinnawi）に対するシャクリー（Adib al-Shishakli）のクーデターが発生、権力を握ったシシャクリーも独裁化し、1954年のクーデターで海外に亡命した。

エジプトやトルコのようにクーデターにより安定化する国がある一方で、シリアでクーデターが繰り返されたのは多様な社会であるために国内での政治的なコンセンサスが得にくく、政権を担ったバアス党内での軍人の発言力が強かったこと、戦争が繰り返され敗戦するたびに戦争責任をめぐる対立が生じやすいこと、権力を握ったものが統治を進めるため権力を集中しようとするために独裁化しやすいといった理由が挙げられる。

（3）シリア・バアス党の誕生と権力闘争

政治的な混乱の中で台頭していったのがバアス党である。バアス党は、キリスト教徒のアフラク（Michel Aflaq）とスンニ派のビタール（Salah ad-Din al-Bitar）を中心とする知識人が1930年代に始めたアラブ復興運動を基盤としたアラブ民族主義政党で、学生やインテリ層の間に影響力を有していた。バアスとはアラビア語で復興という意味を持つ。スローガンは「自由、統一、社会主義」であり、アラブの統一、植民地状態からの解放、社会主義の実現、社会経済開発によって後進性を脱却することを目指す世俗的な性格を持つ。

上述の通り、シリアは中東地域のなかでも特に多様な宗教や宗派を抱える国の1つである。こうした様々な差異を乗り越えるためにバアス党はアラブ・ナショナリズム（アラブ民族主義）を掲げることになる。

アラブ・ナショナリズムの高揚によって、シリアはナセル（Gamal Abdel Nasser）が率いるエジプトと1959年にアラブ連合共和国を結成することとなり、世界を驚かせた。シリアの前のめりでできたこの国は、ナセルが主導権を握っていることが露骨になり、シリア・バアス党の中でも不満が大きくなって2年余りの短命に終わった。

バアス党には文民のみならず多くの軍人が所属していたが、次第に軍人の発言権は大きくなり、1964年2月の党シリア地区指導部改選では16名の新委員のうち半数が軍人で占められ、ハーフィズが地区書記長に選ばれた。やがてバアス党はハーフィズが権力を把握し、体制を構築するための土台となり、権力把握後は表の権力として存在し続ける。

4　シリアの政治構造

(1) 政治構造

■強力な「裏」の権力

世界には多くの独裁国家がありそれぞれの方法で国内を支配している。シリアの場合、権力が二層の構造となっていることが特徴として挙げられる。このうち表のアクターは議会や政党（バアス党）であり、裏のアクターが事実上の権力を握っている国軍や治安当局であり、体制と密接に一体化している[(1)]。

軍や治安当局のポストは大統領の親族や血縁関係のある者が配置され圧倒的にアラウィー派が多い。さらに重要な中枢部はごく少数の側近で固められている。バッシャールの時代になってからも、弟のマーヘル（Maher_al-Assad）や親族が共和国護衛隊、陸軍の第4機甲師団といった精鋭部隊を率いており、危機が発生した時も市民や反体制派勢力に対する弾圧を行うなど体制を擁護するために重要な役割を果たしている。

■シリア国軍

ハーフィズが権力を握ったとき、軍は強い政治的関心と大きな権限を有し文民を圧倒していたが、ハーフィズはこの不均衡を是正しなかった。シリアのように分断された国家と、ハーフィズのような権威主義的な権力者にとって軍の支持を取り付けることは不可欠なためである。

ハーフィズは地縁や血縁を軸にアラウィー派を中心とした体制に対し忠実で体制に依存する軍を作り上げ、忠誠と引き換えに利権を配分していった。やがて軍にとっての重要事項は、自らとの関係が深い政権の継続性を確保することとなっていった。ハーフィズはまた、主要な軍事組織に重複した権限と制度を課した。多くの下部組織を編成して相互に競合させることで、軍が一致して政権に対して歯向かわないようにしたのである[2]。

シリアだけではないが、独裁的な為政者は軍の私的利益をさまざまな方法で管理し、軍の腐敗に目をつぶることもある。シリアの場合、レバノンに派遣された将校が密輸と闇市場活動から利益を得ていたが、政権はこうした不正を黙認していた。

さらに組織ではなく個人に利益を提供することで、提供者である政権に対し忠誠を保つ以外の選択肢を失わせた。地位と利益を獲得するため将校間の競争が助長され、政権に反旗を翻そうと一致団結することは阻止された。例を挙げれば、ダマスカスの郊外にある軍用住宅およびそれに関連するサービスの存在である。ダヒアという軍専用居住地区は、1982年に大統領命令により建造された。玄関にあるアーチは今でも「ハーフィズ・アサド大統領からシリア・アラブ軍の将校とその家族への贈り物」との文言が書かれている。入居のチャンスは、手配をする担当者（アサド家に近い人物）との関係に左右される。専用住宅地に入居することで将校は宗派、出身地、出身層などにかかわらず、政権とのつながりを得ることとなる。2011年の危機に際し、将校たちは自分たちの生活がアサド政権の存続にかかっていることを理解していたため、この地域を軍事インフラとして整備し反体制派からの攻撃に備えたのである[3]。

監視社会

国軍とならび、アサド体制を支えているのがムハーバラートと呼ばれる治安当局である。一般的に独裁者はライバルや反対勢力が登場しないように警戒し、徹底的な情報収集や監視活動を行い必要であれば容赦なく排除を行う。シリアで監視の役目を担うのがムハーバラートである。これは市民生活の細部まで監視し、当局側が疑念を持つと有無を言わせずに連行され拷問も繰り返された。これはシリア市民であればだれもが知っている事実である。いつ密告され（政府批判などしていなくても）、ひどい目に合うかわからないという恐怖は、市民を政治とのかかわりを避けるように仕向け、無関心にさせていった。

具体的には、シリア国軍参謀本部所轄／大統領直属の共和国護衛隊が挙げられる。1976年に大統領の警護と体制維持を目的に設立されたシリア最強のムハーバラートとされる。かつてバッシャールの兄バスィール（Bāsil al-Assad）も所属し、現在は弟のマーヘルが実質上の司令官となっている。また、現在では力を低下させているとされるが空軍情報部があり、ハーフィズ時代は民間人の監視において重要な役割を果たしていた。このほかに、シリア軍所轄の諜報機関・秘密警察組織である軍事情報局、国内の政治勢力（政党・政治組織、活動家）の活動監視を主な任務とする政治治安部、バアス党シリア地域指導部所轄の総合情報部、国内での諜報活動を主な任務とする民族治安局が存在する。それぞれの長官は原則として大統領に直結して活動しており、ここでもムハーバラートが一致して政権に対抗することがないようにされていた(4)。

このほか「シャッビーハ」と呼ばれる勢力が存在する。1970年代半ばにアサド家の縁者が結成した武装集団で、密輸、人身売買、麻薬栽培・販売といった犯罪行為に関与している。シャッビーハの人数は定かではないが、犯罪行為を黙認されていることから政権を擁護する行動をとる傾向が強い。危機発生後には武装して市民の弾圧を実行したり、軍人の逃亡・離反を取り締まるなど、実態は分かりにくいものの大きな役割を果たしているといえる。

▒反体制派勢力の取り込みと排除

ただしハーフィズが権力維持のために優遇したのは軍や治安当局だけではない。それ以前の多くの短命の政権とは異なり、投資家、商人、工場主らを議会に登用するなど軍のカウンターバランスとしての文民・財界にも配慮をした。また、国民の大多数を占めるスンニ派への配慮として、憲法に大統領の宗教はイスラームであるとする条文を入れている。

またハーフィズは、フランス統治時代に優遇されていた部族にかえて、劣位にあった部族を優遇して体制への取り込みを図った。これにより、部族のシリア国家への統合と忠誠を喚起していった。(5)

一方で容赦ない排除も行ってきた。世俗的な傾向を持つバアス党はスンニ派政治組織のムスリム同胞団と激しく対立してきた。ムスリム同胞団とは、エジプトで教師だったハサン・バンナーが1920年代に創設した組織で、シャリーア（イスラーム法）の実践、イスラームによる社会・国家の設立を目標に掲げている。シリアでは1940年代に支部が立ち上げられた。バアス党の勢力拡大につれて党内のアラウィー派やスンニ派の貧しい家庭の出身者たちも台頭するようになったが、ムスリム同胞団はこうした傾向に強い違和感を抱くスンニ派有力者たちや大土地所有者たちの支援も取り付けるようになっていった。

1963年にバアス党がクーデターで政権を奪取すると、同胞団は非合法化された。同胞団は1976年にジハードを宣言し武装闘争を繰り広げ、ハーフィズの暗殺未遂事件も発生した。さらに同胞団は1982年に中部の都市ハマーで暴動を引き起こし、警察署やバアス党員の住宅を襲撃した。この暴動に対し、ハーフィズは弟のリファート（Rifaat al-Assad）を司令官として軍を用いた徹底的な弾圧を加えた。これはハマー虐殺といわれ現在でも詳細に触れることはタブーとされている。一説によると、軍は27日間都市を包囲し、重砲と戦車で砲撃した後、侵略し、都市の市民の3万人または4万人を殺害した。追放された10万人、1万5000人の行方不明者がでたという（詳細は https://www.memri.org/reports/bashar-assad-teaches-visiting-members-us-congress-how-fight-terrorism）。死傷者数についてはバラツキがあるが、多くは一般市民だとされる。生存した同胞団メンバーは徹底的に捜索され残酷な方法で殺害された。メンバーの一部は国外に逃れ、シリア危機発生後は反体制派として武力闘争を行っている。この一件により、体制に逆らえばどのようになるかが明らかになり、ムスリム同胞団のみならず反体制派勢力は恐怖を覚え抵抗する意志を喪失したとされる。これは一般市民も同様である。アサド政権に対し恐怖を抱くようになったが、体制への敵対勢力がいなくなったことは社会の安定化にもつながり、安定が破壊されることへの不安も生じてきたのである。

■プロパガンダの多用と国民への浸透

強硬な手段を用いると同時にシリアでは、いかにも独裁者が好みそうな個人崇拝が行われてきた。シリアの街中ではハーフィズの像が設置されたり肖像画が飾られたりしていたほか、スポーツ大会ではハーフィズの巨大な顔写真のパネルがマスゲームのように提示された。永遠の戦士、英雄といった表現のほか、ハーフィズは平均的なシリア人である、国民の味方である、この国の国民は誰しもハーフィズ・アサドである、といった表現も用いられてきたが、弟リファートによるクーデター未遂（1984年）後はハーフィズの神格化が行われるようになった。1990年代には「父」のイメージを演出しハーフィズ自身の家族も登場させることで、国民に家族を想起させて国家への帰属意識、体制への従属を促すようにしていった。

また学生たちが強制的にバスに乗せられ、大統領のフェスティバルに連行されることもあった。市民がプロパガンダを信じるか信じないかにかかわらず、プロパガンダを広く拡散することで市民を従わせることができる。そして「アサドが強力なのは国民がそうさせているから」というシリアのジョークがあるように、体制に従うことは体制と共謀関係になることであり、シリアではその関係が強かったのである。(6)

バッシャールの時代もやはり各所に巨大な肖像画やポスターが飾られている。

5　ハーフィズ・アサドの時代

(1) 権力掌握への道

ハーフィズ・アサドは東地中海に面する港湾都市ラタキアより30キロほど離れたカルダハ村の貧しい家の出身で、9番目の子供として生まれた。幼いころより利発であったといわれる。ラタキア周辺はアラウィー派が多く、周囲から孤立し貧しい地区であった。オスマン帝国からフランスによる統治という大きな変化は、従来であれば社会の底辺で終わっていたであろう人々にもチャンスをもたらした。ハーフィズを始めとして貧しいが野心的なアラウィー派の青年層は近代化された軍に活路を求めたのである。

ハーフィズは高校在学中の16歳の時バアス党に入党、1952年に士官学校入学、1955年に卒業してシリア空軍のパイロットとなった。アラブ連合共和国時代にエジプト勤務となるが、エジプトからの分離独立運動の中心的存在となる。連合共和国の解散後、その功績により1966年に国防相兼空軍司令官に就任した。

国防相として第三次中東戦争（1967年）の敗戦の責任をめぐりジャディード・バアス党書記長と激しく対立する。ハーフィズらアラウィー派はバアス党内の他の勢力、キリスト教徒、ドルーズ派などを追放し権力を独占していった。ハーフィズは参謀長に親友のトゥラースを就任させるなど、軍内部も味方で固めた。1970年11月に党大会においてジャディードに批判された翌日、軍を動員して無血クーデターにより権力の奪取に成功し、首相兼国防相に就任した。そして1971年に国民投票を実施、大統領に就任して天才的な手腕を発揮していく。アサド政権になって初めてシリア国内は安定化へと向かい、対外的には中東地域における強国の一つとして存在感を発揮していくのである。

ハーフィズは積極的にアラウィー派を登用していった。部族、血縁関係はシリアでは強力であり独裁体制を築く上で、こうした繋がりの深い関係を利用することは有効だった。政府および軍、党におけるアラウィー派の比率は年々増加した。このほか教育の優遇、ラタキアではインフラの集中整備などが行われ、ラタキアやタルトゥースといった沿岸都市はスンニ派に代わりアラウィー派が人口の多数を占めるようになった。

一方で、ハーフィズは国民の大多数を占めるスンニ派や、諸勢力との対立を回避するための手も打っていった。バアス党の経済政策により工場労働者や学生が恩恵を受け、建設業、石油関連産業などの業界が延びていった。彼らはアサド政権の支持者となっていった。農村部のスンニ派は社会の底辺を形成していたが、1966年のバアス党の権力把握後、政治参加が可能になり、中には政権中枢に達する農村出身者も出てきた。軍は少数民族や社会的弱者に上昇する機会を提供し、バアス党の世俗主義もこれまで上昇が難しかった層に活躍の場をもたらした。スンナ派でもキリスト教徒やドゥルーズ派でも、農村や都市の中下層出身で出世し蓄財した人々はハーフィズを支持し、強い忠誠心を抱くものも増えていった。以前の為政者たちと異なり、ハーフィズは全国を回り国民の意見に耳を傾けた。

(2) ハーフィズの人物像

ハーフィズは「独裁者」とされる一方で、政治手腕は高く評価されている。

外交官としてハーフィズとしばしば接触する機会のあった夏目によると、知的で冷静な人物で忍耐強く、コンセンサスを重視するタイプの政治家であった。またワーカホリックであり、陽気でジョーク好きな一面もあったという。また夏目はハーフィズの政治手腕や性格を、同世代だったイラクのサダム・フセイン（Saddām Husayn）と比較している。2人とも貧しい家の出身であり宗教的に少数派であること、独裁・強権体制で国内を安定化させたこと、親族が軍・治安機関を掌握し国内を支配したことなどが共通点である。相違点として、ハーフィズは冷静で忍耐強くかつ自らの限界を理解していたが、サダムは野心家で忍耐力に欠け限界を知らない、ハーフィズは戦略家として高い評価を受けているがサダムは最悪である。両国とも監視社会であるが、シリアの方が目立たない。ハーフィズ自身は清廉だが取り巻きは腐敗している。ハーフィズは腐敗に対し温情的だがサダムは厳罰を下すといった点である。(7)

両者の相違は今日のシリアとイラクの情勢に反映されているようである。ハーフィズが作り上げた体制は息子に継承され危機的状況に耐えているのに対し、サダムは権力中枢から引きずり降ろされ悲惨な最期を迎え、サダムの作り上げた体制は崩壊した。イラクは長らく政情不安が続いている。

(3) ハーフィズの巧みな外交

中東諸国との関係

シリアが強国の1つと認知されるようになったのは、ハーフィズの巧みな外交手腕によるところが大きい。シリアにとって外交の優先課題は中東（パレスチナ）問題であり、最大の脅威はイスラエルである。「アラブの大義」を掲げるシリアをはじめアラブ諸国はパレスチナの解放は重要事項であったが、実際のところ戦争ではイスラエルに敗北を喫してきた。シリアにとり、豊かで重要な水源でもあったゴラン高原がイスラエルに占領されたことは大きな屈辱であった。

ハーフィズはイスラエルとは戦略的均衡を維持することが肝要であると判断し、1967年の敗北以降、大規模な軍拡を進めた。シリアが軍事大国化してイスラエルと対峙するという構図は、アラブのリーダー格としての存在感を高め、中東和平においてシリア抜きでは立ちいかなくなるという印象を国際社会に与えることに成功した。シリアのプレゼンスが高まることは、シリア国民のプライドも満たすことができる。国民のプライドが満たされ、かつ国内政治が安定しているのであれば、軍拡のための経済負担が増え、国内開発が後手に回ったとしても国民は耐えるだろうという判断であった。

エジプトがイスラエルとの和平へと転換し、シリアとエジプトの対イスラエル共同戦線が崩壊したのちも、シリアは一貫して解決を求める姿勢をとり続けた。シリアは中東和平には不可欠な存在となり、イスラエルにとっては厄介な存在となった。

1970年代になると、隣国レバノンにはパレスチナからイスラエルに追われたPLOとパレスチナ住民が難民となって大量に流れ込むようになり、レバノン国内の微妙な人口バランスが崩れた。これを引き金に、レバノンが内戦状態に陥るとハーフィズは平和維持軍を派遣し、それ以降長らく駐留させ内政にも干渉するようになった。国際社会から批判を受けるものの、「パクスシリアーナ」（シリアによる平和）ともいわれるほど、レバノンに安定した時期をもたらした。ただし、レバノン国内のヒズボッラー（1984年にイラン革命防衛隊により設立された組織。軍事部門と政治部門を持つ。欧米諸国はテロ組織と認定している。）を支援しているとして、国際社会からの批判を受けた。

■大国との関係

エジプトがイスラエルと和平を結び、イラクがイランとの対立のため西側に接近したので、シリアはこれとバランスするためソ連にラタキア付近の港の使用を認めソ連から膨大な軍事支援を得た。ただしソ連に依存することはなく、1975年には米国と関係復活させて、ソ連との関係を対米外交の切り札として利用した。

米国はシリアがパレスチナ武装勢力を支援していることを理由に「テロ支援国家」に指定したが、米国の圧力に屈することなくイランとも友好関係を有するなど、アメリカにとっては扱いにくい相手となった。

イラクがクウェートに侵攻した湾岸戦争（1999年）では、他のアラブ諸国と同様にアメリカ側についた。これによりECから2億ドル、日本から5億ドルといった大規模な支援を得ることに成功し、国内経済の活性化につなげた。またアメリカにシリアのレバノン実効支配を黙認させ、地域大国としての存在感を強化する機会となった。

6 バッシャール・アサドの時代

（1）医師から大統領へ

世襲の大統領

ハーフィズには1人の娘と4人の息子があった。心臓病を患っていたハーフィズは長男のバースィルへの権力継承を計画し、1990年代初めから要職を歴任させ、帝王学を受けさせていた。バースィルは社交的な性格で父親ゆずりのカリスマも備えていた。しかしバースィルが自ら運転していた乗用車で事故を起こして死亡すると、次男のバッシャールが後継者となった。

バッシャールはシリア国内の医大を卒業したのち、眼科医になるためにイギリスにインターン留学していた。兄と違い物静かで内向的な性格だという。政治には関心がなかったとされるが、兄の死後、兄に代わり父の跡を継ぐため帰国した。

当初、政治経験のない若いバッシャールへの不安の声もあったが、軍歴を積み短期間で出世し、兄の跡を受けてコンピュータ科学協会の会長に就任した。さらに経済改革プログラムを実行して大手企業に利益をもたらし、自身への幅広い後援ネットワークを確立することに成功した。これは経済政策により財界にも支持を広げたハーフィズの手法と同じである。

1990年代後半からは政治腐敗防止キャンペーンを開始したが、これは同時にバッシャールの権力強化の妨げになりえる体制内の勢力・人物を静粛する面もあった。一例を挙げると、長年ハーフィズ政権を支えてきたズウビー（Mahmoud Al Zoubi）前首相が汚職の疑いで追求され、強制捜査の当日に自殺したということがあった。この一件は自殺を疑うような証言も出るなど様々な憶測を呼んだが、バッシャールの継承に反対すれば排除されるという脅しとして有効だった。これ以降、速やかにバッシャールへの継承が進められた。

2000年にハーフィズが病気で亡くなると、バッシャールの大統領就任が着々と進められた。憲法が改正されて、大統領就任年齢が40歳からバッシャールの当時の年齢34歳に引き下げられた。バッシャールは軍・武装部隊総司令官に就任し最高ポストに就いた。次いでバアス党シリア地域指導部書記長となり最高指導者の地位に着いた。ハーフィズ政権の中枢にいた人々や既得権益を握っている人々、とくにアラウィー派はハーフィズ後の不安定化を恐れたが、バシャールであれば父親の残した体制、さまざまな遺産を裏切る可能性は低く脅威とはならないとみなされたことも、継承が可能となった理由である。

この父から子への大統領職の継承はジュムルーキーヤ（「世襲共和制」）という。共和制を意味するアラビア語のジュムフーリーヤと、王政を意味するマラキーヤから作られた語である。世襲は湾岸地域の王制国家では行われているが、それ以外のアラブ国家では唯一である。バッシャールは父から権力を継承しつつ、現代的な人物として特に若い世代から人気があり、変化への期待をもたらした。バッシャールは継続性と変化の両方を体現する存在となった。

期待された新しい時代の到来

振り返ってみれば結果的にわずかであったもののバッシャールが国内の改革を行ったことは事実である。根本的な変革をもたらそうとしたのか、小規模な変更を重ねることにより正統性を得ようとする独裁者に過ぎなかったのかは不明であるが、2011年以降の戦争状態により改革が進む可能性がついえたことは確かである。

ハーフィズが亡くなって間もなく、政治・法・経済改革、戒厳令の解除などの要求が知識人たちから出され、バッシャール新政権はこれを受けて政治犯を釈放するなどいくつかの改革を実行し、「ダマスカスの春」と呼ばれた。バシャールの2000年7月の大統領就任演説も新しい時代の到来を感じさせた。ハーフィズの業績を賞賛しそれを継続するとしつつ、同時に以下のようにも述べていた。社会の運営が1つの宗派、1つの政党、1つのグループに偏っていたら社会は発展しない。現在の問題や困難を解決するため、または現在の状況を改善するために、すべての領域で新しいアイデアを提案することや、古い考えを更新することが必要である。透明性が重要であることは疑いの余地がなく、そのような努力を支持する。行政改革は喫緊の課題であり加えて、法律の遵守や女性の社会参加のための適切な基盤を準備する必要がある。政治制度の改革には民主的思考が必要である。そして大統領になった男はかつて医者であり将校であった男と同じ人物であり、何よりもまず市民である、と締めくくった。

バッシャールは政権内に多様な人材を集めて活用するようになり、政権内部ではテクノクラートの位置づけが高まった。官僚や政治家の世代交代が進み、ハーフィズ時代を支えた古参幹部らが退場し若手が登用されるようになった。

大統領に就任して半年後、バッシャールはイギリス留学時代に出会ったアスマ・アクラス（Asma Akhras）と結婚した。アスマの父はスンニ派の名望家の出身で、イギリスに留学したあと同地で病院経営に成功した人物である。アスマはイギリス生まれでイギリスの教育を受け、ロンドンの金融会社に勤務していた。アメリカの女性向け雑誌でアスマの特集が組まれるなど、そのルックスやファッションにも注目が集まり、外国暮らしの経験がある若い大統領夫妻の誕生はシリア国内のみならず海外でも好意的な印象を持たれた。

また、治安当局の監視がなくなったわけではないが、一般市民に対しての監視は緩やかになっていたし、2007年の法律によってインターネットカフェはオンラインチャットにおける全ての投稿を記録することが義務付けられていたものの、2011年1月以降は全国民がインターネット接続を許され、国民はSNSにも接続できるようになった。

こうしたバッシャールの改革に対しては厳しい評価が多い。バッシャールはハーフィズが作った独裁体制の中でその体制の維持を期待されて就任したのであり、体制を否定するような改革路線はありえず、体制内改革にすぎなかったというものである。(8)

しかし2017年2月には、メディアのインタビューでアサド家以外が統治するシリアを想像できるかとの質問に対しバッシャールは、シリアはシリア国民のものでありすべての国民に指導者になる権利があると回答するなど、体制の変換を許容するかのような発言も見られたのである（https://www.reuters.com/article/uk-mideast-crisis-syria-assad-idUKKBN15M0HN）。

(2) バッシャールの外交とシリアを取り巻く国際情勢の変化

中東戦争で失ったゴラン高原の奪還は、シリアのプライドと政権の正統性に関わる問題であり、重要性はハーフィズの時代と変わらないが、国際情勢は大きく変わった。強力な擁護者としてのソ連が消滅し、アメリカがシリアに対して敵対的になったことで、シリアはもはや超大国の間を行き来することができなくなった。さらに2000年にイスラエルがレバノン南部から撤退した後、レバノンにおいてシリアの支配的な立場に対する反発が爆発した。

またアラブ世界の分裂により、アラブ・ナショナリズムへの政治的支援やアラブ各国からのシリアへの資金提供が期待できなくなってきた。これに対処するためバッシャールは域内では特にトルコとの関係改善を試み、域外ではヨーロッパとの接近を企てた。

しかしレバノンのハリーリ（Rafic Baha El Deen Al-Hariri）元首相の暗殺事件では、バッシャールの関与が疑われアメリカからの圧力を受けることになった。ブッシュ政権はシリアを「ならず者国家」とし経済制裁や民主化要求を突き付けた。さらにシリアからイラクへの武器密輸疑惑が持ちあがり、バッシャールの親族や側近が武器密輸に関わっていたことが明らかになった。しかしこの件が体制を揺るがすにはいたらず、シリア危機によりうやむやにされた。

２０１１年以降アサド政権が自国民を弾圧しているという理由から、シリアはアラブ連盟の加盟資格を停止され、地域の中で孤立することになった。とくに、トルコの態度の変化はあからさまであり、エルドアン（Recep Tayyip Erdoğan）大統領はバッシャールに対して激しい批判を浴びせイスラーム過激派を支援するようになった。サウジアラビアを筆頭に湾岸諸国も率先してイスラーム過激派を支援している。

しかしおよそ10年がたち、シリアに対し厳しい態度を見せてきたアラブ諸国の姿勢が変化を見せ始めた。すでに２００８年にはＵＡＥが在シリア大使館を再開しており、２０２１年11月にはＵＡＥの外務大臣ら一行がシリアを訪問し、バッシャールとダマスカスで会談した。

こうした方針の変更は、戦況が長引くほどシリア経済・社会情勢が悪化し地域全体に悪影響を及ぼしかねない、経済破綻したレバノンを救済するためにもレバノンと関係の深いシリアを孤立させておくべきではない、といった理由のほか、アラブ諸国にはアサド政権との関係を修復し域内で発言力を高めるトルコやイランをけん制する狙いがある。トルコも態度を軟化させつつあり、２０２２年秋にはトルコの情報長官がバグダッドに派遣された。すなわち、少なくとも中東地域では改めて地域大国としてのシリアの果たす役割、存在感の重要さが見直され、シリアの大統領の座からバッシャールを降ろすことが決して得策ではないと各国が認めたといってよい。

7　むすびにかえて

シリアのアサド体制の強さは、ハーフィズが巧みに作り上げた権力構造にある。権力の二層構造のうち、実際の権力を握る軍、治安当局等は極めて政権と密接であり、自分たちの運命が政権と一体であると理解している。他方、国民は厳しい監視やプロパガンダを通して政権批判や政治と関わることを回避するようになった。息苦しさを覚えつつもシリアが地域大国となったこと、何より不安定だった国に安定がもたらされたことで国民の多くはアサド体制に納得した。

そして複雑な権力構造は、息子のバッシャールに引き継がれた。ハーフィズの遺産を継承できるのは血のつながったバッシャールのほかにいなかった。

バッシャールの時代になり、体制を維持できる範囲内でのささやかな改革が行われるようになった。しかし、シリア危機によってこの改革の芽はつぶされてしまった。破滅的な10年間を過ぎてもバッシャール・アサド体制は存続しており、いまや各国が危機前と体制の変わらないシリアとバッシャールを認めるようになった。

バッシャールの退陣は、シリアという国家そのものの崩壊を意味する。外部から崩壊させるにはあまりにも強固な仕組みであり、国民は体制に不満はあったものの安定は享受しており、現体制で利益を得ていた人々は少なくなく彼らもまた、崩壊による日常生活の破たんや混乱を望まなかったのである。なにより、シリアが諸外国からの介入を受け、イスラーム過激派組織や反体制を名乗る組織による暴力と脅威にさらされた以上、国内の秩序を維持するのはアサド政権の役割となり、政権に正統性が付与されたのである。とはいえ、戦争状態が終了したとしても問題は山積している。それらにどのように対処するのか、アサド体制が試されるのだろう。

注

(1) 青山弘之「シリアにおける権威主義体制のしくみ」酒井啓子編『中東政治学』(有斐閣、２０１２年)、39頁。「二層構造」については青山弘之・末近浩太『現代シリア・レバノンの政治構造』(岩波書店、２００９年)でも詳細に解説されている。

(2) Abdulrahman al-Masri, "Reliable no more? The current state of the Syrian armed forces," Atlantic Council, September 22, 2020. https://www.atlanticcouncil.org/blogs/menasource/reliable-no-more-the-current-state-of-the-syrian-armed-forces/

(3) Kheder Khaddour, "Assad's Officer Ghetto: Why the Syrian Army Remains Loyal," Carnegie Middle East Center, 2015. https://carnegie-mec.org/2015/11/04/assad-s-officer-ghetto-why-syrian-army-remains-loyal-pub-61449
　このほか軍とアサド政権の関係については Risa Brooks, "Civil-Military Relations in the Middle East," Nora Bensahal, Daniel L. Byman, *The Future Security Environment in the Middle East: Conflict, Stability, and Political Changes*, Rand Corporation, 2004 に詳しい。

(4) 青山弘之編「シリアの政治主体」『現代レヴァント諸国の政治構造とその相関関係』調査研究報告書(アジア経済研究所、２００７年)。https://www.ide.go.jp/library/Japanese/Publish/Reports/InterimReport/pdf/2006_04_14_02.pdf

(5) シリアの部族については高岡豊『現代シリアの部族と政治・社会』(三元社、２０１１年)に詳しい。部族意識の高まりは国枝も指摘している(国枝昌樹『シリア　アサド政権の40年史』平凡社、２０１２年、71頁)。

(6) Lisa Wedeen, *Ambiguities of Domination*, The University of Chicago Press, 2015. はアサドに関するジョークや風刺画も紹介している。

(7) 夏目高男『シリア大統領アサドの中東外交１９７０—２００４』(明石書店、２００３年)、87—88頁。Wedeen もサダムとハーフィズを比較しており、サダムは精力的でハーフィズはエネルギッシュではないが用心深く、巧妙な政治家としている（Wedeen, *Ambiguities of Domination*, p. 29.）。

（8）国枝『シリア アサド政権の40年史』196頁。バッシャールの権力継承の後ろ盾となった古参の高官らが地位や権力の喪失を恐れ、バッシャールの改革を嫌ったという指摘もある。（Eyal Zisser, "A False Spring in Damascus" *Orient*, March 2003).

第7章　十二イマーム法学者の統治と国民意識
――イランの独裁政治――

野村明史

1　はじめに

１９７９年、イラン・イスラーム革命を経て、イランではイスラーム法学者が統治するイスラーム共和制が樹立された。それ以前のイランは、シャーと呼ばれる皇帝が統治する世俗的な親米王国であった。イランは、革命以降、アメリカとの関係は冷え込み、アメリカから「悪の枢軸（axis of evil）」と名指しされるまで悪化した。さらに、アメリカの敵国として「神権政治」、「テロ支援国家」など数々の負のイメージや悪者のレッテルを貼られてきた。

しかし、イランの現体制は、国民の熱狂的支持によって成立した。１９７９年12月の国民投票では、ホメイニー（Khomeini）を最高指導者とし、ホメイニーが提唱した「イスラーム法学者の統治論」が盛り込まれた新憲法が約98％以上の賛成を得て承認された。果たして、イランは傍若無人で悪名高き国家と一蹴してよいのだろうか。いま一度、検証する必要がある。

イスラーム教に基づく統治は、反動主義的運動に聞こえるかもしれない。しかし、世俗化が進められていたにもかかわらず、なぜ１９７９年のイランでイスラーム法学者による統治が始まり、人々に受け入れられたのであろうか。イスラーム史上でも、極めて稀なイスラーム法学者による統治体制がなぜ実現できたのか。民主主義国が台頭する現代において、大変意義深い問いである。

本論では、これらの問いに応えるため、イランで信仰されているシーア派十二イマーム派の成立過程と特徴を明らかにし、イランでイスラーム教がどのように受け入れられているのかを考察する。また、ホメイニーが目指したイスラーム法学者の統治論とイランの政治体制についても論じ、イランにおける民意を問う現状についても明らかにしたい。

一方、二〇二二年、イランでは貧困などからイラン現体制に不満をぶつけるデモが各地で発生し、全国に拡大した。そこで、イランの政治体制が抱える課題と今後についても触れ、イランの政治体制の実態解明を試みることにする。

2　十二イマーム派の信仰とイラン国民の意識

(1)　十二イマーム派の定着

イランはイスラーム教を国教としている。イランにおけるイスラーム教はシーア派の十二イマーム派を指す。十二イマーム派はシーア派の主流派で、現在でもバーレーン、イラク、レバノンで多く信仰されている。もともとイラクからイランにかけてはシーア派教徒が居住する地域であったが、16世紀初頭にイランで興ったサファーヴィー朝が、シーア派十二イマーム派を国教としたことで、シーア派教徒が増えていった。その後、サファーヴィー朝は、有能な君主に恵まれず、アフガニスタンのパシュトゥーン人のギルザイ族が治めるホータキー朝に滅ぼされ、ロシアの南下政策による侵攻も相まって、イランの地は、18世紀末のカージャール朝の誕生まで群雄割拠の時代を迎えた。

カージャール朝誕生後、イランの地はさらに内憂外患に苦しめられることになる。国内の群雄割拠の状況は部族の台頭を促し、権力基盤は不安定な状態が続いた。軍事力は各部族の兵力に依存せざるを得ず、地方政府も中央政府の意図に従わなくなり、徴収した税金の納付もしばしば滞った。

対外的にはロシアの侵攻を招いてカフカス地方を失い、イギリスとの外交にも失敗して、現在のアフガニスタン地域の支配権も失った。欧州列強の侵食を受ける中、膨大な戦費による財政危機を迎えたカージャール朝は治外法権や関税自主権を認めない不平等条約を強いられながら、欧州列強に鉄道や電信、タバコなどの利権を切り売りすることで、急場を凌いでいだ。しかし、半植民地状態となった現実に、国民は政府の対応を売国的であると糾弾するようになり、政府に対する異議申し立てが活発化した。

１８９１年にはカージャール朝が、イギリスのタバコ利権の売り渡したことを発端に、タバコ・ボイコット運動が各地で発生した。その後、タバコ利権の売却は撤回されたが、イラン国民が国家に対して起こした前例のない大きな運動へと広がった。カージャール朝政府は、改革と公正なるイスラーム的統治というスローガンを掲げていたにもかかわらず、それに反する政策を続けたため、１９０５年、物価高騰を背景に、イスラーム法学者が民衆を率いる形で、イラン立憲革命が発生した。革命におされ、カージャール朝政府は立憲議会制の導入を決定したが、１９０７年、英露協商でカージャール朝の南北がそれぞれイギリスとロシアの勢力圏と定められたため、立憲革命は結果的に失敗に終わった。

その後、第一次世界大戦が勃発すると、ガージャール朝はオスマン帝国軍の侵攻を許し、１９１７、イギリスは、ロシアに干渉するためイランを前線基地として利用し、カージャール朝政府は、国家としての機能を失い、無政府状態にまで陥った。

この機に乗じて、ペルシア・コサック旅団の軍人レザー・ハーン（Reza Shah）が、1921年2月21日にカージャール朝に対し、クーデターを起こし、2月26日にソ連と友好条約を締結した。

ペルシア・コサック旅団は、カージャール朝シャー（皇帝）がロシア帝国陸軍のコサック連隊の能力の高さに魅了され、自国に同様の軍を創設しようと、ロシア皇帝に支援を要請し、結成させたものである。当時、イギリスとロシアは、アジアにおける影響力の配分を巡って「グレートゲーム」を繰り広げていた。グレートゲームを展開する上で、イランは、戦略的に重要な位置を占めていた。ロシアはグレートゲームを制するためにイランを押さえ、絶大な影響力を獲得するまたとない機会と捉え、ペルシア・コサック旅団の結成に協力した。

その後、レザー・ハーンは軍隊改革を断行し、各地の反乱を平定していった。そして、1925年、レザー・ハーンはカージャール朝のシャー（皇帝）を廃位し、自らシャー（皇帝）に即位して、パフラヴィー朝を開いた。

ガージャール朝の時代は、イランに新しい価値観を芽生えさせた。欧州列強に虐げられたガージャール朝の脆弱性は、イランの人々に「国民」としての意識を強く目覚めさせ、一方で民衆とイスラーム法学者が結託して政治との関わりを深めた。

パフラヴィー朝以降、イランは国民国家として近代化の道を進めていくことになる。

(2) イラン革命

パフラヴィー朝初代皇帝となったレザー・ハーンは、即位後、レザー・シャーと呼ばれ、自身の軍事力を背景に中央集権化を進めた。また、西欧に倣い近代国家形成を目指して法制などを整備する改革を行い、1928年にはガージャール朝時代に締結した不平等条約の撤廃にも成功した。その一方で、司法や議会を無視した徹底した政敵の排除を行い、世俗化・反イスラーム政策も進め、保守派の反感も買っていた。

また、パフラヴィー朝時代もイランはグレートゲームを繰り広げる英ソの狭間で、大国からの干渉に晒され続けた。レザー・シャーは第二次世界大戦で、英ソによる支配からの脱却を目指して親ナチス・ドイツ政策に転換したが、その結果、英ソ共同進駐を招いて退位に追い込まれた。そして、1941年9月16日、息子のモハンマド・レザー（Mohammad Rezā）が第2代シャー（皇帝）に即位し、英ソの影響下が続いた。

1951年に首相に就任したモハンマド・モサッデク（Mohammad Mosaddegh）は、半植民地状態化した状況を打破するため、イランのアングロ・イラニアン石油会社（Anglo-Persian Oil Company）が保有するイラン国内の資産を国有化し、西側諸国を追い出すことを決定した。さらに、1953年にはソ連・イラン合同委員会を組織し、親ソ政策を推進することで、西側陣営の牽制へと動いた。しかし、1953年に英秘密情報部MI6とジョン・フォスター・ダレス（John Foster Dulles）米国務長官とアレン・ウェルシュ・ダレス（Allen Welsh Dulles）米中央情報局（CIA）長官の協力によって、アジャックス作戦（TPAJAX Project）が遂行され、モサッデクは失脚した。その後、西側陣営の圧力はさらに増し、1955年、イランは反共軍事同盟であった中央条約機構（Central Treaty Organization）に加盟し、西側陣営に加わった。

1953年のアジャックス作戦後、モハンマド・レザーは、アメリカの後ろ盾を得た。1957年、CIAの支援で組織化された国家情報治安機構（SAVAK）によって、シャー（皇帝）に批判的な勢力や政治の自由化を求める運動家を徹底的に摘発して投獄し、拷問を加えた。

その後もモハンマド・レザーは農地改革、女性の政治参加、教育改革、国営企業の民営化、森林の国有化、労働者の待遇改善の6項目からなる石油収入を基にした工業化と近代化政策を進め、「白色革命」と呼ばれた。女性の政治参加や一夫一妻制の導入を進めたモハンマド・レザーの白色革命は、イスラーム法学者たちからイスラーム教の教えに反すると反感を買い、イランの代表的なイスラーム法学者であったホメイニーは、白色革命やモハンマド・レザーの独裁的な政治体制を痛烈に批判した。その結果、1964年、ホメイニーは国外追放となり、フランスへ亡命した。

1974年のオイルショックで石油価格が暴騰すると、モハンマド・レザーは膨大な石油収入を基に投資に興じたが、その内容は国内の産業基盤の実情に見合わないものばかりであった。その後、石油価格が下落すると深刻な経済危機を招いた。国民の経済格差が深刻化し、シャー（皇帝）に対する忠誠心も急落した。

ホメイニーは、亡命先のフランスからシャー（皇帝）の専制を痛烈に批判し続けた。国内の混乱収拾が困難と判断したモハンマド・レザーは、1979年、エジプトへ亡命した。その後、ホメイニーはフランスから帰国し、イスラーム革命評議会を組織して、パフラヴィー朝は終焉した。

1977年末、イランを訪問したジミー・カーター（Jimmy Carte）米大統領は、親米政権であったパフラヴィー朝時代のイランを「世界で最も問題のある地域の1つである安定の島」と讃えていたが、それから約20年後、イランは「悪の枢軸」と名指しされるまで批難されることになる。

3　十二イマーム派の成立過程とイスラーム法学者の統治論

(1) 十二イマーム派の成立過程

イランの正式な国名はイラン・イスラーム共和国であるが、イランにおけるイスラームという言葉は、必ずしも、現在のイスラーム教全体を包括的に意味しているわけではない。イランにおけるイスラーム教は、あくまでもシーア派十二イマーム派を国教とする宗派であり、正確に言えば、イランの地でシーア派十二イマーム派の教義に基づくイスラーム法学者の統治が始まったのである。

もともとイスラーム教は、開祖である預言者ムハンマド（Muhammad）が政教一致の唯一神の教えを広めることで始まった。イスラーム教はスンナ派とシーア派に大別され、さらにその下に、教義などの違いにより様々な学派が存在する。しかし、スンナ派とシーア派は、教義の違いという学問的要素で分裂したのではなく、その発端は預言者ムハンマドの後継者問題に遡る。

632年、預言者ムハンマドは、後継者の指名を行なわずしてこの世を去った。預言者ムハンマドの死後、イスラーム共同体は分裂の危機に直面した。部族の中には、イスラーム教の信仰を預言者ムハンマドとの契約事項と捉える者も少なくなかった。そこで、預言者ムハンマドの死によって契約が終了したと考え、イスラーム教から離れる者もあらわれた。中には、新たに預言者を自称する者も現れ、イスラーム共同体の分裂を危惧した古参の教友たちは新たな指導者の選定と反乱の討伐が急務と考えた。そして、古参の教友の中から、預言者ムハンマドと最も親しく、預言者ムハンマドの礼拝先導役の代行を務めたこともあるアブーバクル（Abu Bakr）が初代カリフ（預言者ムハンマドの後継者の意）に就任した。教友の中には、預言者ムハンマドの従兄弟で、娘婿のアリー（Ali）が後継者に相応しいと考える者もいた。

アブーバクルは、カリフ就任後、各地で起きた反乱を鎮め、その後、ウマル（Umar）、オスマーン（Uthman）が後を継ぎ、656年、4代目のカリフにアリーが選出された。アリーは預言者ムハンマドの掲げた理想に基づく政治を夢見たが、すでに預言者ムハンマドの死から24年が経過したイスラーム共同体で、アリーの方針は現実政治に必ずしも適ったものではなかった。内部からの反発に直面したアリーは、政治手腕に優れたシリア総督のムアーウィヤ（Muawiya）と対峙したが、最後には和平を結んだ。その後、ムアーウィヤはカリフ就任を宣言し、ムアーウィヤの権威を認めた多数の信者は忠誠を誓った。

反対派と和平を結んだことで、アリー陣営では、離反する者が増え、その怒りの矛先はアリー自身へと向けられた。離反した者はハワーリジュと呼ばれ、その中の一人にアリーは失意のうちに暗殺された。その後、アリー支持者はアリーの息子で預言者ムハンマドの孫にあたるハサン（Hasan）とフセイン（Hussein）がカリフを後継する資格があると主張したが、ハサンはムアーウィヤ存命中に亡くなり、その後、ムアーウィヤはカリフ位をフセインではなく息子のヤズィード（Yazeed）に継がせ、カリフの世襲制を始めた。

フセインは、ヤズィードのカリフ世襲に反対して挙兵し、その混乱の中で不慮の死を遂げたと伝えられている。この事件は、カルバラーの悲劇と呼ばれ、その後、アリー陣営の中から、フセインを死から救えなかったことを悼むタッワーブーン（懺悔する者）と呼ばれる者が現れ、ウマイヤ朝を支持する多数派と一線を画した。そして、フセインの息子を正式な後継者と認め、独自の教義の形成を始め、多数派と袂を分かつこととなった。

その後、アリー一族の支持者は、アリーの追随者を意味するシーア・アリーと呼ばれ、さらにアリーが省略されてシーア派と一般的に呼ばれるようになった。

多数派はシーア派と区別するため、預言者ムハンマドの時代からの慣行とその正統な共同体に従う人々との意味で、スンナとジャマーアの徒と名乗るようになり、簡略化されてスンナ派と一般的に呼ばれるようになった。

このように、スンナ派とシーア派は教義の相違など学問的見解によって分裂したわけではなく、後継者問題という政治的理由で、現在に至るまで対立関係が続いているのである。

シーア派はアリーとその子孫のみがイスラーム共同体を治める正統な指導者であると主張する。ただ、シーア派も、その後、アリーの後に続く後継者を巡って分裂を繰り返した。その中で、アリー一族の12名を預言者ムハンマドの後継者である「イマーム」として信仰する十二イマーム派が、シーア派の中で多数派となり、12名のイマームは唯一神アッラーによって護られ、イスラーム教に関する事項について決して過ちを犯さない無謬の存在であったと信じられている。

シーア派のイマームは、預言者ムハンマドの血をひくことからスンナ派のアッバース朝のカリフに警戒され、監視下に置かれていたという。８７４年、第11代イマームのハサン・アル＝アスカリー（Hasan al-Askari）が亡くなると、当時５歳であった第12代イマーム・ムハンマド・ビン・ハサン・マフディー（Muhammad al-Mahdi、イマーム・マフディー）は、アッラーの命令によって、突如、地上から姿を消したと十二イマーム派の間では信じられている。イマーム・マフディーが地上から姿を消した時期は「小幽隠（小ガイバ）」と「大幽隠（大ガイバ）」の二つに分けられる。

イマーム・マフディーは、最初に姿を消してからしばらくの間は、「特定代理人」と呼ばれる四人の代理人を通じて十二イマーム派の信者たちと交流していたといわれている。この時期は、「小幽隠（小ガイバ）」と呼ばれる。その後、９４１年、イマーム・マフディーは、特定代理人の一人であるアリー・ビン・ムハンマド・アル＝スィンマリー（Ali bin Muhammad ali-Sinmari）を通じて勅令を出した。それは特定代理人アリー・ビン・ムハンマド・アル＝スィンマリーが、６日のうちに亡くなり、その後、イマーム・マフディーはアッラーの許しが出るまで、代理人を置くことなく、姿を消す状態が継続すると宣言した。この時期は、「大幽隠」と呼ばれる。十二イマーム派は、現在もこの大幽隠が続いている状態であると主張する。

また、イマーム・マフディーは、全人類が裁きをかけられる最後の審判の前に、世界へ正義と公正を示すために、再び地上に現れると伝えられている。

ただ、イマーム・マフディーが、姿を隠したとはいえ、十二イマーム派の信仰が終わったわけではない。その後、十二イマーム派は、イマーム不在の時代においてもその教えは変わらず残り、社会秩序を維持し、信者の生活を支えるために、統治の確立が必要であると考えた。

ただ、イマーム不在の状況下で、どのような統治体制を敷くべきか、十二イマーム派において大きな問題として残った。小幽隠時代は「特定代理人」がおかれていたが、大幽隠時代はイスラーム法学者をイマームの代理とみなす考えが広まり、イスラーム法学者がイマームに代わって、その役割の一部を果たすという考えが主流となっていった。十二イマーム派ではイマームに代わり、イスラーム法学者が信者を導く指導的役割を担っていると考えたのである。(1)

(2) スンナ派の見解

一方、スンナ派は、前述の通り預言者ムハンマドの死後、アブーバクルがカリフに就任した。スンナ派イスラーム法学者のマーワルディーは「統治の諸規則」の中で、カリフ制の必要性について次のように述べている。

カリフ制は、信者を擁護し、人間世界を統べる上で、預言者ムハンマドの後を継ぐ者のために設置されたものと述べている。そして、カリフに選ばれるべき条件として次の7つを挙げている。①カリフ職を公正に遂行すること、②様々事件や法的問題において判断を下すことを可能にする知識を具えていること、③任務の遂行にあたり聴覚、視覚、言語能力などの感覚が健全であること、④五体満足であること、⑤臣民を統治し、公共の福利増進を促す意見をもっていること、⑥イスラームの領域を守り、敵と戦う勇気と気概を持っていること、⑦預言者ムハンマドと同じクライシュ族出身であること、である。

また、カリフの選任方法は、選挙か前任のカリフからの指名によって選ばれ、もし、2人の人間がカリフとしての条件を満たしているならば、年長者を優先し、もし両者がカリフ位をめぐって争っている場合には、法学者の間でも意見は分かれているが、くじに勝ったものを推挙するか、選挙人の判断に委ねるなどの見解をとっている。(2)

このように、スンナ派とシーア派の決定的な分裂は、預言者ムハンマドの後継者問題に端を発し、その後の統治者の選定と統治のあり方にも大きな違いがあることが理解される。

政教一致として始まったイスラーム教は、政教分離の原則が浸透している日本社会で、現代の宗教というカテゴリーで認識することは困難であるように思われる。

スンナ派ではイスラーム教の教えは、大きく2つのカテゴリーに分類される。1つは、広く我々が宗教と認識する、礼拝、浄財、斎戒などの宗教儀礼を中心とした神事事項、そしてもう1つは、統治法、刑法、相続法、結婚など政治や社会関係行為を中心とした社会的事項である。

つまり、イスラーム教は、行政、司法、または社会事項に至るまでの内容を唯一神アッラーの名のもとに定めた政教一致の教えであり、行政や司法も定める不変の真理として、イスラーム教徒の生きる指針とされている。

しかし、次第にイスラーム共同体が非アラビア語圏や非アラブ文化圏地域に拡大するとイスラーム教の解釈にも時代や地域性に応じた多様性が求められるようになった。こうして、イスラーム教の教えを学びイスラーム学に通じた専門家が必要となり、スンナ派では、ウラマーと呼ばれるイスラーム法学者が誕生した。

ウラマーには、世襲制度や免許書、皆伝書の発行などはなく、自主的に師のもとでイスラーム教を学び、確固たる地位を築いた先人のウラマーたちに認められ、その知識が受け継がれる自律的な社会階層として発展した。ウラマーは、社会の必要に応じて、イスラーム教に基づく法令や見解を発布して、イスラーム教徒の生活を支え、社会の安定に貢献した。また、為政者への助言や、為政者の行動にイスラーム教の見地から正当性を保証する役割も果たした。時に、為政者がイスラーム教に反する行動をとる場合には、イスラーム教のあるべき姿に導く監督者としての役割を果たし、世論をくみ取って為政者に助言するなど政治的にも大きな影響力を行使するようになった。

(3) アフバール派とオスール派

スンナ派ではアッラーが啓示したクルアーン、預言者の言行録であるハディースがイスラーム法学の源泉として宗教的見解を下す際の重要な法的根拠となった。十二イマーム派では、これらに加え、預言者ムハンマドの後継者の12人のイマームの伝承である「アフバール」が、重要な法的根源とされた。この伝承集は10世紀から12世紀に編纂され現在も十二イマーム派の法的根拠において最高の権威を有している。

アフバールは、預言者ムハンマドの言行録や12人のイマームの伝記、クルアーンの解釈やハディースに関する12人のイマームの見解が含まれている『充全の書（Usul min-al-kafi）』、『洞察の書（Kitab al-istibsar）』、『改訂法判断の書（Tahdhib alahkam）』、『法学者いらずの書（Man la yahdurh al-faqih）』の4大伝承集を基本として現代に受け継がれている。

サファーヴィー朝時代、モッラー・アミーン・アスタラバーディー（Muhammad Amin al-Astarabadi）は、12代目イマーム・マフディーが「大幽隠（大ガイバ）」に入る前とそれ以後も信者が必要とする法的状況には特段の変化はないと考え、イマーム不在の時代であっても、クルアーンやハディースとともに、4大伝承集を基本としたイマームの伝承は重要な法源であると主張した。

こうした徹底した伝承重視の立場をとる十二イマーム派は、アフバール派と呼ばれた。伝承経路の信憑性に多少の疑義があったとしても、四大伝承集に収録された伝承であれば正しい伝承とみなし、伝承で言及されていなければ、その行為は控えるほど、徹底した伝承重視の立場をとっていた。

十二イマーム派では、こうしたアフバール派が18世紀頃まで主流派として定着していた。

しかし、18世紀に現れた十二イマーム派法学者のモハンマド・バケル・ベフバハーニー（Mohammad Baqer Beh-behani）は、アフバール派の主張する法源にただ従うのではなく、4大伝承集の中にも伝承経路における信頼性は異なっており、それぞれ伝承の権威を評価するための分析方法を加える必要があると説いた。さらに、ベフバハーニーの考えに従わない者は異端である（タクフィール）と宣言し、意見の合わない者を徹底的に排除した。こうした排他的な行動が、十二イマーム派の中で、イスラーム法学者の権威を高める結果となり、当時、分散傾向にあった宗教学者の権威を統合する役割も果たしていった。

その後、ベフバハーニーの主張する一派がオスーリー派と呼ばれ、現在に至るまで十二イマーム法学派の主流派となっている。

アフバール派がクルアーンとハディース、12名イマームの伝承を法的根源にしていたのに対し、オスーリー派はそれらに加え、先人のイスラーム法学者の合意事項も考慮するべきであると主張した。十二イマーム派のイスラーム法学者の役割に関しては、アフバール派は保守的な性質が強く、オスーリー派はより進歩的であることが理解される。

オスーリー派が主流派となったことで、十二イマーム派のイスラーム法学者の地位にも変化が生まれた。イスラーム教は、全人類のための普遍的な教えとして伝えられているが、その内容を理解するためには、アラビア語はもちろんのこと、クルアーンの暗記、クルアーン解釈学、ハディース学、預言者伝、他の宗派の教義、先人の宗教的見解など、幅広い知識が必要となる。こうしたイスラーム学を習得し、絶えずその知識を維持し研鑽するイスラーム法学者が、個々の事例に対し、もし先例がない場合には、それらの知識を網羅して、イスラーム法に則った判断を独自に下すことが現実的となりはじめた。一般信者が十二イマーム派のイスラーム法学者に助言を求め、その見解に従うことはタクリード（模倣）と呼ばれ、十二イマーム派のイスラーム法学者の権威を高め、信者との関係を強める結果となった。

また、信者がタクリードを行うため、十二イマーム派のイスラーム法学者の宗教的権威を表すヒエラルキー構造も整備されていった。

19世紀半ばから十二イマーム派では、信者がこのような信仰実践において自身が選んだ高位の法学者の見解を手本とし、そのイスラーム法学者に宗教税を支払うことが慣習化された。このような制度は、マルジャア・タクリード（maruja taqreed）と呼ばれた。

マルジャア・タクリードの確立で、十二イマーム派のイスラーム法学者は経済的に安定した基盤を手に入れ、政治的、社会的役割を担うことが可能となり、十二イマーム派のイスラーム法学者と一般信者との関係もさらに緊密化した。(3)

4　イランの統治制度

(1)　ホメイニーのイスラーム法学者の統治論

１９７９年、ホメイニーはパフラヴィー朝を崩壊に追い込み、ホメイニーを「イマームの代理人」とみなす支持者たちによってイスラーム共和党やイスラーム革命評議会が創設された。また、パフラヴィー朝打倒に参加したのは、ホメイニーを中心とするイスラーム法学者集団だけではなく、失脚したモサッデク首相の遺志を継いだ民族主義組織国民戦線（National Front）や親ソ派共産党のトゥーデ党などの世俗的な政治集団も含まれていた。彼らはシャー（皇帝）打倒で目標を一つにしていたが、その後のイランの将来まで同じ思いを描いていたわけではなかった。革命後の体制固めを進める中でイスラーム法学者集団以外は、次第に淘汰されていった。その決定的な契機となったのが、１９７９年11月、米イラン関係を悪化させた在テヘラン米国大使館占拠事件であった。

当初、米大使館占拠はホメイニーの指示によるものではなかった。むしろ、ホメイニーは占拠を解除するように指示を出していた。しかし、これを国民の意思と捉えたホメイニーは、米大使館占拠の支持へと転換し、カーター米政権に対して、シャー（皇帝）の引き渡しや内政不介入などの条件を突きつけた。これを機に、国内の反米感情は高まり，最終的にイスラーム共和党による一党体制のもとでホメイニーが説いたイスラーム法学者による統治体制の支配が支持を集めた。

では，ホメイニーが掲げた統治のあり方とはどのようなものだったのであろうか。

ホメイニーは，「イスラーム法学者の統治論」の中で，本来，イマームには自然界に起こすことができる奇跡などの精神的地位と現世的諸事を行う宗教的・政治的地位の二つを持ち合わせていると説明した。また，統治者は宗教的知識と公正さの二つを持ちあわる十二イマーム派の法学者が統治を行うべきであると主張した。その二つの資格を持つ公正なイスラーム法学者は，イスラーム共同体の統治権（ヴェラーヤト）を有することと同等であると考え，人々はその統治に従わなければならないと訴えた。そして，統治者となったイスラーム法学者はイマームから現世的諸事を行う宗教的・政治的地位をすべて委任され，人々を導く政治体制を樹立しなければならないと説明した。

ホメイニーはクルアーンと，預言者ムハンマドや十二人のイマームたちの言行録などだけなく，理性によって，イスラーム法の規定を導き出すことが可能であると訴えた。それは，公正なるイスラーム法学者がイスラーム法を理解し，イマームから宗教と政治的地位を委ねられているからであると説明した。

一方，スンナ派では，クルアーンとハディースにその根拠となる記載が見つからない場合，自身の単純な意見によってイスラーム法の規定を導き出すことを禁じている。

このように，預言者ムハンマドの後継者問題に端を発し，スンナ派とシーア派ではイスラーム法の解釈だけでなく，統治体制のあり方にも大きな相違が生じたのである(4)。

（2）イランの政治体制

では，次に現在のイランの政治体制についてみてみよう。イスラーム法学者の独裁，神権政治という言葉が独り歩きし、イランはあたかも国民の意思を反映する機会のない自由も何もない国家のように聞こえる。しかし、イランは、国民投票による大統領選挙や議会選挙が開かれ、少なからず民意を問う機会がある中東でも稀有な国である。欧米諸国から人権問題などを指摘される湾岸諸国などでも近年は、部分的に選挙などの制度を採り入れ、国民の不満軽減の措置がとられている。

２０００年代から、独裁体制が国民に制限的に自由を与えることによって政権の存続を図る体制を「ハイブリッド型」と形容される場面が増えてきた。現イラン体制は、発足当初からハイブリッド型のイスラーム共和制と言える。

一方、イラン憲法第56条では、「世界と人間に対する絶対的な支配権を有する全能のアッラーは、人間にその社会の運命を定める権利を与えた。何人も、人間からアッラーの与えたこの権利を剝奪することはできない」と主権代理行使権が主張されている。アッラーと人間の「二重主権論」は、イラン憲法4条の「すべての民事、刑罰、財政、経済、行政、文化、軍事、政治及びその他の法令はイスラームの基準を基礎としなければならない。本条項は、憲法の他のすべての条項に適用される」と第72条「議会は、国教の理念と原則あるいは憲法に反する法律を制定することはできない」にあるように、アッラーが定めるイスラーム法の許容範囲で自由裁量権が与えられていることを意味している。

つまり、イランの最高指導者は、単に理性に則って縦横無尽に振舞うのではなく、あくまでもイスラーム法の許容範囲で自由裁量が認められているということである。それは、たとえ、イスラーム法学者がイマームの代理人として周知されていても、イスラーム教から逸脱した方針をとることは国民からの信頼を失いかねないからである。

イスラーム法学者が統治する主権在神と大統領選挙など国民に直接的に信を問う人民主権の混合は、問題を含みながらも、国民へのガス抜きとして体制の存続に寄与してきた。

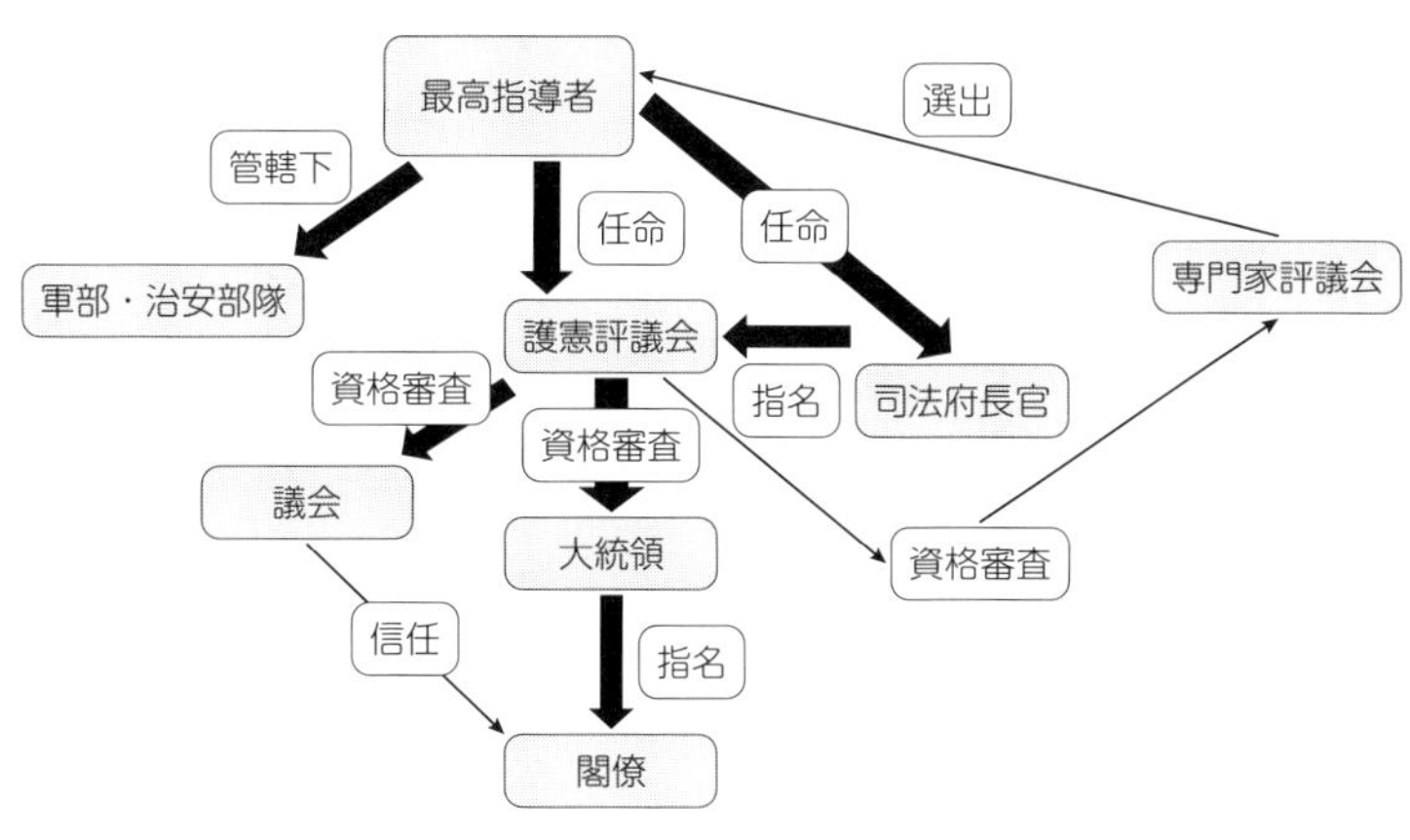

図7-1　イランの政治体制

出典：筆者作成。

そして、イラン憲法第5条には、イマームが姿を隠している間は、「公正で徳高く実社会に関する知識を有し、勇敢で有能な」イスラーム法学者（ファギーフ）が、イスラーム共和国を指導するとされ、イラン憲法にはホメイニーの「イスラーム法学者の統治論」が随所に織り込まれている。

表面的には、イランの政治体制は、国民の直接選挙によって選ばれる大統領、議会、司法制度など、民主主義国の制度と共通点も見受けられる。ただ明らかな違いは、イランが十二イマーム派の教義に基づく法によって、最高指導者という1人のイスラーム法学者が、国家のあらゆる主要な機能を管理下においている点にある。

また、体制と国内治安の維持のため、イスラーム革命防衛隊（IRGC）や情報省などを用いて、国民を監視し、反対派にあたっては激しい弾圧を加えている点も指摘しておかなければならない[5]。

最高指導者

初代最高指導者は、現イラン政府を創設した革命の父ホメイニーであった。そして1989年のホメイニーの死後、アリー・ハーメネイ（Ali Khamenei）が最高指導者に就任した。

イランの憲法によると、最高指導者は「イラン・イスラーム共和国の一般政策」の策定と監督の責任を負っており、イランの国内ならびに外交政策の方向性を策定し、軍の最高司令官であり、諜報活動と治安活動を監督している。

初代最高指導者ホメイニーの亡き後、最高指導者は国民の直接投票により選ばれた専門家会議メンバーにより選出されることになっている。

最高指導者は憲法第110条「最高指導者の職務及び権限」の定めるところにより次の権限を有している。(6)

1 公益判別評議会との協議によるイラン・イスラーム共和国体制の施政方針の決定。

2 体制の施政方針の適正な施行の監督。

3 国民投票実施令。

4 統帥権。

5 宣戦及び和平の布告ならびに軍動員令の発動。

6 右記の者の任命、解任及び辞任の受理。

(a) 護憲評議会メンバーの6名の法学者、(b) 司法長官、(c) イラン・マスメディア庁長官、(d) 統合参謀長、(e) イスラーム革命防衛隊総司令官、(f) 国軍及び治安部隊の総司令官

7 三権間の相違の解決と調整。

8 通常の方法による解決が不可能な体制上の複雑な諸問題の公益判別会議を通ずる解決。

9 国民により選出された大統領の承認。

10 大統領の職務違反に関する最高裁判所の判決または議会が大統領を不適格と決定した場合、国益を勘案した上での大統領の罷免。

11　司法長官の提案により、イスラーム教の規準の範囲内での受刑者の恩赦または減刑の実施。など

大統領

大統領は、イランで最高指導者に次ぐ2番目に高い地位にある。大統領の任期は４年であり、２期まで認められる（第１１４条）。大統領の権限は、憲法によって多くの点で制限され、その権限の多くは最高指導者の下にある。また、イランは行政府が軍隊の統制権を有しおらず、最高指導者の下にある。大統領は、名目上は国家安全保障最高評議会の最高責任者であるが、実際には最高指導者が国内外の安全保障を取り仕切っている。

大統領の権限は最高指導者の監督と承認を必要とした上で次のものがあげられる。

1　副大統領の任命（憲法第１３０条）。
2　議会の決議事項に署名する（憲法第１２３条）。大統領に拒否権はない。
3　閣僚を指名し、信任投票のため議会に推薦する（憲法第１３３条）。
4　大臣の解任（憲法第136条）。　など

議会

イラン議会は一院制の立法機関で、４年ごとに２９０名の議員が公選される。法案を起草し、国際条約を批准し、国の予算の承認などを行う。議会議員は、任期４年、定数２９０と定められている。

憲法第64条では定数２７０と定めていたが、１９８９年の国民投票以降、10年毎に人口、政治、地理その他の要

因を考慮に入れて、最大20名まで議員の増員が可能となった。この規定に基づき、2000年に実施された第6期国会選挙から、国会議員の定数は290に変更された。

議員定数のうち、5議席は憲法第64条に基づき以下の宗教少数派が1名ずつ選出されることが決まっている。ゾロアスター教徒1名、ユダヤ教徒1名、アッシリア系およびカルデア系キリスト教徒あわせて1名、南部及び北部のアルメニア人キリスト教徒はそれぞれ1名の議員を選出している。

専門家会議

専門家会議は、6カ月ごとの開催が義務づけられ、国民によって選出された88名の「徳と学識のある」イスラーム法学者で構成され、任期は8年である。大統領選挙や議会選挙と同様に、護憲評議会が専門家会議への立候補者を決定する。最高指導者の選出と罷免の権限を有している。

護憲評議会

12人の法学者が護憲評議会を構成し、そのうち6人は最高指導者によって任命される。残りの6人は司法長官が指名した中から、議会が正式に任命する。

護憲評議会は憲法を解釈する権限を持ち、議会で可決された法律がシャリーア（イスラーム法）に沿っているかどうかを判断し、議会に対する実質的な拒否権を有している。議会で可決された法律が憲法やシャリーアと相容れないと判断した場合、その法律は議会に差し戻される。

また、大統領や議会議員の立候補者の適性について審査し、選別することができる。過去には、立候補者を劇的に絞り込み、最高指導者の意思を反映させようとしたこともあった。

司法府

イラン政府の司法部門は、最高指導者が司法部門の最高位である司法長官を任命する権限を有し、実質的に司法機関の大部分を管理下に置いている。

司法長官は、イスラーム法学者の中から選ばれ、任期は5年である。通常の裁判所の他に、国家の安全に対する罪、麻薬の密輸、冒涜行為などの犯罪を裁く「革命裁判所」がある。また、イランでは法務大臣は、司法長官が大統領に提案した人物の中から選出される（憲法第160条）。

国家安全保障と情報部門

イランは、行政府が軍の統帥権を有していない。最高指導者が国家の安全保障のすべての事項を決定している。

（a）国家安全保障最高評議会

イラン憲法第176条は、国家安全保障最高評議会を設置し、「イスラーム革命、領土保全、国家主権の維持」を任務として定めている。そのメンバーは、大統領、議会議長、司法長官、統合参謀本部長、外務大臣、内務大臣、情報大臣、イスラーム革命防衛隊の総司令官などで構成される。

大統領は、国家安全保障最高評議会の議長として、最高指導者との調整役も担っている。

（b）正　規　軍

イラン憲法によると、イラン正規軍は、国の独立と領土の保全を守り、秩序を維持する責任を負っている。イラン正規軍はもともとパフラヴィー朝時代に創設されたため、ホメイニーは正規軍の反乱を恐れ、イスラーム革命防衛隊を組織したと言われている。

(c) イスラーム革命防衛隊 (IRGC)

イスラーム革命防衛隊 (IRGC) は、正規軍とは別組織であり、1979年5月にホメイニーによって創設された。

1982年にはシーア派武装組織ヒズボラを支援するためにレバノンへ渡り、ホメイニーのイスラーム法学者の統治論を広める革命の輸出と呼ばれる対外工作に積極的に取り組んでいる。IRGCは、パレスチナ・イスラーム聖戦やハマスなど、パレスチナ人武装勢力の支援も行っている。

また、アメリカの経済制裁により、IRGCは中国、北朝鮮、ロシアから武器を調達し、独自の武器ルートを構築していると考えられている。

(d) 情報省

情報省の主な任務はイラン国内の反体制派の排除や海外のイラン大使館、領事館、イスラムセンターを通して情報収集活動を展開していると考えられている。イランの情報部門は、不透明な部分が多いものの、最終的には最高指導者に属していると見られる。確認できる範囲では、イランには、情報省と革命防衛隊の情報局という2つの主要な情報機関があり、その影響力と優位性をめぐって、両者は競争関係にある。

情報大臣はイランの大統領によって任命される。このため大統領は、革命防衛隊の情報局にはない一定の権限を情報省に対して与えられていると考えられるが、情報大臣は常にイスラーム法学者でなければならないと特別法で定められており、イランのイスラーム法学者の頂点に立つ最高指導者が情報大臣に対する影響力を行使できる立場にあると理解される。

５　イランの政治体制の課題と今後

１９８０年末、イランでイスラーム共和党が実権を握り、新しい経済政策の策定が浮上すると、その方針を巡ってイスラーム共和党内部で、新たな対立が生じ始めた。党内の経済左派は自由経済派であり、対する右派は統制経済派であった。また、宗教教義面でも相違点が見られた。保守派は高位高齢の法学者が多く、オスーリー派が認めるところの理性を法源とは認めていたが、クルアーンやハディースを重視することを説いた。その二つを前にして理性の活用が無制限であってはならないと主張した。つまり、法的見解を出すに当たってクルアーンやハディースに明文されていない内容については、イスラーム法学者による理性の活用が可能であるが、理性を無制限に濫用することは本末転倒であると説いた。

一方、改革派は比較的若くて低位のイスラーム法学者が多く、クルアーンとハディースの重要性は認めつつも社会の要求や時代の変化に応じて、理性を積極的に活用し、イスラーム法と整合させる必要があると説いた。ホメイニーは両者に対して、どちらかに肩入れすることはなく、基本的に中立の立場を採った。狂信的なイメージがまとわりつくホメイニーであったが、現実にはバランス感覚を持ち合わせたカリスマ性に溢れた指導者であったと言える。

その後、イスラーム共和党はホメイニーによって活動停止となったが、ハーメネイ現最高指導者は、保守派へと傾倒し、ホメイニーの死後台頭したラフサンジャーニー（Rafsanjani）元大統領は改革派寄りの姿勢をとった。その後、改革派は、ムーサウィー元首相やハータミー（Khatami）元大統領などのリーダーシップが続いた。

ハータミーは、西欧の政治思想に詳しく、１９９７年から２００５年までの大統領任期中、対外的には「文明の対話」を説きながら、国内改革にも注力した。ハータミーによると、イラン憲法は人民の総意に基づいて承認され、イラン・イスラーム共和国は、イスラーム教の教えに基づく国家運営をイラン国民が決意したことを意味する。つまり、イスラーム法学者の統治論は、イラン憲法に織り込まれることで正当性を担保でき、国民投票という人民主権の下で効力を有すると主張した。

これに対して、保守派はイスラーム法学者の統治論は、アッラーの命令であるイスラーム法より上位には立たないが、憲法の上位に立つ。というのも、アッラーの命令は、人民の総意を受けて定められたのではなく、アッラーの意志によって定められたからである。したがって憲法の有効性は、人民の多数がそれに賛成票を投じたからではなく、それを指導者であるイスラーム法学者が認めたからであると説いた。

最高指導者の選定をめぐっても、イスラーム共和党内では、問題が続いていた。イラン現体制の確立後、ホメイニーを含む6人の高位法学者がいたが、その大半はホメイニーの提唱する政治体制に批判的であった。1985年、ホメイニーの弟子の一人であるホセインアリー・モンタゼリー（Montazeri）が専門家会議によって最高指導者後継者に選出されたが、ホメイニーを批判する発言を繰り返したため、1989年3月、後継者の地位を追われてしまった。

そこで新たな後継者の選定が急務となり、ホメイニーは、1981年から大統領を務め、政治経験の豊富なハーメネイを後継者に指名した。ハーメネイはイスラーム法学者であったが、イスラーム法学者としての階級は下位にあった。最高指導者を選出する専門家会議は、ホメイニーの遺志を受け、ハーメネイのイスラーム法学者としての地位を格上げし、憲法を改正して、半ば力ずくで最高指導者に就任させた。

こうした強引な最高指導者の選出が、党内ですんなりと受け入れられたわけではない。信仰によってもたらされる信念は、モンタゼリーに見られるように、例え師の考えに反し、栄光ある地位を捨て去ることになっても、アッラーの満足を得るためには決して曲げることはないのである。当然、カリスマ的指導者であったホメイニーの死後、党内の対立は一層激化していった。

ホメイニーの死後、最高指導者には保守派のハーメネイ、大統領には改革派のラフサンジャーニーが就く、保守派と改革派の2極体制が始まった。その頃は、イラン・イラク戦争が終わり、イラン国内の復興が最大の課題であった。ラフサンジャーニーは経済復興を最大の課題とし、そのために周辺国との関係改善を政策に掲げた。しかし、保守派は、革命思想の伝播を第一に考え、周辺国との関係改善には消極的な姿勢であった。国民の直接選挙によって選ばれる大統領の政策は、言わばイラン国民の民意の表れでもある。この時点から、最高指導者の政策と民意の乖離が生じ始めたと言えるだろう。

また、ハーメネイの最高指導者就任によって、ホメイニー時代は政治・宗教双方の指導者であったのに対し、イランの最高指導者は単に政治的指導者にとどまり、宗教事項については法学権威である高名なイスラーム法学者が担うという二元的な指導体制となった。そのため、１９９４年11月、ハーメネイを国家の推奨する法学権威者として発表されたが、国内における反発が大きかったため、ハーメネイは翌12月にイラン国内における法学権威の役割を辞退することを発表し、屈辱的な形で事態の収拾を図った(7)。

6　おわりに

イスラーム教では、預言者ムハンマドの後継者をめぐる問題から、シーア派が誕生した。その中の十二イマーム派はサファーヴィー朝のイランで国教として採用され、イランの民衆へ浸透していった。カージャール朝時代は、英露のグレートゲームに翻弄され、イランは西欧列強の半植民地状態と化したが、その結果、民衆の団結が促され、イラン国民としてのアイデンティティが芽生える契機となった。

その一方で、十二イマーム派では、オスーリー派が主流となり、マルジャア・タクリード制度が確立されたことで、一般信者とイスラーム法学者の関係が緊密化していった。イスラーム法学者は、一般信者から受ける宗教税で経済的基盤を固め、宗教的見解を発布して信者に対する影響力を発揮した。

そして、第2次世界大戦後の冷戦期、民主主義国が台頭する中で、ホメイニーを中心とするイスラーム法学者が、マルジャア・タクリード制度によって得られた国民の信頼を背景に、欧米諸国の介入と経済改革に失敗したパフラヴィー朝を打倒して、政権を奪取し、イマームの代理人として国家を運営する「イスラーム法学者の統治」を実現した。

しかし、イラン現体制は、その開始当初から、国家運営においてイスラーム法学者たちのコンセンサスが得られないなど様々な難題に直面している。

また、イランは、国民投票による大統領選挙や議会選挙が開かれ、少なからず民意を問う機会を設け、政教一致の共和制を敷く、中東で稀有な国家である。しかし、最高指導者の影響力が最大限に発揮される護憲評議会によって、大統領立候補者は予め選別され、必ずしも民意が反映されているわけではない。

今後も、体制維持と民意の反映のバランスという難しいかじ取りを迫られながら、ポストハーメネイの選出、イスラーム法学者の世代交代などイランが抱える課題は山積している。

注

(1) 野村明史「スンナ派とシーア派の対立の真実」『海外事情』(2017年3月号)、拓殖大学海外事情研究所、2017年。

(2) アル＝マーワルディー（湯川武訳）『統治の諸規則』（慶応義塾大学出版社、２００６年）。

(3) 嶋本隆光「イスラームの商法と婚姻・離婚法——『諸問題の解説』翻訳と解説」『大阪外国語大学学術研究双書』29、２０２２年。

(4) R・M・ホメイニー（富田健次編訳）『イスラーム統治論・大ジハード論』（平凡社、二〇〇三年）。

(5) 坂梨祥「イラン・イスラーム共和国」松本弘編『中東・イスラーム諸国　民主化ハンドブック２０１４　第1巻　中東編』人間文化研究機構「イスラーム地域研究」東京大学拠点、２０１５。

(6) イラン憲法は、*Constitution of the Islamic Republic of Iran*, Mizan, 1980. を参照。Michael Eisenstadt, "The Armed Forces of the Islamic Republic of Iran: An Assessmen," *Middle East Review of International Affairs*, Mar., 2001.

(7) 嶋本隆光『アーヤトッラーたちのイラン——イスラーム統治体制の矛盾と展開』（第三書館、１９９３年）。

第8章　軍政と多様な武装勢力の関係
――ミャンマーの独裁政治――

佐々木研

1　独裁的な軍事政権への移行

(1) はじめに

ミャンマーが比較的民主的な体制から専制的な軍事政権に移行したのは2021年2月と比較的最近のことであり、きっかけは国軍がクーデターによって政権を掌握したことにある。そこで、本章ではまずミャンマーが軍事政権に移行した時の状況について触れることにする。ミャンマーでは永らく国軍による軍政が継続されていたが、2008年に制定された憲法に基づき複数政党制の民主的な政権に移行する前段階として2010年10月に総選挙を実施した。選挙の結果、国軍を支持母体とする連邦発展団結党（USDP）が最大与党となり軍人出身で軍政期に首相に就任していたテインセインが大統領に選出された。このように、2011年3月には軍政が主導する形で民政移管した。テインセイン大統領は政治囚の解放、メディアの自由化等、諸外国の予想を上回る早さで改革を断行していった。欧米諸国もテインセインによる改革が本物であると判断し、次第に経済制裁を解除していった。2015年11月8日に実施された総選挙では、アウンサンスーチーが率いる国民民主連盟（NLD）が圧勝し政権与党となった。しかし、2008年憲法では家族に外国籍がいる者は大統領になれないという条項があり（第59条ｆ項）、二人の子息が英国籍であるアウンサンスーチーはこの条項によって大統領に就任することが出来なかった。憲法改正には上下両院における75％超の賛成票を獲得し更に国民投票で有権者の50％超の賛成票を得る必要がある。上下両院の25％は国軍が任命する軍人議員であり、国軍の賛同を得られない限り憲法改正は事実上不可能であった。そこで、ＮＬＤは憲法第217条に基づき軍人議員の反対を押し切って国家顧問というポストを新設した。国家顧問に就任したアウンサンスーチーは事実上の国家指導者となり、諸外国政府からもそのように見なされるようになっていった。2020年11月8日の総選挙ではＮＬＤが前回を上回る圧勝を治めた。国軍は有権者名簿の不備など選挙に不正があったとして連邦選挙管理委員会に何度も調査の実施を求め、議会ではＵＳＤＰと軍人議員が選挙の不正について議論するための臨時議会の開催を求めた。しかし、政府も連邦選挙管理委員会も不正は無かったとして国軍の要求には応じなかった。国軍は2021年1月26日の記者会見でクーデターの可能性について問われた際その可能性について否定しなかったが、この時点で国軍が本当にクーデターを実行することを予測していた者は極めて少なかったと思われる。2月1日には総選挙後初となる連邦議会が招集される予定であったが当日の早朝、国軍は議会に参加するために首都ネーピードーに集まっていたアウンサンスーチー国家顧問、ウィンミン大統領ら与党関係者を拘束していった。国軍は議会が開催されることで選挙結果の既成事実化を防ぐと同時に与党関係者らを一度に拘束できるタイミングを狙ったといえる。

国軍は二人の副大統領のうちＵＳＤＰ出身のミンスエ副大統領を暫定大統領に担ぎ上げた。暫定大統領となったミンスエは国防治安評議会を招集して緊急事態宣言を発出し国軍司令官に全権を移譲した。国軍は、国軍司令官の権限移譲に至るまでの一連の手続きは憲法の規定に基づいたものでありクーデターでは無いと主張している。2008年憲法の第417条では、暴動、テロ及び非合法的暴力手段によって国家の主権が脅かされた場合には、大統領が国防治安評議会と協議の上、緊急事態を宣言することができると規定されている。第418条では、緊急事態が宣言された場合、大統領が国軍司令官に立法、行政、司法の三権を移譲すること、全ての議会等は立法機能を停止すること等が規定されている。国軍の理屈によれば不法な選挙によって選ばれた政党が政権を担うことは国家の主権を脅かす事態に該当するということになる。しかし、国防治安評議会を招集するのは本来ウィンミン大統領であり、国軍は同大統領を逮捕令状も無く拘束している。選挙の有権者名簿に不備があったのは事実であるかも知れないが、過去の軍政が行った選挙や憲法制定に向けた国民投票の投票者数等にも不自然な点があったことが指摘されている。軍政は後に約1千万人の名簿に不正があったとの調査結果を発表しているが、選挙以前から優勢が予想されていたNLDが自発的にそれ程の規模の不正にあえて関与していたとは考えにくい。国軍の主張はかなり強引であるといえ、日本を含めた諸外国もこの政変はクーデターであると直ちに認定している。国軍がクーデターに及んだ動機には判然としない一面もあるが、大局的にはミンアウンフライン国軍司令官が率いる国軍とアウンサンスーチーが率いるNLDとの権力闘争であることが指摘されている(1)。

軍政はいつまで続くのだろうか。第425条では、緊急事態宣言の期間は1年間であり、6か月間の延長を2回まで行うことが出来る。憲法の規定に従えば、2023年1月末には緊急事態宣言の期間が終了することになる。軍政はこの時点で緊急事態宣言を解除し8月に総選挙を実施すべく準備を進めているが、民主化勢力による軍政に対する反発も強く、特に国境地域では戦闘が頻発しているため予定通りにことが進むかどうかは不透明な状況にある。NLD党首でもあるアウンサンスーチーは、2022年10月時点において国家機密法違反など19件で起訴されており総選挙で立候補することはほぼ不可能である。また、NLDは軍政が実施を予定している総選挙の正当性を認めていないことから、実施されてもボイコットする公算が高く、USDPが政権与党となり、軍人議員と合わせれば親国軍派が上下両院で議席の過半数を占める可能性が高い。いずれにせよ、ミャンマーは国軍によるクーデターによって10年間続いた比較的自由な政治制度から専制的な体制である軍事政権へと逆戻りしてしまった。

2　内政面の特徴

軍政のトップであるミンアウンフライン国軍司令官は、クーデター直後に国家の最高意思決定機関として設立した国家統治評議会（State Administration Council: SAC）や国軍の指揮系統を通じて国家運営を行っており自らを神格化することはしていない。また、軍政は自らが政権を掌握している状況は憲法の規定に基づいた一時的なものであると主張しているように、合法性を尊重するような姿勢を見せている。とはいえ、民主化運動を抑え込むために逮捕令状なしに運動家を逮捕できるよう恣意的に法を改正し、アウンサンスーチーらに対する罪状の捏造ともいえる行動からは、その姿勢は自らを正当化するためのものであることがうかがえる。

ところで、ミャンマーの内政面における特徴は何といっても国軍以外の武装勢力の多様さにあるといえる。勢力の数自体も多いが組織の体制や規模、軍事力、政府や国軍との関係も多様であるため和平プロセスを含めた武装勢力に関係する状況は非常に複雑である。そこで、筆者自身が武装勢力の動向に関心を持ってきたこともあり、本章では内政面のうちクーデター前後の武装勢力の動向と政府との関係に焦点を当てることにする。

（1）多様な武装勢力の存在

ミャンマーは1948年1月に英国からビルマ連邦として独立したが、独立以前から国内には共産党武装勢力や少数民族武装勢力等が存在していた。特に多民族国家であるミャンマーでは数多くの少数民族武装勢力が現在に至るまで活動してきており、国軍とこれらの武装勢力との戦闘は現在に至るまで断続的に発生している。ミャンマー国内に存在する国軍以外の武装勢力の正確な数は分類の仕方によっても変動し、実態を有しているかどうかも疑わしい勢力が存在することから把握することが難しい。加えて２０２１年のクーデター以降、各地で新たな武装勢力が数多く結成されていったが、こういった新興勢力は組織としての流動性が高いため正確な勢力数の把握をより困難にしている。

クーデター以前の状況

まずは政変以前から存在してきた武装勢力を国軍からの独立性といった観点から分類した場合、独立を維持してきた勢力として少数民族武装勢力（Ethnic Armed Organization: EAO）と学生団体を由来とする勢力を挙げることができる。これらの勢力は政府あるいは国軍からみれば停戦及び和平交渉もしくは戦闘の相手となってきた。メディア等で取り上げられるミャンマーの少数民族武装勢力（ＥＡＯ）にはこれらの勢力が該当している。他にも中央政府ではなく、州政府や地域政府との間で停戦合意を締結した勢力や停戦交渉の相手として認められない程に弱小な勢力も存在しているが、これらの勢力がクーデター前に自らの主張や存在を積極的に発信することは珍しかった。

他方、国軍指揮下の部隊に改編していた少数民族武装勢力も数多く存在している。これらの勢力の中でも比較的規模の大きな勢力は２０１１年の民政移管前に国境警備隊（Border Guard Force: BGF）に改編しており、将兵には国軍から武器、制服等の装備品に加えて階級に応じた給与が支給されている。比較的小規模な勢力は民兵部隊（People's Militia Force: PMF）に改編しているが、こちらは階級もなく国軍から装備品や給与等は支給されない。国境警備隊と民兵部隊は、国軍の指揮下にあるとされているが、独自に経済活動を行っており固有の指揮系統も並存させていることから組織としての独立性を完全に失ってはいない。(2) このように組織としての独立性の高さといった観点からみれば、政変前に存在していた武装勢力は独立性の高い少数民族武装勢力（ＥＡＯ）と少なくとも表面上は国軍の指揮下にある国境警備隊（ＢＧＦ）と民兵部隊（ＰＭＦ）に大別できる。

過去の軍政はこういった多様な武装勢力にどのように対応してきたのであろうか。他国の事例からみても非正規軍である武装勢力は軍事行動によって完全に制圧するか交渉も交えながら武装解除後に解散もしくは正規軍に編入させるべき相手である。しかし、国軍が武装勢力を制圧することは困難であった。独立後しばらくの間、国軍は武装勢力を圧倒するだけの兵力を有しておらず装備もむしろ武装勢力の方が上回ってさえいた。その後、国軍は次第に軍事力を増強していくが、武装勢力が活動する国境地帯は急峻な山岳地帯が大勢を占めているため国軍はその優勢な火力を発揮することが困難であった。それに武装勢力が国外に越境してしまえば国軍は追撃することはできなかった（時折、越境攻撃を行ってはいたが）。例えばタイは、90年代頃まではミャンマーに対する警戒感から少数民族武装勢力の一つであるカレン民族同盟（Karen National Union: KNU）の活動地域を緩衝地帯として利用し彼らが国内で安全地帯を確保することや難民キャンプを補給拠点として利用することを黙認していた。タイがミャンマーとの関係改善に方針転換する以前、このようなタイの姿勢はＫＮＵが国軍に対して頑強な抵抗を行うための基盤ともなっていた。

１９６２年に最初のクーデターを起こして以降、軍政を敷いていた国軍は、国内における武装勢力との戦闘が拡大し混乱が深まることで国際社会からの介入を招き国家が地理的に分裂することを怖れていた(3)。武装勢力は全土を取り巻く国境地帯で数多く活動しており、国軍には全ての正面で戦闘を優位に進めるだけの力を有していなかった。そのため、武装勢力と個別に交渉を進め停戦に応じることへの見返りに排他性の高い自治区の設置、武装の維持、非合法な商業活動を黙認するなどして戦闘の正面数を減らしていった。80年代後半にはビルマ共産党内で内乱が発生し、４つの少数民族武装勢力に分裂していったが軍政はこれらの勢力と直ちに停戦合意を締結した。他にも北東部で強力な軍事力を有していたカチン独立軍（Kachin Independence Army: KIA）とも停戦合意に至ったことにより、国軍は南東部で活動するKNUに対して戦力を集中することが可能になり、90年代半ばにはKNUを分裂させタイ側に追いやることに成功した。一方、政府との停戦合意に至ったビルマ共産党を由来とする4つの勢力は、その見返りとして憲法にも規定されている政府からの統制が制約される自治区を確保した。これらの勢力は、企業経営、国境貿易や違法ビジネスなどを通じて経済力をつけ、中には地対空ミサイルや装甲車を保有するなど武装勢力の中でも最も強力な軍事力を保有している勢力も存在する。ＫＩＡも国境沿いにヒスイ鉱山を含む排他的な領域を確保し現在でも強力な軍事力を維持している。他にもＫＮＵから分裂し政府側に帰順した勢力は新たに民主カイン仏教徒軍（Democratic Kayin Buddhist Army: DKBA）を設立した。ＤＫＢＡは、憲法に規定される自治区の保有は認められていないが、国境沿いに政府による統制が制約される事実上の解放区を確保した。ＤＫＢＡの大半は後に国軍傘下の国境警備隊（ＢＧＦ）に改編していったが解放区は維持されていった。このように国境沿いで明文化されずともある程度排他的な領域を確保している武装勢力は現在も数多く存在している。

過去の軍政は、国内の分裂状態が進み混乱状態が深刻化することにより、国際社会が介入してくることを避けるため、全土の武装勢力と個別に交渉して便宜を図ることで武装勢力同士が連携することを防いでいた。また、戦闘の正面数を減らしその間に軍事力の増強を急いでいったが、特に武装勢力に対処する上で主力となる歩兵部隊の増強が著しい。歩兵部隊の中には特定の担当地域を持たず全土のどこにでも迅速に派遣できるいわゆる機動部隊が多く編成されていった。他方、停戦に応じた勢力は政府による黙認のもと経済、軍事力を向上させていった。表面上、戦闘自体は収まっていったが潜在的な脅威は逆に高まっていったともいえる。

２０１１年の民政移管後、政府は積極的に武装勢力との間で和平交渉を進めて行き２０１５年10月には全国規模停戦合意（Nationwide Ceasefire Agreement: NCA）が締結されるに至っている。ＮＣＡには憲法改正を経て新たな連邦制を創設するに至るまでの交渉の手順等が規定されており、２０１３年の後半にその内容を巡る交渉が開始されていた。NCAの策定交渉に参加していた武装勢力は16勢力であったが、2015年10月15日の署名式の時点で署名に応じた武装勢力は半数の8勢力に留まっており（後に2勢力が署名）、強力な軍事力を有する北東部の勢力は交渉時点から参加していなかった。ただし、この署名式以降、和平プロセスはNCAを中心に進められていくことになり2016年3月に発足したアウンサンスーチー政権もこれを引き継いでいった。(4)

クーデター以降の状況

2021年のクーデター以降、全土で数多くの武装勢力が反軍政及び軍政側の双方で新たに発足していった。反軍政側で発足した武装勢力は人民防衛隊（People's Defense Force: PDF）と少数民族が新たに結成した武装勢力に大別される。どちらも軍政に対して武力で対抗することを目的として結成されていったが、人民防衛隊（PDF）は国民統一政府（National Unity Government: NUG）によって2021年5月5日に設立が宣言された武装勢力である。クーデター直後の2月5日にはまず2020年11月の総選挙で当選していた国会議員らが中心となって連邦議会代表者委員会（Committee Representing Pydaungsu Hluttaw: CRPH）が設立され、4月16日に国民統一政府（NUG）が設立されている。軍政に反発する民主化勢力の一部は自らが正当な政府であるとして立法機関としてのCRPH、行政機関としてのNUGを設立していった。人民防衛隊（PDF）はその軍事組織に位置づけられている。ただし、人民防衛隊（PDF）は国民統一政府（NUG）が主導して組織的に編成されていったというよりは、その設立宣言に賛同した者たちが各地で自主的に集まって大小様々な組織を設立していったというのが実態に近い。設立に係る宣言を基にすれば、人民防衛隊（PDF）の組織数は都市部を含め、数か月のうちに全土で130を超え2022年5月には500程度にまで増加している。ただし、軍政による取締りや様々な事情によって組織運営が困難になり解散するなどして実際に継続的に活動を継続しているのは一部に留まっていると考えられる。他方、国境の山岳地帯では人民防衛隊とは別にインドと国境を接するチン州において4月4日にチン国防衛軍（Chinland Defense Force: CDF）、タイと国境を接するカヤー州では5月31日にカレンニー民族防衛軍（Karenni Nationalities Defence Force: KNDF）といった少数民族による武装勢力が新たに結成されていった。両州にはすでにチン民族戦線（Chin National Front: CNF）やカレンニー民族進歩党（Karenni National Progressive Party: KNPP）を中心とする、いわゆる伝統的な少数民族武装勢力が存在していた。政変後に結成された勢力は、同じ少数民族が主要な構成員ではあるが伝統的な少数民族武装勢力とは異なり、クーデターに反発し武力で軍政に対抗するために結成された人民防衛隊（ＰＤＦ）により近いといえる。

政変後に反軍政の武装勢力が各地で結成されていった一方、軍政側も各地で武装勢力を新たに結成していった。こういった軍政側の新たな武装勢力の結成については民主化勢力やメディアによって言及されているが軍政は当初否定していた。過去を振り返れば、国軍は独立直前の１９４８年に国境地域で武装を維持していた少数民族武装勢力に対抗するために自陣営側の武装組織であるスィッ・ウンダーンを１００隊以上結成していた。１９５５年には、イスラエルの入植地防衛システムを参考にしたピューソーティーを結成し１９６３年にはシャン州でカーグウェーイェーとよばれる民兵部隊を結成していった。[5] ２００８年憲法では、国軍が運用する民兵部隊をピートゥースィッ（英語略称はＰＭＦ）と称している。民主化勢力が時折、クーデター後に軍政が退役軍人や親軍政派の民間人に武器と訓練を提供して結成した武装勢力をピューソーティーと称しているが、２００８年憲法に照らせばクーデター後に軍政が結成していった武装勢力に加え、クーデター前からすでに存在してきた少数民族武装勢力を由来とする国軍傘下の民兵部隊（ＰＭＦ）もこのピートゥースィッに位置づけられるといえる。

上述のように現存する武装勢力を類型化した場合、クーデター以前から存在してきた勢力は国軍から完全に独立してきたいわゆる伝統的な少数民族武装勢力、このような少数民族武装勢力を由来としているが編成上、国軍の指揮下に置かれている国境警備隊と民兵部隊に大別することができる。他方、クーデター以降に設立された勢力は打倒軍政と民政回復を目標として国民統一政府（ＮＵＧ）の呼びかけに応じて全土で設立されていった人民防衛隊（ＰＤＦ）と同様な目的で設立された新しい少数民族武装勢力を挙げることができる。これらに軍政側が発足させた民兵部隊であるピートゥースィッが加わることになる。

軍政に対抗する形でクーデター以降に設立された勢力は、打倒軍政といった共通の動機を有しているが、クーデター以前から存在してきた独立性の高い少数民族武装勢力は民族の自治権の拡大あるいは組織自身にとっての権益の維持または拡大を追求してきた勢力であるといえる。組織自身の権益の維持、拡大を追求してきたという点では国軍指揮下にありながら一定の独立性を有している国境警備隊（ＢＧＦ）と民兵部隊（ＰＭＦ）も同様だといえる。

軍政による対応

クーデター以降、武装勢力は民主化勢力が加わったことで多様性を増した。国軍は軍政を敷いた2月1日当日に民政回復に至る5つのロードマップを発表したが、その中には「ＮＣＡに則った全土における永続的な和平の回復を重要視する」（布告２０２１年第１号）との宣言も含まれている。クーデター以降も軍政はＮＣＡの継承を表明したことになる。他方、ＮＣＡに署名した勢力はＮＣＡの規定に沿って政府との交渉にあたるために、和平プロセス主導チーム（Peace Process Steering Team: PPST）というチームを結成していた。クーデター翌日の2月2日、ＰＰＳＴは緊急会議を開き軍政との間で和平プロセスを進めて行くとの方針を示したが、後に軍政下においてはＮＣＡに基づく和平プロセスを中断すると方針転換した。ただし、同時にチームに参加している武装勢力が個別に軍政と交渉することを妨げないとも表明しており、軍政と距離を図りつつも対立の先鋭化を抑制する姿勢を見せていた。

国民統一政府（ＮＵＧ）は、少数民族武装勢力に対して連携を呼びかけたが、組織として正式に連携に応じたのはチン民族戦線（ＣＮＦ）のみであり、ＣＮＦ副議長のリャンフモンサーカウン博士はＮＵＧの連邦問題大臣に就任している。ただし、他の少数民族武装勢力も現場の部隊レベルでは人民防衛隊（ＰＤＦ）に訓練を施したり共同して国軍と戦ったりしている。例えばカレン民族同盟（ＫＮＵ）は、ＰＤＦに訓練を施していないと明言していたが、実際にはＫＮＵ内でも強硬派の第5旅団はＰＤＦの一つであるビルマ人民防衛軍（Burma People's Liberation Army: BPLA）と連携している。穏健派である第6旅団関係者への聞き取りによれば、同旅団もＰＤＦ要員に訓練を提供した上で彼らを受け入れるために旅団傘下に第27大隊を新設している。また、第7旅団の第１０１特殊大隊はドーナ山脈の麓でＰＤＦ要員に訓練を提供し、訓練を受けた者は都市部に帰っていくか他の地域のＰＤＦに合流していった。しかし、軍政もこれらの事実を把握しており、２０２１年11月26日付の国営紙（Global New Light of Myanmar）に第27大隊の大隊長であるヤンナイと第7旅団長で以前は第１０１特殊大隊の大隊長であったポドゥー大佐の顔写真を掲載した上で名指しで非難している。これは、ＫＮＵがＰＤＦと水面下で連携していることへの警告であったといえる。その後、第27大隊の一部はコブラ・コラムを名乗り国軍と激しく戦闘を行うようになっていったが、同コラムに所属していた者への聞き取りによると前線で戦う要員のほとんどはＫＮＵではなくＰＤＦ要員である。似たような関係はカイン州の北部に位置するカヤー州でも見られる。同地にはクーデター後に結成されＰＤＦに位置づけられるカレンニー民族防衛軍（ＫＮＤＦ）と以前から存在してきたカレンニー民族進歩党（ＫＮＰＰ）が活動している。ＫＮＰＰは表立ってＫＮＤＦを支援しているわけではないが訓練を提供し前線で共同している。ただし、前線で積極的に国軍部隊への襲撃に従事しているのはほとんどがＫＮＤＦ要員でありＫＮＰＰ要員は後方で様子を見ていることが多い。

クーデター後に結成されたＰＤＦ要員の中には、反軍政デモに参加していた若者たちが軍政による厳しい弾圧を受けたり、悲惨な最期を遂げたりしているのを目の当たりにしてきた者も多い。軍政に対する恨みも強く、それが積極的に戦闘に従事する姿勢にも表れているといえる。他方、ＫＮＵやＫＮＰＰは長期にわたって政府や国軍と対峙してきた経験を持つ。彼らにとっては積極的に戦っていたずらに損耗を出すよりも生き残る方を優先していると考えられる。このように、軍政に対する恨み等から士気が高いＰＤＦと戦闘の経験、武器を保有する武装勢力が結びつくことは軍政にとって警戒すべき状況である。軍政はＣＲＰＨ、ＮＵＧ、ＰＤＦといった民主化勢力に対しては、テロ組織に指定することで交渉相手とはせず制圧の対象とし、支援者も処罰の対象とするなど厳しく対処しているが、一方でミンアウンフライン国軍司令官自身が戦闘中の勢力を除き、全土の武装勢力に和平協議を呼びかけ、協議に応じた勢力の代表団と直接会談しているのは、ＰＤＦと以前から存在してきた武装勢力が結びつくことへの警戒心の表れであるといえる。

クーデター以前における政府と武装勢力の関係は多様であったが、クーデター後にその関係が変化した勢力も存在している。例えばアラカン軍（Arakan Army: AA）は西部のラカイン州を中心に活動し国軍と激しく衝突していた。アウンサンスーチー政権は２０２０年3月23日にアラカン軍（ＡＡ）をテロ組織に指定していたが、軍政は２０２１年3月11日にこのテロ組織指定を解除し後に非公式ながら休戦協定を締結している。これはアラカン軍（ＡＡ）の軍事力が強力であったのと、民主化勢力と結びつくことを怖れていたためであるといえる。他方、カレン民族同盟（ＫＮＵ）内の強硬派である第5旅団はクーデター後、近郊の国軍駐屯地を襲撃し占領した。これに対して国軍は夜間に同旅団の拠点と資金源である金の採掘現場に空爆を行った。国軍は夜間でもある程度正確な空爆を実行できることを示すことで警告を与えたと言える。軍政による和平協議に応じた武装勢力の中には、ＮＣＡには署名せず強力な軍事力を有している勢力とＮＣＡに署名していた弱小な勢力が含まれている。協議の詳細な内容は明らかにされていないが、各勢力の活動地域における開発についても話し合われたことが軍政と武装勢力の双方が表明している。和平協議に招待されたＮＣＡに署名していない勢力の中には北東部の統一ワ州軍（United Wa State

Army: UWSA）が含まれている。ＵＷＳＡは地対空ミサイルやヨーロッパ製の対戦車無反動砲といった比較的高性能な個人用火器や装甲車を保有し士官学校まで整備する国内最強の武装勢力である。国軍は航空攻撃によって対空兵器を保有していない民主化勢力に対して一方的に損耗を与え、前線の地上部隊を空中から支援することが可能な状況にあるが、ＵＷＳＡから民主化勢力に地対空ミサイルが供給されればこの状況は変化し、地上部隊による掃討作戦はより困難な状況に陥る。それは軍政にとって避けたい状況であろう。

■軍政と国境警備隊との関係

他にも、ミャンマー国内には国境警備隊（ＢＧＦ）が存在しているが国軍の指揮下にあるため和平プロセスには参加しておらず武装勢力としてメディアで言及されることも少ない。ただし、実際には一定の独立性も維持している武装勢力としての側面も有しているため、カイン州を事例にＢＧＦを巡るクーデター前後の状況に触れておくことにする。カイン州で活動するＢＧＦの軍事力はＫＮＵ、ＤＫＢＡよりも強力である。同州のＢＧＦと国軍の関係は、２０２０年末から国境沿いのＢＧＦ拠点の一つであるシュエココ村を中心とした都市開発計画を巡って緊張していた。この都市開発計画を実施するのはＢＧＦが経営するチーリンミャイン社とバンコクに本社を置く香港登記の華人企業であり、２０１８年7月には連邦投資委員会が同計画を承認していた。ただし、２０１９年には地元メディアによって連邦投資委員会が承認したものより遥かに規模の大きい計画が進行中であることや、政府から承認を受けていないオンラインカジノもすでに運営されていること等が批判的に報じられたことにより、国境沿いにおける武装勢力が関与する複数の不透明な大規模開発計画の存在が表明化していった。

国軍は、２０２０年10月に同計画を黙認していた見返りにＢＧＦから賄賂を受け取っていたとして准将を含む国軍将校３名に対する取り調べを行った。その後ＢＧＦ指導者層の３名に対して辞任するよう要求したが、当初３名ともこれを拒否していた。12月以降、国軍はシュエココ村近郊に部隊を派遣して同村を包囲し、ＢＧＦに対するプレッシャーを強めていった。同計画に基づく建設事業やカジノ運営は中断されていった。

国軍がクーデターによって政権を掌握して以降、シュエココ村では建設事業とカジノの営業が国軍との合同事業という形で再開され、辞任要求を受けていた3名とも留任している。カイン州最北部のパプン県では、ＫＮＵの中でも強硬派の第5旅団が国軍との間で戦闘を繰り返していたが、ＢＧＦは国軍を支援するためにパプン県に部隊を増派した。国軍はＢＧＦに対してＫＮＵへの攻撃命令を出せる関係には無いことから、ＢＧＦは国軍からの要求に対し自らの意思で国軍によるＫＮＵへの攻撃を支援し、引き換えにシュエココ村における大規模開発の継続承認と指導者層3人に対する辞任要求の撤回を獲得したといえる。クーデター後のカイン州では、シュエココ村以外にも複数個所で大規模な開発が進行中であるが、これらはＢＧＦに加え、ＫＮＵの穏健派やＤＫＢＡ等が民主化勢力との連携を深めないことへの見返りとして軍政が黙認し共同しながら進めている計画であるといえる。

軍政はクーデター以前から存在してきた武装勢力がＰＤＦ等の民主化勢力と結びつくことや武装勢力自身が戦闘を拡大させることを避けるため、武装勢力に対して時には便宜を図り時には空爆などによって警告を与えるなど相手によってアメとムチを使い分けている。これは過去の軍政が全土の武装勢力が連携することを避けるために行ってきたことの繰り返しである。また、軍政は国内の不安定化や戦闘の拡大を強く警戒しており、そのため武装勢力に対しては時折妥協することもあることがうかがえる。

3　外政面の特徴

ミャンマーの外交方針は基本的には全方位外交であり中立を旨としてきたが、過去の軍政期に民主化運動弾圧によって欧米諸国等から経済制裁を受けていた時期には中国との関係を強めていった。ただし、軍政は中国共産党が文化大革命期に革命思想の輸出を試み、ビルマ共産党を軍事的に支援していたこともあり中国に対しては警戒感を抱いてもいる。2011年の民政移管後、欧米による経済制裁が解除されていくにつれ、ミャンマーは中国と合意していた大型水力発電ダムや雲南省から国土を横断しインド洋に面するラカイン州に至る鉄道、高速道路開通計画を地元住民の反対等を理由に一方的に破棄していった。このように、欧米諸国等による経済制裁が解除されていくにつれ中国への依存度を低下させていったが、その背景には本来の外交方針である全方位外交と中国に対する警戒心があったといえる。

(1) 状況改善に向けたアセアンの努力

現在の軍政の外政面における特徴は、自らを批判する国家や国際機関に対してほぼ妥協せず強硬な姿勢を貫いていることにあり、内政面で武装勢力に対して見せている姿勢とは異なっている。クーデター以降、欧米諸国は次々にミャンマーに対する制裁を発動し、海外による投資も抑制されミャンマーから撤退する企業も出始めた。日本も政府開発援助のうち、すでに着手していた案件は継続しているが新規案件については凍結していった。ミャンマーにとっては、地理的に遠くに位置する欧米諸国との関係悪化よりも近隣諸国との関係維持が重要となるが、現在の軍政はアセアンに対しても強硬な姿勢を維持している。

クーデター後の4月24日、インドネシアでアセアン首脳級会議が開催された。首脳会議（summit）ではなく首脳級会議（leader's meeting）と銘打たれているのは、アセアンは軍政が設立した国家統治評議会（ＳＡＣ）を正式な政府機関として承認しておらず、ミンアウンフライン国軍司令官（ＳＡＣ議長）を国家元首としてみなしていないとの姿勢を示すためである。同首脳会議における議長声明では、①暴力の即時停止、②平和的な解決に向けた関係者による対話、③アセアン議長特使による仲介、④アセアン防災人道支援調整センターによる人道支援の提供、⑤特使と代表団によるミャンマー訪問と全関係者との面談といった、情勢の改善に向けてアセアンと軍政が実行すべき5項目が示された。この5項目は、ミンアウンフライン自身が参加していた会議の結果発出されたものであり、当然ミャンマーも合意したものであるとして扱われた。欧米や日本もアセアンによるこの5項目の実行に対して支持を表明している。ただし、この会議の直後、ミャンマー側は5項目を実行するのは国内情勢が沈静化した後であると表明したことによりアセアン側の出鼻をくじいている。

２０２１年のアセアン議長国であったブルネイは、エルワン・ユソフ第二外相をミャンマー特使に任命し軍政もこれを受け入れた。同年10月12日には一旦、エルワン特使がミャンマー訪問する予定となったが結局、エルワン特使は直前になって訪問を取りやめた。訪問が中止になった主な原因は、特使がアウンサンスーチーとの面会を要求したのに対し、同女史が起訴中の身であることを理由に軍政がこれを拒否したこと、アセアンの一部がこの面会が実現しないのであれば訪問すべきでは無いと主張したことにある。翌２０２２年にはカンボジアがアセアン議長国となった。永らく内戦状態にあったカンボジアで、自ら和平交渉に参加していた経験を持つフン・セン首相は暴力の応酬が続くミャンマーの状況を改善させるために、先ずは前提条件を課すことなく特使を派遣して軍政との間で信頼関係を醸成し、5項目のうち比較的早期に着手が可能と思われる、アセアン防災人道支援調整センター（ASEAN Coordinating Centre for Humanitarian Assistance on Disaster Management: AHA）を介した人道支援から実行するといった、段階的で現実的なアプローチを掲げた。フン・センはカンボジアが議長国となって間もない1月7日から8日かけてミャンマーを訪問したが、クーデター後に海外の首脳がミャンマーを訪問したのはこれが初めてのことである。２０２２年3月21日から23日には新たに特使に就任したカンボジアの副首相兼外相であるプラク・ソコンがミャンマーを訪問した。プラク・ソコン特使はミンアウンフライン及びワナマウンルイン外相と会談を行い、

5項目のうち特に暴力の停止、人道支援の継続的な提供、全ての関係者との対話を優先するよう要求した。5月2日にはフン・センがミンアウンフラインとオンライン会談を行い、6月29日にはプラク・ソコン特使が5日間の日程で再度ミャンマーを訪問した。こうしたカンボジアの努力にかかわらず、特使とアウンサンスーチーの会談は実現せず、AHAセンターによる人道支援も事前調査の時点で活動地域等に制約を受けるなど実質的な進展は見られなかった。民主化勢力に対する弾圧は弱まることはなく、各地で戦闘爆撃機による空爆や攻撃ヘリによる対地攻撃といった航空攻撃が繰り返されていた。そればかりか、カンボジアによる抑制にもかかわらず、7月末にはテロ行為に関与したとして政治囚4名の死刑を執行した。この死刑執行を受け、フン・セン首相は8月3日のアセアン外相会議の冒頭で深い失望を表明している。

(2) アセアン加盟国によるミャンマーへの態度

アセアンは2021年の10月15日にオンライン型式で開催した緊急アセアン外相会議で、同月26日から28日に開催されるアセアン首脳会議にミャンマーに対して政務代表を招待せず、実務者を招待することを決定した。この決定に対し、軍政は実務者への招待を断り首脳会議への参加をボイコットした。以降、アセアンは首脳及び外相会議にミンアウンフライン国軍司令官（SAC議長）やワナマウンルイン外相といった軍政閣僚を招待せず、対するミャンマーも実務者への招待を拒否してボイコットを継続している。他方、国防相会議を含めた他のアセアン閣僚級会議には軍政閣僚が参加している（但し、2022年11月の国防相会議、拡大国防相会議には域外国の意向もあり招待されていない）。

アセアンによる軍政への対応は5項目の実施を促すことが中心となっているが、特使の任命とミャンマー訪問の実現以外はほとんど進展していない。アセアンは更なる強硬な施策を打ち出すことをできないでいるが、その要因としてアセアンの内政不干渉の原則もさることながら、各加盟国によるミャンマーに対する態度が多様であることが挙げられる。加盟国の軍政に対する態度は、大きく分けて強硬な姿勢を取ろうとする国、現実的な対応を取ろうとする国、現状を黙認しようとする国に分けられる。強硬な国には、マレーシア、インドネシア、シンガポール、ブルネイといった島嶼国で比較的近代化の進んでいる国が挙げられる。これらの国は、アセアンのミャンマー特使がミャンマーを訪問する条件として、アウンサンスーチーとの会談を要求していた。最初の特使であったブルネイのエルワン特使が訪問を中止したのもすでに述べた通りこの会談を軍政が認めなかったためである。強硬派の中でもマレーシアは特に強硬であるが、同国はクーデター以前から西部ラカイン州北部のバングラデシュ国境沿いに居住するムスリム・コミュニティを巡る問題（いわゆるロヒンギャ問題）でミャンマーを厳しく非難していた。2022年5月、マレーシアのサイフディン・アブドラ外相は2022年5月の米アセアン特別首脳会議と9月の国連総会に参加した際にNUG閣僚と接触しその事実を公言した。また、アセアンは民主派のNUGを交渉相手とすべきであるとも主張していた。軍政にしてみればNUGはテロ組織に指定している組織であり、これらマレーシアの言動は容認しがたいものであった。軍政は2022年9月1日にアセアン加盟国に対する入国に際しての査証免除を再開したが、マレーシアを免除対象から除外している。インドネシアも強硬ではあるが、NUGを交渉相手とするような主張までは行ってこなかった。また、ロヒンギャ問題を巡ってもミャンマーを厳しく非難することは無かった。この点は同じイスラム国家であるマレーシアとは対照的であるといえる。

現実的な対応を取ろうとする国には、カンボジア、フィリピンが挙げられる。特に2022年にアセアン議長国であったカンボジアが、軍政に対して現実的で段階的なアプローチを採ってきたことはすでに述べた通りである。フィリピンでは2022年6月にフェルナンド・マルコスが大統領に就任したが、同大統領はミャンマー問題の解決のためにはアセアン首脳会議に軍政の首脳を参加させる方が現実的であるとの立場を表明している。

現状を黙認している国には、タイ、ラオス、ベトナムが挙げられる。カンボジアと同様に大陸部に位置しており、タイとラオスはミャンマーと国境を接している。これらの国々はアセアンの原則である内政不干渉を理由にミャンマーの状況改善に積極的に取り組もうとはしていない。

2022年11月11日のアセアン首脳会議では、5項目の実行に関する「15の決断」が表明された。同決断では、ミャンマーはアセアンの重要な加盟国であること、5項目の実行を今後も追及していくこと等が確認された。加盟国の中でもマレーシアのような強硬な国が主張していた具体的な期限の設定や、首脳・外相会議以外のすべての関連会議から軍政閣僚の参加を排除するといった措置については、今後の外相会議において状況に応じて検討していくとされた。つまり、アセアンが軍政に対し直ちに更なる対応を取ることは見送られたことになる。首脳会議の翌日、軍政の外務省は、自らが参加していないことから同決断を拒否すると主張している。また、軍政の主張によれば一部の武装勢力との間で進めてきた和平協議は、5項目の一つである「平和的な解決に向けた関係者による対話」に該当することになることから、アセアンは軍政による5項目の実行に関する成果を無視していると非難している。

(3) 周辺国との関係

ミャンマーは東南アジアの最も西に位置しており、中国、タイ、インド、ラオス、バングラデシュの5か国と国境を接している。これらのうち、アセアンに加盟しているのはタイとラオスの2カ国である。ミャンマーとこれら5カ国との近年の関係は、ロヒンギャ避難民の受入れと帰還等を巡って対立関係にあるバングラデシュを除けば概ね良好であり、クーデター後もその状況はそれ程変化していない。中でもミャンマーと長い国境を接しているのはタイ、中国とインドである。

タイはミャンマーと1800キロにもわたる長い国境を接しているが、かつてのタイは歴史的な背景からミャンマーを警戒しており、第二次大戦終結後しばらくの間はミャンマー側国境域の少数民族武装勢力の活動地域を緩衝地帯として利用してきた。その見返りとして少数民族武装勢力はタイ国内に滞在し、武器等の補給拠点とすること等が黙認されていた。現在でもタイ国内にミャンマー側武装勢力関係者が居住しているのはこの頃の名残でもある。しかし、1980年代以降、タイは次第に当時の軍政との間で経済的な関係を発展させていくことを優先するようになっていった。現在のタイでは少子高齢化が進行していることもありミャンマーからの労働者に対する需要が高い。また、ミャンマーから輸入している天然ガスにエネルギー源の一部を依存しており、陸路を介した両国の国境貿易も盛んである。それに、長い国境線における国境防衛の負担軽減のためには隣国との関係を良好に保っておいた方が良い。タイがかつて少数民族武装勢力に対して行ったような便宜を図れば軍政にとっては脅威となるであろうが、経済発展、安全保障上の観点からタイは軍政との関係を良好なものに維持しておくことを優先している。

中国は沿岸域と内陸部の経済格差解消といわゆるマラッカ・ジレンマと呼ばれる安全保障上の懸念解消のため、雲南省からミャンマーの国土を横断しインド洋に面するラカイン州に至る石油および天然ガスパイプライン、鉄道および高速道路の開通を目指していた。石油、天然ガスパイプラインはすでに稼働しているが、鉄道と高速道路からなる中・ミャンマー経済回廊（ＣＭＥＣ）の建設計画についてはすでに述べたように一旦合意されたもののミャンマー側が一方的に破棄している。ただし、中国はこの経済回廊の開通を諦めておらず、ミャンマー側に計画の再開を迫っていた。アウンサンスーチー政権が発足して以降、中国は同経済回廊を一帯一路に位置づけ計画の再開を迫った。中国は今後も同経済回廊の開通をミャンマー側に要求していくものと考えられる。

もう一つの大国であるインドは、同国にとって飛び地のような位置にある北東部でミャンマーと国境を接している。北東部は経済発展の遅れている地域であり、少数民族が多く居住し反政府武装勢力が国境を跨いで活動している。なかには、ミャンマー側では政府と停戦状態にあるが、その兄弟勢力がインド側では掃討の対象ともなっている勢力も存在している。インドはアクト・イースト政策を掲げ、北東部の経済発展と中国に対する牽制のために、北東部からミャンマーを横断しタイに入り、東南アジア大陸部を横断するインド・ミャンマー・タイ3カ国高速道路の開通と、コルカタから海路でラカイン州の州都であるシットウェーに到達し、そこからカラダン川を遡り、川岸のパレッワから陸路で北上しインド北東部に至るカラダン複合輸送路の建設を進めている。また、ミャンマー国軍とは国境を往来する武装勢力を監視するために協力関係にある。

タイ、中国、インドはそれぞれの思惑から、クーデター以降もミャンマーとは比較的良好な関係を維持している。近年のミャンマーの貿易取引額は、ミャンマー商業省が公開している統計によればこれら3カ国との取引のみで取引総額の50％を越えており、特にタイ、中国との取引額が高い。クーデター以前の2019年度の取引額を例にすれば、第6位の米国が欧米諸国で最も上位に位置してはいるが全体の約3％を占めているに過ぎない。欧米諸国はクーデター以降、ミャンマーに対して軍政関係者個人や国軍の特定の部隊、国軍が保有する会社や取引のある会社、個人を標的にした経済制裁を発動しているが、もともと遠距離にあるミャンマーとの経済的な関係は厚いものでは無い。そのため、ミャンマーの周辺国を巻き込まない形での欧米諸国による経済制裁は、その効果がある程度抑制されるといえる。比較的関係の良好な周辺国への依存度が相対的に高く、過去の軍政期にも欧米による制裁を受けてきた経験を有しているミャンマーは外政面において耐久力を有しているといえよう。

4　今後のゆくえ

軍政は緊急事態宣言を解除した上で総選挙を実施し自らが主導する形で民政回復を成し遂げるつもりでいる。軍政のシナリオ通りにことが進めば選挙の結果、国軍系の連邦団結発展党（ＵＳＤＰ）が政権与党となる可能性が高い。新政権は民政回復を切っ掛けに国際社会との関係改善を図ろうとするかもしれないが、欧米諸国を中心とした民主国家の多くは、少なくとも当面の間は選挙の結果と新政権の正当性を認めないことが予測できる。とはいえ、現在のミャンマーの状況はあくまで内政問題であり、内政不干渉を原則とする現在の国際社会にできることは限られる。アセアンも加盟国による軍政に対する態度が一様でないためより強硬な対応を取ることができないでいる。ミャンマーと国際社会は、新政権の正当性を巡ってしばらくの間は我慢比べを演じることになるかもしれない。

国内に目を向ければ、現在でも数多く存在している武装勢力は軍政にとって潜在的な脅威であるといえる。しかし、軍事力の強力な勢力の大半や弱小勢力の一部は民主化勢力とは連携せず軍政との和平協議に応じている。また、ＫＮＵのようにＰＤＦと水面下で連携し国軍部隊と散発的に戦闘を行っている一方で、軍政から連邦記念日における祭典への招待を受ける形で、重鎮の一人であるシュエマウン第6旅団管区長を退職させた上でネーピードーに派遣する等、軍政との対立がエスカレートすることを避けるための努力も行っている勢力もある。クーデター以前から存在してきた武装勢力の一部は、自らの権益維持または拡大と生き残りを優先するため、将来への見通しが効かない現状では軍政と民主化勢力の間でバランスを取ろうとしているようにも見える。

軍政への恨み等からＰＤＦ要員の士気は高く、インド国境域のチン州とザガイン地域の山岳地帯の一部では国軍よりも行動の自由度が高くなってきている。ただし、強力な武装勢力や国外から充分な軍事支援を得られなければ長期間にわたって反抗を持続させることは難しい。時間と共に次第に疲弊していき、かつて多くのＫＮＵ要員がそうしたように国外で難民として生きていくか、政府側に帰順することを選択する者が出始めるかもしれない。永らく存在してきた武装勢力のように世代交代が進まなければ、長期的に見ればＮＵＧやＰＤＦは存続自体が危うくなるであろう。

ミャンマーの今後を予測することは難しいが、たとえ民政回復したとしても政府と民主化勢力との和解といった観点からは早期に状況が改善することは期待できそうにない。それに、独立性の高い既存の少数民族武装勢力も今回のクーデターで国軍に対する警戒感をさらに高めたといえ、中断されているＮＣＡプロセスが再開され同プロセスに参加していない勢力も巻き込んだより包括的な和平プロセスとして進展していく可能性は以前よりも低下してしまったと考えられる。

注

（1）国軍による政権掌握の動機については、中西嘉宏『ミャンマー現代史』（岩波新書、２０２２年）を参照。

（2）カイン州における近年の武装勢力の動向については、佐々木研「ミャンマー・カイン州の武装勢力による現行和平プロセスへの反応」『東洋文化研究所紀要』第１７９冊、２０２１年、62—36頁を参照。

（3）過去の軍政期における和平プロセスについては、Min Zaw Oo, *Understanding Myanmar's Peace Process: Ceasefire Agreement*, Swiss Peace Foundation, 2014 を参照。

（4）民政移管後の和平プロセスについては、佐々木研「ミャンマーにおける現行和平プロセスの動向」『東洋文化研究所紀要』第１７８冊、２０２１年、３９４—３６６頁を参照。

（5）独立以降から80年代後半頃までの武装勢力の動向や和平プロセスについては、Martin, J, Smith, *Burma: Insurgency and the Politics of Ethnicity*, Zed Books, 1991 を参照。

あとがき——続編へ向けて

２０２２年２月26日に開始されたロシア軍によるウクライナ侵攻は、当初はウクライナをロシアの領土に組み入れるための侵略戦争だった。しかし、意外にも弱かったロシア軍の遅々とした戦闘経緯と予想外に頑強な抵抗を見せたウクライナの動向により、戦争の目的がプーチンの独裁政権を維持することへと変わっていった。戦果がとぼしいどころか、逆に劣勢となったロシア軍の姿にロシア国民自身が動揺し、独裁体制の政権基盤の脆弱化を招いたからである。

もともと今日のような国際社会の状況においては、こうした侵略行動が西側諸国の総反発を招くことは自明の理であった。しかし、果たして欧米諸国が傍観するとでも予想したのか、ロシア軍が本当に強いと過信でもしたのか、ウクライナがもっと腰抜けだと見くびったのか、そのいずれにしてもプーチンの洞察はすべて外れていたのであり、実は彼が予想外に政治センスの欠落した独裁者だったと思われても仕方がない。その証拠に、ロシアと並ぶ反西側・非民主国家陣営の盟主たる中国の習近平は、ただ騒ぐだけで実際に台湾侵攻する気はないらしく、このあたりは中国の伝統よろしきを得た非常に狡猾な立ち回りである。ただ、今や全世界がそのプーチンというたった１人の独裁者に振り回されていることは確実である。彼のやりたい放題に対して、残念ながら民主国家の陣営は防戦一方である。こうした不安定な国際関係の状況には、それに即応した対策を講ずる必要がある。

世界中に独裁国家があふれる時代を迎え、その侵略から自国の民主主義を守り、その上で彼らと共存していくために、われわれ民主国家の国民は彼ら独裁国家の独裁者たちと同じ武器を持たねばならない。それはまさしく、独裁政治とはどのようなものであるのかをしっかりと自己の知識として武装することである。その意味で、本書に期待される役割は、今とこれからの時代において文字通りの重責といえよう。それは民主国家の国民にとって独裁主義というウイルスの感染を予防するワクチンのような役割である。

なお、本書は3部作の刊行プロジェクトの第1巻に位置付けられている。続刊として、それぞれ第2巻『権威主義の国際比較』、第3巻『民主主義の国際比較』が予定されている。全巻を通じて、民主国家が独裁国家から自国の民主主義を守りつつも共存する道をさぐるのが一貫した趣旨である。そのために、まず第1巻では独裁政治とは何かを解明し、第2巻では民主国家から独裁国家へと権威主義化する国々の動向を分析し、第3巻では先進諸国における民主主義の危機的状況を論じていく。より具体的には、第2巻では、現代ロシア、キューバ、インドネシア、サウジアラビア、ベネズエラ、韓国などの権威主義の国々を取り上げる予定である。また、第3巻では、アメリカ、日本、イギリス、フランス、ドイツ、イタリア、スペイン、カナダ、オーストラリア、インドなどの民主主義の国々を取り上げる予定である。

願わくば本書の読者一人一人が、独裁国家陣営の更なる勢力拡大を防止し、日本と世界の独裁化をしっかりと防止する精神的支柱となることを期待して止まない。

2023年12月

編者　石井貫太郎

マ行

ヤ・ラ・ワ行

タ行

ナ行

ハ行

事項索引

人名索引

細田尚志（ほそだ・たかし）　第5章

現在　チェコ国防大学インテリジェンス研究所助教。博士（国際関係学）（日本大学, 2002年）

〔著書〕

Indo-Pacific Strategies and the South China Sea（共著）Publikation der Hamburger Vietnamistik, 2023.

Identity Culture, and Memory in Japanese Foreign Polic（共著）PETER LANG, 2021.

Geopolitics in the Twenty-First Century（共著）Nova Science Publisher, 2021.

新井春美（あらい・はるみ）　第6章

現在　拓殖大学政経学部講師。博士（安全保障）（拓殖大学，2014年）。

〔著書・論文〕

『パンデミック対応の国際比較』（共著）東信堂，2022年。

「社会の保守化とフェミサイドの増加に直面する女性の権利――トルコを事例に」『社会デザイン学会誌』2022年，Vol. 14。

"Turkish Foreign Policy, State Identity and Elites: Continuity and Transformation", *Journal of Anglo-Turkish Relations,* 2021, 2(2)など.

野村明史（のむら・あきふみ）　第7章

現在　拓殖大学海外事情研究所准教授。修士（安全保障）

〔著書・論文〕

『トランプ後の世界秩序』（共著）東洋経済新報社，2017年。

『2020年生き残りの戦略――世界はこう動く！』（共著）創成社，2020年。

「サウジアラビアのソフトパワー――ソフトパワーの源泉と移り変わり」『海外事情』2022年，70(1)。

Adiyan al-Yaban al-Kubra al-Shintuwiya wa al-Budhiya, al-Istirab al-Assiyawe, Center for Research and Intercommunication Knowledge, 2018：サウジアラビア王国（アラビア語論文）など。

佐々木研（ささき・けん）　第8章

現在　駒澤大学法学部講師。博士（環境学）（東京大学，2010年）。

〔論文〕

「ミャンマーにおける現行和平プロセスの動向」『東洋文化研究所紀要』2021年，178。

「ミャンマー・カイン州の武装勢力による現行和平プロセスへの反応」『東洋文化研究所紀要』2021年，179など。

〈**執筆者紹介**〉（執筆順，執筆担当）

石井貫太郎（いしい・かんたろう）　まえがき，序章・第1章，あとがき

奥付編著者紹介参照。

堀内直哉（ほりうち・なおや）　第2章

現在　目白大学社会学部教授。修士（政治学）（明治大学，1983年）

〔著書〕

『20世紀ドイツの光と影』（共著）芦書房，2005年。

『ヨーロッパ国際体系の史的展開』（共著）南窓社，2000年。

『ベルリン・ウィーン・東京――20世紀前半の中欧と東アジア』（共著）論創社，1999年など。

澁谷　司（しぶや・つかさ）　第3章

現在　目白大学大学院国際交流研究科講師。修士（国際学）（東京外国語大学，1985年）。

〔著書〕

『中国高官が祖国を捨てる日』経済界，2013年。

『人が死滅する中国汚染大陸』経済界，2014年。

『2017年から始まる！「砂上の中華帝国」大崩壊』電波社，2017年。

『激動するアジアの政治経済』（共著）志學社，2017年。

『国際政治の変容と新しい国際政治学』（共著）志學社，2020年など。

宮本　悟（みやもと・さとる）　第4章

現在　聖学院大学政治経済学部教授。博士（政治学）（神戸大学，2005年）

〔著書〕

『ユーラシアの自画像「米中対立／新冷戦」論の死角』（共著）PHP 研究所，2023年。

『朝鮮労働党第8次大会と新戦略』（共著）日本貿易振興機構アジア経済研究所，2023年。

100 Years of World Wars and Post-War Regional Collaboration How to Create 'New World Order'?（共著）Springer, 2022.

『パンデミック対応の国際比較』（共著）東信堂，2022年など。

〈編著者紹介〉

石井貫太郎（いしい・かんたろう）

1961年生まれ。慶応義塾大学大学院法学研究科後期博士課程修了。博士（法学）（慶應義塾大学，1991年）。

現在　目白大学社会学部教授，目白大学大学院国際交流研究科教授。

〔著書〕

『国際政治分析の基礎』（単著）晃洋書房，1993年。
『現代国際政治理論』（単著）ミネルヴァ書房，1993年。
『現代の政治理論』（単著）ミネルヴァ書房，1998年。
『現代国際政治理論（増補改訂版）』（単著）ミネルヴァ書房，2002年。
『リーダーシップの政治学』（単著）東信堂，2004年。
『21世紀の国際政治理論』（単著）ミネルヴァ書房，2016年。
『入門・現代政治理論』（単著）ミネルヴァ書房，2023年。
『国際関係論へのアプローチ』（編著）ミネルヴァ書房，1991年。
『国際関係論のフロンティア』（編著）ミネルヴァ書房，2003年。
『開発途上国の政治的リーダーたち』（編著）ミネルヴァ書房，2005年。
『現代世界の女性リーダーたち』（編著）ミネルヴァ書房，2008年。
『国際政治の変容と新しい国際政治学』（編著）志學社，2020年など。

独裁主義の国際比較

2024年 4 月20日　初版第 1 刷発行　〈検印省略〉

定価はカバーに
表示しています

編著者　石　井　貫太郎
発行者　杉　田　啓　三
印刷者　江　戸　孝　典

発行所　株式会社　ミネルヴァ書房
607-8494　京都市山科区日ノ岡堤谷町 1
電話代表　075-581-5191
振替口座　01020-0-8076

© 石井貫太郎ほか，2024

共同印刷工業・吉田三誠堂製本

ISBN978-4-623-09641-1
Printed in Japan

同盟の起源——国際政治における脅威への均衡

スティーヴン・M・ウォルト著
今井宏平・溝渕正季訳　A５判　450頁　本体5500円

諸国家はなにゆえ同盟を形成するか。その説明として従来一般的であった勢力均衡理論に代わり脅威均衡理論を打ち出す本書は，今日の国際政治を読み解くうえで示唆に富む。また，その事例研究として精緻に叙述される中東国際関係史は，それ自体が第一級の地域研究でもある。ウォルトの名を世界に知らしめた古典的名著。

国際関係史の技法——歴史研究の組み立て方

マーク・トラクテンバーグ著
村田晃嗣・中谷直司・山口　航訳　A５判　336頁　本体3200円

国際関係史はどのように学び，研究すべきか。本書では，その学問的枠組みから資料探索や論文執筆の方法までを，冷戦史研究の泰斗がわかりやすく解説する。紹介した方法を実際に用いて日米開戦過程の研究に取り組む章は圧巻で，試行錯誤しながら解釈を構築していくさまは，歴史研究が組み立てられる現場に立ち会うかのようである。国際関係史を学ぶ者はもちろん，歴史に関心のある幅広い読者にとって刺激の尽きない一冊。

ナショナリズムとナショナル・インディファレンス——近現代ヨーロッパにおける無関心・抵抗・受容

マールテン・ヴァン＝ヒンダーアハター／ジョン・フォックス編著
金澤周作・桐生裕子監訳　A５判　432頁　本体7500円

本書は，幅広い射程を持つ「ナショナル・インディファレンス（国民への無関心）」現象の歴史的な意義を追究する。19世紀から20世紀後半までの，ソ連を含むヨーロッパ各地の多彩な事例を取り上げ，様々なアプローチのもと，ナショナリズム理解に画期的な切り口を与える。本書を読めば，この先「ナショナル・インディファレンス」を念頭に置かずにナショナリズムの過去・現在・未来を見ることはできなくなるだろう。

ミネルヴァ書房
https://www.minervashobo.co.jp/